UM SÓ MUNDO

UM SÓ MUNDO

A ÉTICA DA GLOBALIZAÇÃO

Peter Singer

Tradução
ADAIL UBIRAJARA SOBRAL

Revisão da tradução
MARCELO BRANDÃO CIPOLLA

Martins Fontes
São Paulo 2004

Esta obra foi publicada originalmente em inglês com o título
ONE WORLD: THE ETHICS OF GLOBALIZATION
por Yale University Press.
Copyright © 2002 by Peter Singer.
Copyright © 2004, Livraria Martins Fontes Editora Ltda.,
São Paulo, para a presente edição.

1ª edição
junho de 2004

Tradução
ADAIL UBIRAJARA SOBRAL

Revisão da tradução
Marcelo Brandão Cipolla
Acompanhamento editorial
Luzia Aparecida dos Santos
Revisões gráficas
Maria Regina Ribeiro Machado
Lígia Silva
Maria Fernanda Alvares
Dinarte Zorzanelli da Silva
Produção gráfica
Geraldo Alves
Paginação
Moacir Katsumi Matsusaki

Dados Internacionais de Catalogação na Publicação (CIP)
(Câmara Brasileira do Livro, SP, Brasil)

Singer, Peter, 1946- .
 Um só mundo : a ética da globalização / Peter Singer ; tradução Adail Ubirajara Sobral ; revisão da tradução Marcelo Brandão Cipolla. – São Paulo : Martins Fontes, 2004. – (Coleção biblioteca universal)

 Título original: One world : the ethics of globalization.
 ISBN 85-336-1967-7

 1. Globalização – Aspectos morais e éticos I. Título. II. Série.

04-2083   CDD-172.4

Índices para catálogo sistemático:
1. Globalização : Aspectos morais e éticos   172.4

Todos os direitos desta edição para o Brasil reservados à
Livraria Martins Fontes Editora Ltda.
Rua Conselheiro Ramalho, 330/340 01325-000 São Paulo SP Brasil
Tel. (11) 3241.3677 Fax (11) 3105.6867
e-mail: info@martinsfontes.com.br http://www.martinsfontes.com.br

Sumário

Prefácio VII
Prefácio à segunda edição XIII

CAPÍTULO 1 | Um mundo em mudança................ 1

CAPÍTULO 2 | Uma só atmosfera 19

CAPÍTULO 3 | Uma só economia 67

CAPÍTULO 4 | Um só direito........................ 139

CAPÍTULO 5 | Uma só comunidade 193

CAPÍTULO 6 | Um mundo melhor? 251

Índice remissivo 259

PREFÁCIO

O núcleo deste livro são as Palestras Dwight H. Terry, que proferi na Universidade de Yale em novembro de 2000. No decorrer dos primeiros oito meses de 2001, em dias que agora nos parecem tranqüilos e seguros, preenchi as lacunas de argumentação e escrevi um esboço completo. E eis que veio 11 de setembro, e o título *Um só mundo* de súbito pareceu destoar da ressonante referência ao "choque de civilizações". Não obstante, o ataque terrorista desse dia e a resposta norte-americana a ele antes confirmam do que negam a idéia de um mundo que se torna cada vez mais um só, dado que mostra que nenhum país, por mais poderoso, é invulnerável à força mortal dos cantos remotos da Terra. Um governo norte-americano que antes mostrara pouco interesse pela opinião do resto do mundo viu-se necessitado da cooperação de outras nações numa campanha global contra o terrorismo. Assim, permaneceu o título original, que é a um só tempo descrição da crescente interligação da vida neste planeta e prescrição de qual deve ser a unidade básica de nosso pensamento ético.

Agradeço em primeiro lugar ao comitê das Palestras Dwight H. Terry (Robert Adams, Robert Apfel, Radley Daly, Carlos Eire, Leo Hickey, John Ryden, Dianne Witte e Richard Wood) o convite para proferir as palestras em que se baseia este livro. Minha idéia original consistia em aproveitar a oportunidade para revisitar a questão ética de o que devem fazer as pessoas que vivem em nações abastadas em favor dos que estão na mais abjeta pobreza noutras partes do mundo. Julguei que as Palestras Terry proporcionariam uma ocasião adequada para responder a algumas críticas que se fazem à abordagem que venho adotando no exame desse tópico desde que escrevi pela primeira vez a seu respeito em 1972. Quando comecei a planejar as palestras, vi contudo que a questão fundamental – até que ponto devemos considerar todos os seres humanos, ou mesmo todos os seres sensíveis, como a unidade básica de interesse de nosso pensamento ético – tem importantes relações com um conjunto bem amplo de questões, bem mais amplo que a questão da ajuda a outros países. Assim, dediquei cada uma das quatro palestras Terry a um assunto diferente: as mudanças climáticas, a Organização Mundial do Comércio e a globalização do comércio, a soberania nacional e a intervenção humanitária, e por fim o tema original: o que os ricos devem fazer pelos pobres.

O público de Yale me forneceu o primeiro teste do material que veio a se transformar neste livro. Tive a sorte de contar com o exame e a ajuda detalhada de um grupo de amigos e colegas prodigiosamente sábios e solícitos. Contraí uma dívida especial de gratidão com Paula Casal, que leu uma versão inteira do manuscrito e várias versões de alguns capítulos. Seus argutos comentários foram exatamente o de que precisa um autor: críticos, por vezes bastante, mas sempre construtivos. Brent Howard também leu tudo e me ofereceu excelentes comentários que tornaram o livro bem melhor do que teria sido. Sobre as mudanças climáticas, aprendi muito com Dale Jamieson, que partilhou generosamente comigo seu conhecimento tanto da ciência como das questões éticas e políticas correlatas. Uma série de seminários no Programa de Ciência, Tecnologia e Meio Ambiente de Princeton, dirigida por David Bradford, me deu a oportunidade de ouvir uma ampla variedade de opiniões sobre as mudanças climáticas e sobre o que devemos fazer com relação a elas – da parte de cientistas, economistas e pessoas ligadas ao setor produtivo. Matt Ball leu o capítulo sobre as mudanças climáticas e mostrou que eu não havia dado atenção suficiente ao tema dos custos e benefícios dos esforços para mitigar as mudanças climáticas. A título de experiência, apresentei um esboço desse capítulo no Colóquio de Filosofia Política da Universidade de Princeton, ocasião em que recebi úteis comentários. Agradeço em especial a Lawrence Mead, que mais tarde se deu ao trabalho de me mandar seus comentários por escrito.

Thomas Pogge, Darryl McLeod e Alex Gosseries fizeram-me valiosas sugestões sobre o capítulo que trata da economia global. Branko Milanovic teve a gentileza de se corresponder comigo sobre suas pesquisas acerca dos problemas de medição da desigualdade global. Vivian Leven deu-me informações sobre as conseqüências das decisões da OMC para o bem-estar dos animais. Klaus Schwab, presidente do Fórum Econômico Mundial, me convidou para a reunião de 2000 dessa organização em Davos.

O capítulo 4, sobre questões de soberania nacional e intervenção humanitária, foi a base de uma Palestra Amnesty dada em Oxford em fevereiro de 2001, de um seminário permanente do corpo docente e dos professores associados do Centro Universitário de Valores Humanos de Princeton e de uma palestra dada no Centro de Pós-Graduação da City University de Nova York. Em cada uma dessas ocasiões houve quem me fornecesse comentários úteis. Em Oxford, lembro-me em especial dos de John Broome, Nick Owen e Nir Eyal. Em Princeton, Leif Wenar se manifestou, e seus comentários incisivos levaram-me a fazer várias mudanças no texto. Agradeço também a Michael Doyle e a Gareth Evans ter encontrado tempo para ler o capítulo e me favorecer com sua experiência prática. Stephen Macedo manteve-me informado a respeito do trabalho do Projeto sobre Jurisdição Universal de Princeton, por ele dirigido, tendo Jonathan Marks oferecido mais comentários úteis.

Versões anteriores do capítulo 5, sobre a riqueza e a pobreza no mundo, foram apresentadas num seminário do Programa de Ética e de Questões Públicas do Centro de Valores Humanos de Princeton, numa Palestra Wesson dada na Universidade Stanford e na Conferência sobre Direito Global realizada na Faculdade de Direito Columbia, Nova York, em março de 2001. Agradeço a Lori Gruen, Peter Godfrey-Smith e Andy Kuper seus comentários nessas ocasiões. O convite de Bernardo Kliksberg para que me apresentasse nas conferências do Banco Interamericano de Desenvolvimento, em Washington e Caracas, deu-me a oportunidade de conhecer as reações de quem se ocupa do desenvolvimento. Quando eu terminava este livro, Matt Frazier estava escrevendo sob minha orientação sua dissertação de graduação sobre questões de desenvolvimento, e estou certo de que aprendi tanto dele quanto ele de mim. Sobre a idéia de cidadania, Melissa Williams me indicou algumas referências úteis. Mas, nesse campo, minha dívida maior é para com Thomas Pogge, tanto pelos importantíssimos diálogos como por ter ele me enviado, antes da publicação, os originais de seu importante livro, *World Poverty and Human Rights*.

Jean Thomson Black, meu contato na Yale University Press ao longo do processo de publicação, nunca deixou de me ajudar e apoiar. Sou também grato aos três leitores anônimos da Press, cada um dos quais fez valiosas sugestões, bem como a Margaret Otzel, cujo cuidadoso trabalho editorial me evitou várias infelicidades e erros, conservando ao mesmo tempo minhas idiossincrasias favoritas.

Este é o primeiro livro que escrevi desde que fui para a Universidade de Princeton, em 1999. A universidade como um todo, e seu Centro de Valores Humanos em particular, me têm proporcionado condições ideais de pesquisa e produção de textos. Amy Guttmann, George Kateb e Stephen Macedo foram os diretores do Centro, em vários momentos durante a redação deste livro, e eu lhes agradeço o apoio. Os alunos de meu curso de Ética Prática serviram de primeiro público para boa parte do material apresentado neste livro. Aaron Jackson e Diego von Vacano me deram uma excelente assistência de pesquisa. Kim Girman, minha assistente, executou com alegria e eficiência as muitas tarefas que lhe dei. Agradeço finalmente a Renata, minha mulher. Sua sede de aventura permitiu que deixássemos os amigos e a família na Austrália para tentar uma nova vida nos Estados Unidos, de que este livro é um resultado; e seu amor e companheirismo têm tornado essa vida uma experiência extraordinariamente positiva.

PREFÁCIO À SEGUNDA EDIÇÃO

Este livro defende a idéia de que, à medida que os países do mundo se aproximam entre si a fim de resolver problemas como os do comércio global, das mudanças climáticas, da injustiça e da pobreza, os líderes das nações devem incorporar um ponto de vista mais amplo que o do puro e simples interesse nacional. Numa só palavra, precisam adotar uma atitude ética perante a globalização. Os nove meses que se passaram desde a sua publicação, porém, foram dominados pela Guerra do Iraque – primeiro a sua lenta preparação, depois a guerra em si e por fim as conseqüências que ela deixou. De que modo esses acontecimentos mudaram as perspectivas do ponto de vista ético apresentado e defendido nas páginas deste livro?

A crise iraquiana começou quando, depois dos acontecimentos de 11 de setembro e da guerra contra o Afeganistão, a administração Bush se determinou expressamente a pôr fim à ameaça que, segundo ela, era representada pelas armas de destruição em massa de Saddam Hussein. Muito embora esse objetivo tenha suscitado diversas questões de natureza ética, a mais importante para o assunto de que tratamos neste livro talvez seja a seguinte: será que o modo pelo qual os Estados Unidos atingiram o objetivo proposto fortaleceu ou enfraqueceu a autoridade do único organismo internacional capaz de fornecer um ambiente propício à resolução pacífica de crises como essa – ou seja, a Organização das Nações Unidas? Desde o começo, as lideranças norte-americanas deixaram claro que a Organização das Nações Unidas não tinha conseguido impor as resoluções de desarmamento do Iraque que ela mesma havia aprovado, e que os Estados Unidos estavam dispostos, se necessário, a agir sozinhos ou acompanhados por uma "coalizão dos bem-dispostos" para alcançar os resultados que pretendiam. Em setembro de 2002, quando o presidente George W. Bush foi à ONU para apresentar suas acusações contra o Iraque, alguns interpretaram esse ato como um sinal de que, nas palavras de Dominique de Villepin, ministro do Exterior da França, o presidente norte-americano havia resistido à "tentação da ação unilateral". Porém, a pergunta que Bush fez em seu discurso foi a seguinte: "Será que a ONU vai atender aos objetivos em vista dos quais foi criada ou vai se tornar irrelevante?" Foi uma afirmação quase explícita de que, se o Conselho de Segurança da ONU não concordasse com um ataque ao Iraque que eliminasse a figura de Saddam Hussein, ele mostraria que já não atendia aos propósitos para os quais tinha sido criado.

No fim, foi o próprio Bush quem fez da ONU um dado irrelevante na crise iraquiana, pois demonstrou que ela não podia fazer outra coisa senão permanecer passiva e impotente enquanto o seu membro mais poderoso, com mais um ou dois aliados, atacava um Estado-membro praticamente indefeso que não praticava, na época, nenhuma atividade agressiva além de suas fronteiras. Na seção 3 do artigo 2 da Carta das Nações Unidas, afirma-se que "todos os membros devem resolver suas disputas internacionais por meios pacíficos". Na seção 4 do mesmo artigo, lemos: "Em suas relações internacionais, todos os membros devem abster-se de ameaçar usar a força ou de usá-la efetivamente contra a integridade territorial ou a independência política de qualquer Estado." As ameaças de Bush e seu subseqüente ataque militar contra o Iraque violaram de modo evidente a Carta das Nações Unidas, mas a ONU nada pôde fazer a esse respeito.

Quando os Estados Unidos foram à guerra contra o Iraque, em março de 2003, parecia que a autoridade da ONU havia sofrido um severo revés do qual levaria décadas para se recuperar. Acaso havíamos entrado numa era dominada pela única superpotência global, e não por uma organização internacional voltada para a conservação da paz? Não há dúvida de que alguns membros influentes da administração Bush gostaram dessa possibilidade. Enquanto ainda se travavam combates no Iraque, Richard Perle, membro influente do Conselho de Política Defensiva do Pentágono, publicou na revista conservadora inglesa *The Spectator* um ensaio no qual manifestava sua esperança de que, quando Saddam Hussein caísse, "levasse consigo a Organização das Nações Unidas", e afirmava: "O que vai morrer no Iraque é a fantasia de que a Organização das Nações Unidas possa representar o fundamento de uma nova ordem mundial." Ao que parece, o que incomodava Perle era a idéia de que a ONU pudesse ser a única instituição habilitada a fazer um uso legítimo da força. Por que, perguntava ele, "a Otan não pode ser considerada tão legítima quanto a ONU, que conta diversas ditaduras entre os seus membros?"¹. A resposta à pergunta de Perle é simples e direta: a Organização das Nações Unidas é aberta a todos os países que a ela quiserem filiar-se; a Otan é um clube no qual só pode entrar quem for convidado. Por que um grupo de países escolhidos por eles mesmos deve ter o poder de dominar o mundo? Quer se queira, quer não, atualmente a ONU é a única organização dotada de autoridade moral para mediar as disputas entre os diversos países do mundo.

Certas figuras influentes da administração Bush têm uma alternativa à Organização das Nações Unidas: uma *Pax Americana*, uma paz global imposta e garantida pelos Estados Unidos. Três anos antes de tudo isso, antes ainda de Bush ter sido eleito presidente, um grupo de intelectuais conservadores comandados por William Kristol, diretor editorial do *Weekly Standard*, fundaram o *Project for a New American Century*, o "Projeto para um novo século norte-americano". Kristol e os que o apoiavam não fizeram segredo do seu objetivo: "Queremos defender a idéia da supremacia global norte-americana e obter apoio para essa idéia." Conclamavam os Estados Unidos a fazer uso da sua qualidade de primeira potência mundial "para conformar um novo século favorável aos princípios e interesses norte-americanos". De modo mais específico, a declaração que publicaram pedia o aumento dos gastos com arma-

▼

1. Richard Perle, "United They Fall", *The Spectator*, 22 de março de 2003, disponível em: http://www.spectator.co.uk/article.php3?table=old&section=current&issue=2003-05-10&id=2909&searchText=; Richard Perle, "Who Says the United Nations Is Better Than NATO?", *International Herald Tribune*, 28 de novembro de 2002, disponível em: http://www.iht.com/ihtsearch.php?id=78361&owner=(IHT)&date=20021129130235; ver também Yahoo/Reuters, "Perle: War Against Terror Is Not Over", 25 de abril de 2003, disponível em: http://story.news.yahoo.com/news?tmpl=story&u=/nm/20030425/pl_nm/iraq_perle_dc_1.

mentos, a contestação declarada dos regimes hostis aos interesses e valores norte-americanos e a aceitação do "papel único e singular dos Estados Unidos para a preservação e a ampliação de uma ordem internacional favorável à nossa segurança, nossa prosperidade e nossos princípios". Entre os signatários desse documento estavam Jeb Bush – o irmão de George W. Bush –, o futuro vice-presidente Dick Cheney e cinco outros membros importantes da administração Bush[2].

Em *The War Over Iraq*, livro que conclamava os norte-americanos a mover guerra contra o Iraque antes ainda de a guerra começar, Kristol e seu co-autor, Lawrence Kaplan, declaram abertamente o seu apoio à supremacia norte-americana. Depois de citar um crítico dessa idéia, eles perguntam: "Ora, o que há de errado com a supremacia, se ela serve a princípios sólidos e ideais elevados?"[3] Porém, se existe uma noção que resume os princípios sólidos e ideais elevados dos Estados Unidos, essa noção é a de democracia. Os defensores da democracia não podem concordar com a idéia de que um país de 300 milhões de habitantes deva dominar um planeta no qual moram 6 bilhões de seres humanos. São 5 por cento da população dominando os outros 95 por cento – sem o consenti-

▼

2. *Project for a New American Century*, "Statement of Principles", disponível em: http://www.newamericancentury.org/statementofprinciples.htm. Os outros signatários que viriam a fazer parte da administração Bush foram Elliot Abrams, que Bush nomeou diretor do Secretariado da Democracia, Direitos Humanos e Operações Internacionais do Conselho Nacional de Segurança, e depois assessor especial da presidência para uma região que inclui o Oriente Médio; Paula Dobriansky, subsecretária de assuntos globais do Departamento de Estado dos EUA; Aaron Friedberg, enviado especial e "embaixador itinerante dos iraquianos livres"; Lewis Libby, chefe da equipe de assessores do vice-presidente Cheney; e Peter Rodman, subsecretário de Defesa para as questões de segurança internacional.
3. Lawrence F. Kaplan e William Kristol, *The War Over Iraq: Saddam's Tyranny and America's Mission*, Encounter Books, São Francisco, 2003, p. 112.

mento destes. Se os Estados Unidos têm a supremacia, o congresso e o presidente dos Estados Unidos dominam o mundo – mas só os cidadãos norte-americanos podem votar neles.

Depois da democracia, o outro princípio sólido que os Estados Unidos representam é a idéia – tão importante para os patriarcas fundadores do Estado Norte-americano – da necessidade de "fatores de restrição e equilíbrio" (*checks and balances*) para impedir que um único ramo do governo se transforme numa espécie de tirania. Se os Estados Unidos detêm a supremacia, o que poderá impedi-los de exercer tiranicamente o seu poder? Esses fatores de restrição e equilíbrio podem até estar presentes na própria estrutura constitucional norte-americana, mas são fatores internos – o congresso norte-americano restringe a ação do presidente e os juízes norte-americanos restringem a ação dos outros dois ramos do governo. Não existem fatores que restrinjam o poder dos Estados Unidos sobre o resto do mundo.

É por isso que a afirmação de que os Estados Unidos só fariam uso de sua supremacia a serviço de "princípios sólidos e ideais elevados" é contraditória desde o início, uma vez que esses mesmos princípios e ideais são incompatíveis com o predomínio global de um único país, imposto sem nenhum tipo de eleição. Porém, mesmo que assim não fosse, o histórico da atuação cosmopolita dos Estados Unidos não dá credibilidade à idéia de que os Estados Unidos sejam o único país fidedignamente capacitado a pôr o seu predomínio global a serviço dos interesses de todos os povos do mundo, e não só do povo norte-americano. Como veremos mais adiante neste livro, a recusa dos Estados Unidos a assinar o Protocolo de Quioto se parece muito com um ato de egoísmo nacionalista; e o mesmo se pode dizer da recusa a promover os esforços para fazer vigorar uma lei internacional mediante o estabelecimento de um Tribunal Criminal Internacional habilitado a julgar, mediante procedimentos judiciais estritamente determinados, os acusados de genocídio e de crimes contra a humanidade. Além disso, o histórico de ajuda externa dos Estados Unidos não manifesta uma grande preocupação pelos interesses dos povos mais pobres do mundo.

Num nível mais fundamental, quando um país se arroga o direito de ser a polícia do mundo, ele na verdade rejeita a possibilidade de que o globo seja governado por leis justas e não pela pura e simples força militar. Como observou Jonathan Glover, diretor do Centro de Direito e Ética na Medicina do King's College de Londres e autor de *Humanity: A Moral History of the 20th Century*, a *Pax Americana* pressupõe um governante semelhante ao que foi imaginado no século XVII pelo filósofo Thomas Hobbes, um governante dotado de muito poder e nenhuma autoridade moral, e um mundo no qual os conflitos não são resolvidos, mas meramente suprimidos[4]. Glover prefere a visão de mundo proposta pelo filósofo setecentista alemão Immanuel Kant no livro *À paz perpétua*. Kant defende um sistema no qual os Estados entregam a uma federação mundial o monopólio do uso da força. A federação mundial seria dotada da autoridade moral de uma organização estabelecida pelo consenso das nações e tomaria suas decisões de maneira imparcial. No mundo moderno, isso equivale a uma Organização das Nações Unidas reformada, dotada de força militar suficiente e de procedimentos imparciais pelos quais possa decidir quando usar essa força.

▼

4. Jonathan Glover, "Can We Justify Killing the Children of Iraq?", *The Guardian*, 5 de fevereiro de 2003.

A isso o presidente Bush poderia responder, como fez num discurso para os futuros líderes militares dos Estados Unidos na Academia Militar de West Point, que, como estamos agora numa "perigosa encruzilhada do radicalismo e da tecnologia", não podemos nos dar ao luxo de passar décadas trabalhando para aperfeiçoar a Organização das Nações Unidas e garantir que ela funcione adequadamente de modo que elimine esse perigo. É verdade que um mundo no qual radicais políticos ou religiosos podem obter armas capazes de matar centenas de milhares de pessoas é mais perigoso do que um mundo no qual tais armas não existem. Mas o que nos faz ter tanta certeza de que o caminho seguido por Bush há de nos dar mais segurança? O fato do terrorismo internacional deixa claríssimo que agora vivemos num mundo unificado, sem fronteiras estanques. Para pôr fim ao terrorismo internacional, uma cooperação internacional é necessária. O maior perigo é que os terroristas consigam colocar as mãos em urânio ou plutônio refinados a um grau em que possam ser usados como armamentos. A Rússia possui mais de mil toneladas desses materiais, e os Estados Unidos, mais de 800 toneladas. Outros países, entre os quais o Paquistão e a Índia, também têm um pouco. (O Iraque não tinha nada.) Segundo o *Bulletin of Atomic Scientists*, bastam 25 quilos de urânio ultra-refinado, ou 8 quilos de plutônio, para construir uma arma nuclear rudimentar. Depois da queda da União Soviética, já se detectaram centenas de tentativas de contrabandear materiais radioativos, dezoito das quais envolviam urânio ou plutônio ultra-refinados[5]. Para impedir que terroristas tenham acesso a armas nucleares, a atitude mais eficaz provavel-

▼

5. *Bulletin of Atomic Scientists*, 27 de fevereiro de 2002, disponível em: www.thebulletin.org/media/current.html.

mente seria a de garantir que todo o material físsil – quer dos programas de armamento nuclear, como os da Rússia e do Paquistão, quer dos programas de geração de energia elétrica por reação nuclear – fosse desativado, ou pelo menos guardado e protegido. Para tanto, é necessária a cooperação de todos os países que têm ou podem produzir esses materiais. Do mesmo modo, só estaremos seguros contra as armas biológicas se tivermos a cooperação de todos os países que têm conhecimento e tecnologia para produzi-las. Ao que parece, é mais fácil obter essa cooperação por meio de instituições internacionais respeitadas do que pela tentativa de dominar os outros países.

Admitimos que a ONU precisa muito de uma reforma estrutural, da qual faça parte a reavaliação do direito dos membros permanentes do Conselho de Segurança – a China, os Estados Unidos, a França, o Reino Unido e a Rússia – de vetar qualquer resolução ali tomada. Essa questão, à qual dei ênfase na edição original deste livro, ganhou uma importância ainda maior porque, no período que precedeu a guerra, quando ficou claro que a França, a Rússia e talvez a China vetariam uma resolução do Conselho de Segurança que autorizasse o uso da força contra o Iraque, os Estados Unidos e o Reino Unido continuaram a fazer campanha para obter votos dentro do Conselho, indicando assim que considerariam a aceitação da resolução pela maioria dos membros como uma vitória moral, mesmo que a resolução viesse de fato a ser vetada[6]. (No

▼

6. BBC News, "Clearing the Decks for War", 24 de fevereiro de 2003, disponível em: http://news.bbc.co.uk/2/hi/middle_east/2769839.stm; BBC News, "Russia Ready for Iraq Veto", 10 de março de 2003, disponível em: http://news.bbc.co.uk/2/hi/middle_east/2835241.stm; Diego Ibarguen, Daniel Rubin e Martin Merzer, "France, Russia Prepared to Veto War Resolution", *Mercury News*, 10 de março de 2003, disponível em: http://www.bayarea.com/mld/bayarea/news/5361001.htm.

fim das contas, eles nem submeteram a resolução a votação, pois ficou claro que não obteriam sequer a maioria dos votos.) Isso deve ser um sinal de que os Estados Unidos e o Reino Unido também não consideram que o seu próprio voto contrário seja suficiente para derrotar uma resolução aprovada pela maioria dos membros do Conselho de Segurança. De modo mais geral, sugere uma disposição a reconsiderar o sistema de vetos, que pode ser substituído, digamos, pela exigência de que qualquer resolução seja aprovada por uma maioria determinada, de três quartos ou dois terços dos membros, por exemplo. Assim, o conjunto dos membros permanentes do Conselho passaria a representar de modo mais eficaz a população do mundo como um todo.

Em vista da rejeição [da autoridade] da ONU, implícita no ataque ao Iraque desferido pela administração Bush, nota-se uma ironia no fato de que, no dia 23 de setembro de 2003, seis meses depois do ataque, o presidente Bush tenha se dirigido à Assembléia Geral da ONU para pedir o apoio da Organização às forças – majoritariamente norte-americanas – que ocupavam o Iraque a um custo de quase um bilhão de dólares por semana. Naquele dia, porém, mais significativo do que o discurso de Bush foi o discurso que o precedeu, proferido pelo secretário-geral Kofi Annan. Annan disse à Assembléia Geral que os argumentos dos que defendem o direito de "atacar preventivamente" outros países são contrários à Carta das Nações Unidas e representam uma contestação fundamental dos princípios que têm norteado a ONU nos últimos 58 anos. Por isso, segundo ele, estamos passando por um momento "não menos decisivo do que o próprio ano de 1945, quando foi fundada a Organização das Nações Unidas". Com veemência, Annan afirmou que não basta repudiar o unilateralismo e a doutrina da prevenção invocada pelos Estados Unidos como justificativa para o seu ataque contra o Iraque; seria necessária uma reforma da ONU que a tornasse capaz de reagir com mais eficiência às ameaças que podem levar alguns países a agir preventivamente. Entre as reformas que mencionou estava uma reestruturação do Conselho de Segurança, que o tornasse mais representativo.

Annan tinha razão. A aceitação do direito de qualquer potência de agir unilateralmente, sem ter sido atacada e sem apresentar provas de um ataque iminente, abre caminho para o uso indiscriminado da força e abala a paz e a estabilidade internacionais. Exceto em casos de legítima defesa, o uso da força só deve ser levado a cabo com a autorização da ONU. Porém, para reforçar essa autoridade e tornar a ONU mais capaz de eliminar possíveis ameaças, mudanças radicais fazem-se necessárias. Essas mudanças não seriam impossíveis de realizar se diversos governos, entre os quais o governo norte-americano, fizessem uma forte campanha para implementá-las. (Muito embora isso não pareça provável sob a atual administração norte-americana.)

A perspectiva de reforma das Nações Unidas nos dá um resto de esperança de que o resultado final da crise iraquiana não seja, a longo prazo, totalmente negativo para a ONU. Porém, existe um outro motivo para termos esperança, e um motivo mais importante. Nos meses que precederam o ataque ao Iraque, a administração Bush e os que a apoiavam afirmaram que a ONU não estava fazendo valer suas próprias resoluções, que exigiam o desarmamento do Iraque. Por causa disso, o Conselho de Segurança exigiu que o Iraque aceitasse que se fizessem inspeções para verificar se havia cumprido as resoluções. Ao mesmo tempo, e no momento mesmo em que os inspetores da ONU não conseguiam encontrar sinal algum de armas de destruição em massa, os Estados Unidos asseveraram possuir provas irrefutáveis da existência dessas armas no Iraque. Quando a França, a Rússia e outros países puseram em questão as provas apresentadas pelos Estados Unidos e insistiram em que os inspetores da ONU tivessem mais tempo para completar seu trabalho, os Estados Unidos reagiram com indignação, afirmaram que a ameaça de veto era a prova de que a ONU tinha fracassado e levaram adiante o ataque militar ao Iraque.

Durante a guerra, apesar de os soldados norte-americanos terem sido equipados com trajes de proteção e máscaras antigás, não foram usadas armas de destruição em massa. Tampouco essas armas foram encontradas pelas tropas de ocupação depois da derrota de Saddam. Foi então que veio a público que os dados apresentados à ONU pelos Estados Unidos e pelo Reino Unido eram muito mais fracos do que pareciam ser. Admitiu-se que um dos documentos usados pelo secretário de Estado Colin Powell para demonstrar que o Iraque tentara comprar urânio não passava de uma falsificação, e outros dados eram passíveis de interpretações menos maliciosas, que simplesmente não tinham sido apresentadas às Nações Unidas. Em outras palavras, o processo estabelecido pelo Conselho de Segurança – inspeções para descobrir se o Iraque havia cumprido as resoluções que o proibiam de possuir armas de destruição em massa – representava o caminho correto a se tomar. Franceses, russos e alemães tinham tido razão de insistir em que os inspetores tivessem mais tempo para realizar seu trabalho. A administração Bush, por seu lado, tinha incorrido em flagrante erro.

Assim, para qualquer observador imparcial que se interesse por conhecer as vantagens e as desvantagens de usar a ONU para resolver as crises globais, a conclusão a ser tirada da crise iraquiana é diametralmente oposta à festiva previsão que Richard Perle fez durante o conflito. A crise do Iraque e a guerra subseqüente põem em evidência os perigos do unilateralismo impaciente; deve-se tirar delas a lição de o quanto é perigoso zombar da autoridade das Nações Unidas.

[Para escrever este prefácio, fiz uso de materiais a ser incluídos em meu livro *The President of Good and Evil: The Ethics of George W. Bush* (Dutton, Nova York, 2004).]

CAPÍTULO 1

UM MUNDO EM MUDANÇA

Consideremos dois aspectos da globalização: em primeiro lugar, aviões explodindo ao entrar no World Trade Center e, em segundo, a emissão de dióxido de carbono dos escapamentos dos utilitários esportivos "bebedores" de gasolina. Um trouxe morte instantânea e deixou imagens inesquecíveis vistas nas telas de televisão do mundo inteiro; o outro dá uma contribuição à mudança climática que só pode ser detectada por instrumentos científicos. Mas os dois são indicações de que somos agora um só mundo, e as mudanças mais sutis para as quais os proprietários desses veículos contribuem involuntariamente vão por certo matar bem mais pessoas do que o fenômeno altamente visível. Quando, em nações ricas, as pessoas passam para veículos que consomem mais gasolina do que os que usavam antes, todas elas contribuem para as alterações no clima de Moçambique ou de Bangladesh – mudanças que podem levar à perda das colheitas, ao aumento do nível do mar e à disseminação de doenças tropicais. Enquanto os cientistas acumulam montanhas de provas de que a continuidade da emissão dos gases do efeito estufa vai pôr em perigo milhões de vidas, o líder do país que emite a maior parcela desses gases afirma: "Não faremos coisa alguma que prejudique nossa economia, porque estão em primeiro lugar as pessoas que vivem nos Estados Unidos."[1] Em coerência com essa abordagem, enquanto as vendas de veículos utilitários esportivos aumentam, a média do número da quilometragem por litro de gasolina dos carros vendidos nos Estados Unidos cai, e a cada ano o Congresso dos Estados Unidos rejeita medidas que aumentem os padrões de eficiência no uso de combustível para carros e caminhões. A última vez que os padrões federais foram elevados foi em 1985[2].

A observação do presidente George W. Bush não foi uma anomalia, mas a expressão de uma concepção ética que ele tem sustentado há algum tempo. No segundo debate presidencial contra o vice-presidente Gore, perguntaram ao então governador Bush como ele pretendia usar o poder e a influência norte-americanos no mundo. Ele disse que os usaria em benefício de todos os norte-americanos. Pode ter aprendido essa ética com o pai. O primeiro presidente George Bush disse mais ou menos a mesma coisa na Cúpula da Terra realizada em 1992 no Rio de Janeiro. Quando representantes das nações em desenvolvimento pediram a Bush pai que incluísse na pauta o consumo excessivo de recursos pelos países desenvolvidos, notadamente os Estados Unidos, ele disse que "o estilo de vida norte-americano não está em negociação". Não era negociável, ao que parece, ainda que a perpetuação desse estilo de vida leve à morte de milhões de pessoas sujeitas a um

▼

1. *New York Times*, 30 de março de 2001, p. A11.
2. David Rosenbaum, "Senate Deletes Higher Mileage Standard in Energy Bill", *New York Times*, 14 de março de 2002, p. A28.

clima cada vez mais imprevisível e cause a perda de terras usadas por outras dezenas de milhões, devido à elevação do nível do mar e às inundações locais[3].

Mas não foram apenas as duas administrações Bush que puseram em primeiro lugar os interesses dos norte-americanos. Quando do confronto nos Bálcãs, a administração Clinton-Gore deixou bem claro que não estava disposta a pôr em risco a vida de um único norte-americano para reduzir o número de vítimas civis. Discutindo a possibilidade de uma intervenção na Bósnia para dar um basta às operações sérvias de "limpeza étnica" dirigidas contra os muçulmanos bósnios, o então chefe do Estado-Maior Conjunto, Colin Powell, citou com aprovação a observação do estadista alemão do século XIX, Otto von Bismarck, de que os Bálcãs inteiros não valiam os ossos de um único de seus soldados[4]. Bismarck, contudo, não pensava em intervir nos Bálcãs para dar um basta a crimes contra a humanidade. Na qualidade de chanceler da Alemanha imperial, era natural que ele pensasse apenas nos interesses de seu país. Usar essa observação hoje como argumento contra a intervenção humanitária é voltar à política de poder do século XIX, ignorando tanto as sangrentas guerras que esse estilo de política causou na primeira metade do século XX como também os esforços que na segunda metade desse século se envidaram para construir um fundamento mais sólido para a paz e a prevenção de crimes contra a humanidade.

▼

3. Philip Elmer-Dewitt, "Summit to Save the Earth: Rich vs. Poor", *Time*, 139:2, junho de 1992, pp. 42-8, disponível em: www.cddc.vt.edu/tim/tims/Tim599.htm.
4. Bill Keller, "The World According to Colin Powell", *New York Times Sunday Magazine*, 25 de novembro de 2001, p. 67.

Em Kosovo, a política de dar prioridade absoluta à vida dos norte-americanos não evitou a intervenção para defender os kosovares, mas fez com que a intervenção se restringisse ao bombardeio aéreo. Essa estratégia foi um sucesso total: as forças da Otan não sofreram uma única baixa em combate. Morreram cerca de 300 kosovares, 209 sérvios e 3 chineses, todos civis. A respeito da política norte-americana, Timothy Garton Ash escreveu: "Trata-se de um código moral pervertido que permite que um milhão de civis inocentes de outra raça caiam na mais absoluta miséria porque não se está disposto a pôr em risco a vida de um único soldado profissional do seu país." Essa condenação direta do modo pelo qual ao menos os três últimos presidentes americanos se desincumbiram de sua tarefa de líderes nacionais nos obriga a considerar uma questão ética fundamental. Até que ponto os líderes políticos devem encarar seu papel de maneira estreita, em função da promoção dos interesses de seus cidadãos, e até que ponto devem eles se preocupar com o bem-estar das pessoas em toda parte?

Romano Prodi, na época presidente da Comissão da União Européia e ex-primeiro ministro da Itália, respondeu à declaração do presidente George W. Bush sobre o que vem "em primeiro lugar" dizendo que "quem quer ser um líder mundial tem de saber cuidar da terra inteira e não apenas da indústria norte-americana". Mas isso não se restringe a quem aspira a ser um líder mundial. Os líderes dos países menores também têm de considerar até que ponto estão dispostos a levar em conta os interesses de "forasteiros", em matérias como o aquecimento global, os pactos comerciais, a ajuda a outros países e o tratamento dado a refugiados.

Como afirma Ash, há fortes argumentos éticos contra a idéia de que os líderes devem dar prioridade absoluta aos interesses de seus próprios cidadãos. O valor da vida de um ser humano inocente não varia segundo a nacionalidade. Mas se poderia dizer que a idéia ética abstrata de que todos os seres humanos merecem igual consideração não pode governar os deveres de um líder político. Assim como se espera que os pais atendam aos interesses de seus filhos, e não aos de estranhos, assim também, ao aceitar o cargo de presidente dos Estados Unidos, George W. Bush assumiu um papel específico que torna dever seu proteger e promover os interesses dos norte-americanos. Os outros países têm seus líderes, com o mesmo papel de defender os interesses de seus compatriotas. Não existe uma comunidade política mundial e, enquanto essa situação prevalecer, é preciso que existam os Estados nacionais, cujos líderes devem dar preferência aos interesses de seus cidadãos. Caso contrário, a não ser que os eleitores de repente se tornassem altruístas a um ponto nunca antes visto em larga escala, a democracia não poderia funcionar. Os eleitores norte-americanos não iriam escolher um presidente que não desse mais peso aos seus interesses do que aos interesses de bósnios ou afegãos. Nossos líderes sentem que têm de dar algum grau de prioridade aos interesses de seus próprios cidadãos, e estão, segundo esse argumento, agindo com acerto ao fazê-lo. Mas, na prática, o que significa "algum grau de prioridade"?

Essa questão dos deveres dos líderes nacionais tem relação com uma outra: a divisão dos povos do mundo em nações soberanas seria um fato inalterável? Quanto a isso, nosso pensamento tem sido influenciado pelos horrores da Bósnia, de Ruanda e de Kosovo. Em Ruanda, uma pesquisa da Organização das Nações Unidas chegou à conclusão de que 2.500 militares, devidamente treinados e dotados de autoridade, poderiam ter salvo 800 mil vidas⁵. O secretário-geral Kofi Annan, que, como subsecretário-geral de Operações de Paz na época, tem de ser responsabilizado por aquilo que o relatório denominou uma paralisia "terrível e humilhante", aprendeu com essa situação. Agora ele proclama que "o mundo não se pode mostrar indiferente quando os direitos humanos são violados de maneira profunda e sistemática". O de que precisamos, disse ele, são "princípios legítimos e universais" em que se possa basear a intervenção⁶. Isso significa uma redefinição da soberania do Estado, ou, mais precisamente, o abandono da idéia de soberania absoluta do Estado que tem prevalecido na Europa desde o Tratado de Vestefália em 1648.

Os acontecimentos que se sucederam aos ataques de 11 de setembro de 2001, de maneira bem diferente, também deixaram claro o quanto mudaram, no último século, nossos pensamentos acerca da soberania do Estado. No verão de 1914, outro ato de terrorismo chocou o mundo: o assassinato do príncipe-herdeiro austríaco Francisco Ferdinando e de sua esposa, cometido em Sarajevo por um nacionalista servo-bósnio. Depois do atentado, o Império Austro-Húngaro deu à Sérvia um ultimato em que apresentava as provas de que os assassinos tinham sido treinados e armados pela Mão Negra, organização sérvia clandestina dirigida pelo chefe da inteligência militar do país. A Mão Negra era tolerada ou apoiada por outros funcionários do governo sérvio, e funcionários sérvios ga-

▼

5. *Report of the Independent Inquiry into the Actions of the United Nations During the 1944 Genocide in Rwanda*, ONU, Gabinete do Porta-Voz do Secretário-Geral, Nova York, 15 de dezembro de 1999, disponível em: www.un.org/News/ossg/rwanda_report.htm.
6. Kofi Annan, "Two Concepts of Sovereignty", *The Economist*, 18 de setembro de 1999, disponível em: www.un.org/Overview/SG/kaecon.htm.

rantiram que os sete conspiradores do assassinato[7] pudessem passar em segurança pela fronteira com a Bósnia. Por esse motivo, o ultimato austro-húngaro exigia que os sérvios levassem ao tribunal os responsáveis e permitissem que funcionários austro-húngaros inspecionassem os arquivos para verificar que isso tinha sido feito adequadamente.

Apesar das provas evidentes do envolvimento de membros do governo sérvio no crime – provas que, concordam os historiadores, eram substancialmente precisas –, o ultimato apresentado foi amplamente condenado pela Rússia, pela França, pelo Reino Unido e pelos Estados Unidos. "O documento mais assustador que já vi dirigido por um Estado a outro Estado independente" – disse dele o ministro do Exterior britânico, Sir Edward Grey[8]. A história oficial da Primeira Guerra Mundial elaborada pela American Legion usou uma linguagem menos diplomática, referindo-se ao ultimato como um "documento perverso, com acusações sem provas e exigências tirânicas"[9]. Muitos historiadores que estudam a origem da Primeira Guerra Mundial condenaram o ultimato austro-húngaro por exigir mais do que uma nação soberana pode exigir de outra. Acrescentam que a interrupção das negociações pelo Império Austro-Húngaro depois que o governo sérvio aceitou muitas exigências suas, mas não todas, é prova adicional de que a Áustria-Hungria, ao lado de seu aliado, a Alemanha, procu-

▼
7. John Langdon. *July 1914: The Long Debate, 1918-1990*. Nova York: Berg, 1991, p. 175.
8. G. P. Gooch e H. Temperley (orgs.). *British Documents on the Origins of the War, 1898-1914*, Londres, 1926-1938, vol. XI, n? 91; citado em Zara Steiner, *Britain and the Origins of the First World War*, Nova York: St. Martin's Press, 1977, pp. 221-2.
9. Charles Horne (org.). *Source Records of the Great War*, vol. I. Indianápolis: The American Legion, 1931, p. 285.

rava um pretexto para declarar guerra à Sérvia. Assim, segundo eles, o Império Austro-Húngaro deve ser responsabilizado pela eclosão da guerra e pelos 9 milhões de mortos decorrentes.

Consideremos agora a reação norte-americana aos ataques terroristas de 11 de setembro. As exigências feitas ao Talebã pela administração Bush em 2001 não foram menos severas do que as feitas pela Áustria-Hungria à Sérvia em 1914. (A principal diferença é que os austro-húngaros insistiam na supressão da propaganda nacionalista hostil. A liberdade de expressão não era, na época, considerada por muitos como um direito natural do ser humano.) Além disso, a exigência norte-americana de que o Talebã entregasse Osama bin Laden foi feita sem que se apresentassem provas que o ligassem aos ataques de 11 de setembro. Mas as exigências americanas, longe de ser condenadas como mero pretexto para uma guerra agressiva, foram endossadas como razoáveis e justificadas por uma ampla coalizão de países. Quando o presidente Bush disse, em discursos e entrevistas coletivas depois de 11 de setembro, que não faria distinção entre terroristas e regimes que abrigam terroristas, nenhum embaixador, ministro do exterior ou representante da Organização das Nações Unidas condenou essa idéia como uma doutrina "perversa" ou uma exigência "tirânica" a outras nações soberanas. O Conselho de Segurança deu-lhe amplo endosso em sua resolução de 28 de setembro de 2001[10]. Ao que parece, os líderes mundiais hoje aceitam que todo país tem para com todos os outros países o dever de suprimir, dentro de suas fronteiras, atividades que possam levar a ataques terroristas em outros países, e que é razoável entrar em guerra com um país que não o

▼

10. Resolução do Conselho de Segurança 1373 (2001), disponível em: www.un.org/Docs/scres/2001/res1373e.pdf.

faça. Se pudessem ver isso, o imperador Francisco José I e Guilherme II poderiam muito bem sentir que, depois de 1914, o mundo acabou por aceitar inteiramente a opinião deles. Pouco antes dos ataques de 11 de setembro, um painel da ONU publicou um relatório assinalando que, mesmo que não houvesse entre os países ricos a preocupação altruísta de ajudar os pobres do mundo, seus próprios interesses deveriam levá-los a fazê-lo:

> Na aldeia global, a pobreza de outra pessoa se torna rapidamente um problema para nós: um problema de falta de mercado para nossos produtos, de imigração ilegal, de poluição, de doenças contagiosas, de insegurança, de fanatismo, de terrorismo.[11]

O terrorismo, de maneira nova e assustadora, fez do nosso mundo uma comunidade integrada. Não só as atividades de nossos vizinhos, mas também as dos habitantes dos mais remotos vales dos mais distantes países do planeta passaram a fazer parte de nossa vida. Precisamos fazer com que o direito criminal chegue a esses lugares; precisamos dispor de meios para levar os terroristas aos tribunais sem ter de declarar guerra a um país inteiro. Para tanto, precisamos de um sólido sistema global de justiça criminal, para que a justiça não seja vitimada por diferenças nacionais de opinião. Também precisamos, embora seja bem mais difícil consegui-lo, ter a noção de que somos de fato uma só comunidade, de que somos pessoas que reconhecem não somente a proibição de matarmos uns aos outros como

▼

11. Relatório do Painel de Alto Nível sobre o Financiamento do Desenvolvimento nomeado pelo Secretário-Geral da Organização das Nações Unidas, Assembléia Geral da Organização das Nações Unidas, Qüinquagésima-Quinta Sessão, item da Pauta 101, 26 de junho de 2001, A/55/1000, p. 3, disponível em: www.un.org/esa/ffd/a55-1000.pdf.

também a obrigação de nos ajudarmos uns aos outros. Isso pode não evitar que fanáticos religiosos realizem missões suicidas, mas vai ajudar a isolá-los e a reduzir seu apoio. Não foi por coincidência que, apenas duas semanas depois de 11 de setembro, os membros conservadores do Congresso dos Estados Unidos tenham desistido de opor-se ao pagamento de 582 milhões de dólares de contribuições atrasadas que os Estados Unidos deviam à Organização das Nações Unidas[12]. Agora que os Estados Unidos da América pediam ao mundo que viesse em seu auxílio a fim de combater o terrorismo, já não podiam se dar ao luxo de violar as regras da comunidade global na medida em que o faziam antes de 11 de setembro.

Temos convivido há tanto tempo com a idéia dos Estados soberanos que ela passou a ser um dos fundamentos não só da diplomacia e da política, mas também da ética. Está implícita no termo "globalização", que substitui o mais antigo "internacionalização", a idéia de que estamos ultrapassando a era dos vínculos crescentes entre países e começando a contemplar algo que supera a atual concepção de Estado nacional. Mas essa mudança precisa refletir-se em todos os níveis de nosso pensamento, especialmente em nossas ponderações acerca da ética.

Para perceber como nosso pensamento sobre a ética precisa mudar, consideremos a obra que, melhor do que qualquer outra, representa a mentalidade do final do século XX no tocante à justiça no contexto liberal norte-americano: *A Theory of Justice**, de John Rawls. Quando li esse livro pela primeira

▼

* Trad. bras. *Uma teoria da justiça*, São Paulo, Martins Fontes, 2ª ed., 2002.
12. Juliet Eilperin, "House Approves U.N. Payment Legislation Would Provide $582 Million for Back Dues", *Washington Post*, 25 de setembro de 2001, p. A01.

vez, pouco depois de sua publicação em 1971, espantei-me com o fato de uma obra com esse título, com quase 600 páginas, esquecer por completo a flagrante injustiça das diferenças de riqueza e pobreza nas diversas sociedades. O método de Rawls (que é agora uma espécie de leite materno dado a todo estudante de filosofia ou de política) consiste em buscar conhecer a natureza da justiça perguntando-se que princípios as pessoas escolheriam se, quando de sua escolha, não pudessem saber que posição elas mesmas ocupariam. Ou seja, teriam de escolher sem saber se seriam ricas ou pobres, membros de uma maioria étnica dominante ou de uma minoria étnica, religiosas ou atéias, dotadas de muito ou pouco conhecimento, e assim por diante. Se fôssemos aplicar esse método para a Terra inteira, e não somente para uma dada sociedade, seria evidente de imediato que os que fazem a escolha não poderiam saber se seriam cidadãos de um país rico, como os Estados Unidos, ou de um país pobre, como o Haiti. Mas, ao formular seu projeto original de escolha, Rawls parte do princípio de que as pessoas que escolhem pertencem todas à mesma sociedade e escolhem princípios para obter a justiça *no âmbito* dessa sociedade. Assim, quando alega que, nas condições que ele prescreve, as pessoas escolheriam um princípio que (sujeito a restrições destinadas a garantir a liberdade de todos e uma razoável igualdade de oportunidades) promoveria a melhoria da posição dos destituídos, Rawls limita a concepção de "destituídos" aos membros da nossa própria sociedade. Se ele aceitasse que, para escolher com justiça, as pessoas teriam também de ignorar sua própria nacionalidade, sua teoria seria um sólido argumento em favor da melhoria das perspectivas dos destituídos do mundo inteiro. Contudo, na mais influente obra sobre a justiça escrita nos Estados Unidos no século XX, essa questão não é sequer mencionada[13]. Rawls de fato trata dela em sua obra mais recente, *The Law of Peoples**, e direi algo mais adiante sobre o que ele afirma ali. Sua abordagem, contudo, permanece firmemente baseada na idéia de que a unidade para decidir o que é justo continua sendo algo semelhante aos Estados nacionais da atualidade. O modelo de Rawls é o de uma ordem internacional, não de uma ordem global. Esse pressuposto precisa ser reconsiderado.

Durante a maior parte da existência da humanidade, pessoas que viviam a curtas distâncias umas das outras poderiam muito bem – a considerar o quão pouco influíam na vida umas das outras – estar vivendo em mundos separados. Um rio, uma cadeia de montanhas, um trecho de floresta ou deserto, um mar – isso bastava para separar as pessoas. Nos últimos séculos, esse isolamento foi diminuindo, de início lentamente e depois com crescente rapidez. Hoje, pessoas que vivem em lados opostos do mundo estão ligadas de maneira antes inimaginável.

Há cento e cinqüenta anos, Karl Marx ofereceu numa só frase um resumo de sua teoria da história:

▼

* Trad. bras. *O direito dos povos*, São Paulo, Martins Fontes, 2001.
13. Ver John Rawls, *A Theory of Justice*, Oxford: Oxford University Press, 1971. A objeção a Rawls que apresentei aqui foi feita por Brian Barry em *The Liberal Theory of Justice*, Oxford: Oxford University Press, 1973, pp. 129-30. Ver também, do mesmo autor, *Theories of Justice*, Berkeley: University of California Press, 1989. Outros argumentos na mesma direção foram apresentados por Charles Beitz, *Political Theory and International Relations*, Princeton: Princeton University Press, 1979, e "Social and Cosmopolitan Liberalism", *International Affairs*, 75:3, 1999, pp. 515-29; Thomas Pogge, *Realizing Rawls*, Ithaca, N.Y., Cornell University Press, 1990, e "An Egalitarian Law of Peoples", *Philosophy and Public Affairs*, 23:3, 1994; e Andrew Kuper, "Rawlsian Global Justice: Beyond *The Law of Peoples* to a Cosmopolitan Law of Persons", *Political Theory* 28:5, 2000, pp. 640-74.

A máquina manual lhe dá a sociedade com o senhor feudal; a máquina a vapor, a sociedade com o capitalista industrial[14].

Hoje, ele poderia ter acrescentado:

O avião a jato, o telefone e a internet lhe dão uma sociedade global com as empresas transnacionais e o Fórum Econômico Mundial.

A tecnologia muda tudo – essa foi a afirmação de Marx, e se foi uma perigosa meia-verdade, nem por isso deixou de ser esclarecedora. Quando a tecnologia venceu as distâncias, a globalização econômica se estabeleceu. Nos supermercados de Londres legumes frescos que vêm de avião do Quênia são oferecidos ao lado dos que vêm do vizinho condado de Kent. Aviões trazem imigrantes ilegais que procuram melhorar a própria vida num país que admiram há muito tempo. Nas mãos erradas, os mesmos aviões se tornam armas letais que derrubam altos edifícios. A comunicação digital instantânea faz com que não só bens concretos, mas também serviços especializados se tornem mercadorias no comércio internacional. Ao final das operações de um dia, um banco sediado em Nova York pode ter suas contas equilibradas por funcionários que vivem na Índia. A crescente presença de uma única economia mundial se reflete no desenvolvimento de novas formas de governabilidade global, a mais controversa das quais é a Organização Mundial do Comércio; mas a OMC não é ela mesma a criadora da economia global.

As forças globais de mercado oferecem incentivos para que todos os países vistam aquilo que Thomas Friedman chamou

▼

14. "The Poverty of Philosophy". In David McLellan (org.), Karl Marx, *Selected Writings*, Oxford: Oxford University Press, 1977, p. 202.

de "uma Camisa-de-Força de Ouro", um conjunto de políticas que envolvem a liberalização do setor privado da economia, a redução da burocracia, a conservação da inflação em níveis baixos e a eliminação de restrições aos investimentos externos. Se um país se recusa a usar a Camisa-de-Força de Ouro, ou tenta tirá-la, o rebanho eletrônico – os negociadores de moedas, de ações e de títulos e os que decidem os investimentos das empresas multinacionais – pode galopar numa outra direção, levando consigo os capitais investidos que os países desejam para manter sua economia em crescimento. Quando o capital se move facilmente de país a país, aumentar os impostos é correr o risco de desencadear uma fuga de capitais para outros países com perspectivas de investimento comparáveis e impostos menores. O resultado disso é que, à medida que a economia cresce e aumenta a renda média, a liberdade política se reduz – pelo menos na medida em que nenhum partido político se dispõe a questionar o pressuposto de que o capitalismo é o melhor sistema econômico. Quando nem o governo nem a oposição podem correr o risco de retirar a Camisa-de-Força de Ouro, as diferenças entre os grandes partidos políticos se reduzem a diferenças sobre os detalhes pouco importantes do ajuste da Camisa-de-Força[15]. Assim, mesmo sem a OMC, o próprio crescimento da economia global marca um declínio do poder do Estado nacional.

Marx afirma que, a longo prazo, nunca rejeitamos nenhum avanço nos meios pelos quais satisfazemos nossas necessidades materiais. Assim, a história é impelida pelo crescimento das forças produtivas. Ele desprezaria a idéia de que a

▼

15. Thomas Friedman, *The Lexus and the Olive Tree*, Nova York: Anchor Books, 2000, pp. 104-6.

globalização é algo impingido ao mundo por uma conspiração de executivos empresariais que se reúnem na Suíça, ele poderia ter concordado com a observação de Thomas Friedman segundo a qual a verdade mais essencial sobre a globalização é que "Ninguém está no comando"[16]. Para Marx, essa afirmação seria a epítome da humanidade num estado de alienação, vivendo num mundo em que, em vez de nos governar a nós mesmos, somos governados por nossa própria criação, a economia global. Para Friedman, por outro lado, tudo o que precisa ser dito sobre a alternativa de Marx – o controle da economia pelo Estado – é que ela *não funciona*[17]. (Se há alternativas viáveis tanto ao capitalismo quanto ao socialismo centralizado – essa é outra questão, mas que não cabe neste livro.)

Marx também acreditava que a ética de uma sociedade é um reflexo da estrutura econômica que sua tecnologia fez surgir. Logo, uma economia feudal em que os servos estão atrelados à terra de seu suserano nos dá a lógica do cavalheirismo feudal, fundado na lealdade dos cavaleiros e vassalos ao seu senhor e na obrigação deste de protegê-los em épocas de guerra. Uma economia capitalista requer uma força de trabalho flutuante capaz de atender às necessidades do mercado, e por isso rompe o vínculo entre senhor e vassalo e traz como substituta uma ética em que é fundamental o direito de comprar e de vender a força de trabalho. Nossa sociedade global, em processo de tornar-se interdependente, com suas notáveis possibilidades de criar laços entre pessoas no planeta inteiro, nos fornece as bases materiais para uma nova ética. Marx teria julgado que essa ética serviria aos interesses da classe dominante, isto é, dos

▼

16. Friedman, *Lexus and the Olive Tree*, p. 112.
17. Idem.

países ricos e das empresas transnacionais que eles espalharam pelo mundo. Mas pode ser que a relação da ética com a tecnologia seja mais fluida e menos determinista do que Marx pensava. A ética parece ter se desenvolvido a partir do comportamento e dos sentimentos dos mamíferos sociais. Diferenciou-se de tudo o que podemos observar em nossos mais próximos parentes não-humanos quando começamos a usar nossas capacidades de raciocínio para justificar nosso comportamento perante outros membros de nosso grupo. Se o grupo diante do qual temos de justificar nosso comportamento é a tribo ou a nação, nossa moralidade tende a ser tribal ou nacionalista. Se, no entanto, a revolução nas comunicações criou um público global, podemos sentir a necessidade de justificar nosso comportamento perante o mundo inteiro. Essa mudança cria a base material para uma nova ética que atenda aos interesses de todos os habitantes do planeta, coisa que, apesar de muita retórica, nenhuma ética precedente conseguiu[18].

Se esse apelo à nossa necessidade de justificação ética parece se basear numa concepção demasiado generosa da natureza humana, há outra consideração de um tipo bem diferente que leva à mesma conclusão. Os grandes impérios do passado, persa, romano, chinês ou britânico, conseguiram, enquanto durou seu poder, manter suas principais cidades a salvo dos bárbaros ameaçadores que habitavam as fronteiras de seus grandes territórios. No século XXI, a maior superpotência de todos os tempos não pôde evitar que os autoproclamados defensores de uma

▼

18. Sobre a evolução da ética, ver Peter Singer, *The Expanding Circle*, Nova York: Farrar, Strauss e Giroux, 1981. Sobre a globalização como base de uma nova ética, ver Clive Kessler, "Globalization: Another False Universalism?". *Third World Quarterly*, nº 21, 2000, pp. 931-42.

visão de mundo diferente da sua atacassem sua cidade mais importante e sua capital. A tese deste livro é de que o resultado, bom ou ruim, desta passagem pela era da globalização (se é que chegaremos de fato a transpô-la incólumes) vai depender da nossa reação ética à idéia de que vivemos num só mundo. Não assumir um ponto de vista ético global tem sido há muito tempo um sério erro moral das nações ricas. Agora isso também é, a longo prazo, um risco para sua segurança.

CAPÍTULO 2

UMA SÓ ATMOSFERA

O PROBLEMA

Não há sinal mais evidente da necessidade de os seres humanos agirem globalmente do que as interrogações motivadas pelos efeitos da atividade humana sobre a atmosfera. O fato de todos partilharmos um mesmo planeta chegou à nossa atenção de maneira particularmente premente nos anos 1970, quando cientistas descobriram que o uso de clorofluorocarbonetos (CFCs) ameaça a camada de ozônio que protege a superfície de nosso planeta da plena força da radiação solar ultravioleta. Os danos infligidos a esse escudo protetor produziriam um rápido aumento da incidência do câncer e poderiam ter outros efeitos – sobre o crescimento das algas, por exemplo. Os lugares mais ameaçados seriam as cidades mais ao sul do planeta, pois descobriu-se que uma grande falha na camada de ozônio se formava todos os anos acima da Antártica; mas, a longo prazo, todo o escudo protetor da camada de ozônio correria perigo. Uma vez aceitos os dados científicos, uma ação internacional concertada cedo se seguiu, com a assinatura, em

1985, do Protocolo de Montreal. Os países desenvolvidos aboliram praticamente por completo o uso de CFCs por volta de 1999, e os países em desenvolvimento, aos quais se concedeu um período de tolerância de dez anos, estão agora caminhando nessa mesma direção.

O fim dos CFCs foi apenas o espetáculo de abertura: o evento principal são as mudanças climáticas, ou o aquecimento global. Sem menosprezar a realização pioneira daqueles que criaram o Protocolo de Montreal, o problema não era tão difícil, dado que se podem substituir os CFCs em todos os seus usos a um custo relativamente pequeno, e a solução do problema consistia em simplesmente interromper a sua produção. As mudanças climáticas são uma questão totalmente diferente.

As provas científicas de que as atividades humanas estão alterando o clima de nosso planeta têm sido estudadas por um grupo de trabalho do Painel Intergovernamental sobre Mudanças Climáticas, ou IPCC, um organismo científico internacional cujo objetivo é fornecer, àqueles que determinam o caminho político dos diversos países, uma visão fundamentada das mudanças climáticas e de suas causas. O grupo publicou seu *Terceiro relatório de avaliação* em 2001, baseando-se em relatórios já formulados e incorporando novos dados acumulados nos cinco anos anteriores. O Relatório é obra de 122 autores principais e 515 colaboradores, as pesquisas em que se baseou foram avaliadas por 337 especialistas. Como todo documento científico, está sujeito a críticas de outros cientistas, mas reflete um amplo consenso das principais opiniões científicas, sendo de longe o texto mais sério atualmente disponível acerca do que está acontecendo com nosso clima.

Segundo o *Terceiro relatório de avaliação*, nosso planeta tem mostrado ao longo do último século claros sinais de aquecimento. A década de 1990 foi a mais quente, e 1998, o ano mais quente registrado nos 140 anos para os quais se conservaram registros meteorológicos. Perto do final de 2001, a Organização Meteorológica Internacional anunciou que ele só perderia para 1998 como o ano mais quente registrado. Na verdade, nove dos dez anos mais quentes do período foram registrados a partir de 1990, e as temperaturas hoje se elevam num ritmo três vezes superior ao do começo dos anos 1900[1]. O nível do mar subiu de 10 a 20 centímetros no último século. A partir dos anos 1960, as camadas de neve e gelo sofreram uma redução de cerca de 10 por cento, e as geleiras estão sofrendo redução em toda parte exceto na proximidade dos pólos. Nas três últimas décadas, o efeito El Niño no hemisfério sul se intensificou, levando a uma maior variação do índice pluviométrico. Paralelamente a essas mudanças, verificamos um aumento sem precedentes da concentração atmosférica de dióxido de carbono, metano e óxido nitroso, produzidos por atividades humanas como a queima de combustíveis fósseis, o desmatamento e (no caso do metano) a criação de gado e a produção de arroz. Num período de pelo menos 420 mil anos, nunca houve tanto dióxido de carbono e tanto metano na atmosfera.

Até que ponto a mudança do clima foi produzida pela atividade humana e até que ponto pode ser explicada pela variação natural? O *Terceiro relatório de avaliação* encontrou "provas novas e mais sólidas de que o aquecimento observado nos últimos 50 anos é atribuível, em sua maior parte, a atividades humanas" – mais especificamente, à emissão dos gases do efei-

▼
1. "This Year Was the 2nd Hottest, Confirming a Trend, UN Says", *New York Times*, 19 de dezembro de 2001, p. A5.

to estufa. O relatório também considera "muito provável" que boa parte do aumento do nível do mar no último século se deva ao aquecimento global[2]. Aqueles que não têm conhecimento especializado dos aspectos científicos da avaliação da mudança climática e de suas causas não podem se dar ao luxo de desconsiderar as idéias sustentadas pela esmagadora maioria dos que possuem esse conhecimento. Eles podem estar errados – a grande maioria dos cientistas por vezes está –, mas, diante do que está em jogo, confiar nessa possibilidade seria uma estratégia arriscada.

O que vai acontecer se continuarmos a emitir quantidades cada vez maiores de gases do efeito estufa e se o aquecimento global continuar a se acelerar? O *Terceiro relatório de avaliação* estima que, entre 1990 e 2100, a temperatura global média vai aumentar no mínimo 1,4°C e, talvez, até 5,8°C[3]. Embora esses números médios possam parecer bem insignificantes – pouco importa se amanhã vai fazer 20°C ou 22°C –, mesmo um aumento de 1°C na temperatura média seria superior a qualquer mudança ocorrida num único século nos últimos 10 mil anos. Além disso, algumas mudanças regionais serão mais extremas e de previsão mais difícil. Os continentes do Norte, especialmente a América do Norte e a parte central da Ásia,

▼

2. J. T. Houghton et al. (orgs.), *Climate Change 2001: The Scientific Basis: Contribution of Working Group I to the Third Assessment Report of the Intergovernmental Panel on Climate*, United Nations Environment Program and Intergovernmental Panel on Climate Change, Cambridge: Cambridge University Press, 2001, Summary for Policymakers; disponível em: www.ipcc.ch/pub/tar/wgi/index.htm. Ver também *Reconciling Observations of Global Temperature Observations Change*, Panel on Reconciling Temperature Observations, Washington: National Research Council, National Academy of Sciences, 2000, disponível em: www.nap.edu/books/0309068916/html. Para outro exemplo de pesquisa recente indicando a realidade da mudança climática antropogênica, ver Thomas J. Crowley, "Causes of Climate Change Over the Past 1000 Years", *Science*, 14 de julho de 2000, 289, pp. 270-7.

3. Houghton et al. (orgs.), *Climate Change 2001: The Scientific Basis*.

vão sofrer um aquecimento maior do que os oceanos ou as regiões costeiras. As precipitações vão aumentar de modo geral, mas com agudas variações regionais, de tal modo que algumas áreas onde hoje há um volume pluviométrico adequado se tornem áridas. A flutuação anual também será maior do que atualmente – o que significa que as secas e as inundações vão aumentar. As monções de verão asiáticas provavelmente serão menos confiáveis. É possível que as mudanças sejam suficientes para alcançar um ponto crítico que leve os sistemas climáticos a se alterar e cause uma mudança na direção das principais correntes oceânicas, como a corrente do Golfo.

Quais serão as conseqüências disso para os seres humanos?

- À medida que os oceanos se tornarem mais quentes, furacões e tempestades tropicais hoje confinados aos trópicos vão se afastar do Equador, atingindo grandes áreas urbanas que não têm infra-estrutura para suportá-los. Trata-se de uma perspectiva vista com grande preocupação pelas companhias de seguro, que já viram o custo dos desastres naturais aumentar dramaticamente em décadas recentes[4].
- As doenças tropicais vão se disseminar.
- A produção de alimentos vai aumentar em algumas regiões, especialmente nas altas latitudes do Norte, e cair em outras, como a África subsaárica.
- O nível do mar vai subir de 9 a 88 centímetros.

▼

4. A Munich Reinsurance, uma das maiores companhias de seguro do mundo, estimou que o número de grandes desastres naturais passou de 16 na década de 1960 a 70 na década de 1990. Citado por Christian Aid, Global Advocacy Team Policy Position Paper, *Global Warming, Unnatural Disasters and the World's Poor*, novembro de 2000, disponível em: www.christianaid.org.uk/indepht/0011glob/globwarm.htm.

Os países ricos podem ter condições, a um custo considerável, de lidar com essas mudanças sem monumentais perdas de vida. Têm mais recursos para armazenar alimentos contra a possibilidade de seca, para remover pessoas de áreas inundadas, para combater a disseminação de insetos transmissores de doenças e construir quebra-mares para manter afastados os mares em elevação. Os países pobres não poderão chegar a tanto. Bangladesh, que dentre os países grandes é o mais densamente povoado do mundo, tem o maior sistema de deltas e de pântanos de todo o planeta, por meio do qual poderosos rios como o Ganges e o Bramaputra alcançam o mar. O solo dessas áreas é fértil, mas são grandes as agruras da vida em terras tão baixas. Em 1991, um ciclone atingiu a costa do país e coincidiu com marés altas que deixaram 10 milhões de pessoas desabrigadas e mataram 139 mil. A maioria delas vivia nos pântanos dos deltas, e grande número delas continua a viver lá porque não tem para onde ir. Mas, se o nível do mar continuar subindo, muitos lavradores ficarão sem terra. Cerca de 70 milhões de pessoas poderão ser afetadas em Bangladesh, e um número semelhante na China. Milhões de agricultores egípcios do delta do Nilo correm o risco de perder suas terras. Numa escala menor, os países insulares do Pacífico, que consistem em atóis baixos, se vêem diante de perdas ainda mais drásticas. Kiribati, situada logo a oeste da Linha Internacional do Tempo, foi o primeiro país a entrar no novo milênio. Ironicamente, pode ser também o primeiro a sair dele, desaparecendo sob as ondas. As marés altas já estão causando erosão e poluindo frágeis fontes de água potável, algumas ilhas desabitadas foram submergidas.

O aquecimento global pode fazer aumentar o número de mortes decorrentes do excessivo calor do verão, mas esse aumento pode ser compensado por uma redução do número de mortes causadas pelo frio do inverno. Muito mais significativa do que esses dois efeitos será a disseminação de doenças tropicais, entre as quais doenças transmitidas por insetos que precisam de calor para sobreviver. O *Terceiro relatório de avaliação* apresenta várias tentativas de previsão da disseminação de doenças como a malária e a dengue, mas chega à conclusão de que a metodologia de pesquisa ainda é insuficiente para fornecer boas estimativas do número provável de pessoas afetadas[5].

Se as monções asiáticas se tornarem menos confiáveis, centenas de milhares de camponeses indianos e de outros países vão passar fome nos anos em que as precipitações forem menores do que o normal. Eles não têm outra maneira de obter a água necessária ao cultivo. De modo geral, as invariações imprevistas de precipitação vão causar imensas dificuldades à ampla parcela da população mundial que tem de plantar sua própria comida.

As conseqüências para os animais não-humanos e para a biodiversidade serão graves. Em algumas regiões, os vegetais e os animais vão se afastar gradualmente do Equador ou passar a terras mais altas, acompanhando os padrões climáticos. Em outros lugares, não terão essa opção. As plantas e os animais alpinos peculiares à Austrália já sobrevivem apenas nas planícies e nos picos alpinos mais elevados do país. Se a neve parar de cair em seu território, vão se extinguir. Os ecossistemas costeiros vão sofrer mudanças drásticas, e as águas mais quen-

▼

5. James McCarthy et al. (orgs.), *Climate Change 2001: Impacts, Adaptation, and Vulnerability, Contribution of Working Group II to the Third Assessment Report of the Intergovernmental Panel on Climate,* United Nations Environment Program and Intergovernmental Panel on Climate Change. Cambridge: Cambridge University Press, 2001, disponível em: www.ipcc.ch/pub/tar/wg2/index.htm.

tes podem destruir os recifes de coral. Essas previsões se projetam apenas até 2100, mas, mesmo que as emissões de gases do efeito estufa se tenham estabilizado a essa altura, as mudanças no clima vão persistir por centenas, se não milhares, de anos. Uma pequena alteração na temperatura global média pode, no decurso do próximo milênio, levar à dissolução da cobertura glacial da Groenlândia, algo que, acrescentando-se ao derretimento parcial da faixa glacial do oeste da Antártica, pode fazer subir em 6 metros o nível do mar[6].

Tudo isso nos leva a encarar a ética de maneira muito diferente. Nosso sistema de valores desenvolveu-se numa época em que a atmosfera e os oceanos pareciam recursos ilimitados, e as responsabilidades e os danos eram de modo geral claros e bem definidos. Se alguém batesse em alguém, estava claro quem tinha feito o quê. Em nossos dias, os problemas do buraco na camada de ozônio e das mudanças climáticas trouxeram à tona uma nova e estranha espécie de assassinato. O nova-iorquino que põe desodorante nas axilas usando um aerossol que contém CFCs ajuda a matar por câncer de pele, muitos anos mais tarde, pessoas que vivem em Punta Arenas, no Chile. Quando dirige seu carro, você pode estar liberando o dióxido de carbono que faz parte de uma fatídica cadeia causal que leva às inundações em Bangladesh[7]. Como podemos mudar nossa ética para levar em conta essa nova situação?

▼

6. Houghton et al. (orgs.), *Climate Change 2001: The Scientific Basis*.
7. Ver Dale Jamieson, "Ethics, Public Policy, and Global Warming", *Science, Technology, and Human Values* 17:2, primavera de 1992, pp. 139-53, e "Global Responsibilities: Ethics, Public Health, and Global Environmental Change", *Indiana Journal of Global Legal Studies* 5:1, outono de 1997, pp. 99-119.

RIO E QUIOTO

O fato de ações humanas aparentemente inofensivas e triviais poderem afetar pessoas em países distantes ainda não começou a influenciar efetivamente a soberania das nações. Segundo o atual direito internacional, indivíduos e empresas podem dar queixa de perdas e danos se forem prejudicados pela poluição vinda de outro país, mas um país não pode levar outro ao tribunal. Em janeiro de 2002, a Noruega anunciou que faria esforços pela aprovação de um esquema internacional obrigatório fundado no princípio de que "o poluidor deve pagar". O anúncio se seguiu à publicação de provas de que a usina nuclear britânica de Sellafield está emitindo resíduos radiativos que alcançam a costa norueguesa. Lagostas e outros crustáceos do mar do Norte e do mar da Irlanda apresentam altas concentrações do tecnécio-99 radiativo[8].

O caso de Sellafield revelou uma lacuna na legislação ambiental de base global. A Noruega pretende que haja uma convenção internacional sobre poluição ambiental, primeiro no nível europeu e mais tarde, através da Organização das Nações Unidas, no mundo inteiro. O princípio é de difícil contestação, mas, se a Noruega puder obrigar a Inglaterra a pagar pelos danos que sua usina nuclear causa ao litoral norueguês, não poderão países como Kiribati processar os Estados Unidos por permitir que grandes quantidades de dióxido de carbono sejam lançadas na atmosfera, fazendo que a elevação do nível do mar submerja suas casas? Embora o vínculo entre o

▼

8. "Norway Wants Sanctions for Cross Border Polluters", *Reuters News Service*, 1º de fevereiro de 2002, disponível em: www.planetark.org/dailynewsstory.cfm/newsid/14316/story.htm.

aumento do nível do mar e as emissões de gases do efeito estufa seja bem mais difícil de provar do que o laço que une a usina nuclear britânica ao tecnécio-99 encontrado no litoral norueguês, é difícil estabelecer uma clara linha demarcatória entre os dois casos. Mas a aceitação do direito de Kiribati processar os Estados Unidos pelos danos causados pelas emissões de gases nos une num só mundo, num sentido novo e bem mais abrangente do que em qualquer outra época. Trata-se de algo que exige uma ação internacional concertada.

A mudança climática entrou no debate político internacional em 1988, quando o Programa Ambiental das Nações Unidas e a Secretaria Meteorológica Mundial fundaram juntos o Painel Intergovernamental sobre Mudanças Climáticas. Em 1990, o IPCC anunciou que a ameaça da mudança climática era real e que se precisava de um tratado global para lidar com ela. A Assembléia Geral da Organização das Nações Unidas resolveu tomar providências para elaborar esse tratado. A Convenção Básica das Nações Unidas sobre as Mudanças Climáticas foi aprovada em 1992 e foi aberta para assinaturas na Cúpula da Terra, ou, mais formalmente, na Conferência das Nações Unidas sobre Meio Ambiente e Desenvolvimento, realizada no Rio de Janeiro naquele mesmo ano. Essa "convenção básica" foi aceita por 181 governos. Como sugere seu nome, ela estabelece apenas os fundamentos para ações futuras, mas pede que a emissão dos gases do efeito estufa seja estabilizada num nível seguro, dizendo que as partes signatárias da convenção façam isso "com eqüidade e de acordo com suas responsabilidades comuns, mas suas capacidades diferenciadas". As nações desenvolvidas devem "assumir a liderança do combate à mudança climática e a seus efeitos adversos". Os países desenvolvidos se comprometeram a conservar no ano

2000 o mesmo nível de emissão de gases de 1990, mas esse compromisso não tinha obrigatoriedade legal[9]. Para os Estados Unidos e vários outros países, isso foi muito bom, porque nem sequer se aproximaram da meta. Nos Estados Unidos, por exemplo, no ano 2000 a emissão de dióxido de carbono já era 14 por cento superior à de 1990. E a tendência era piorar: o aumento de emissões entre 1999 e 2000 chegou a 3,1 por cento, o mais elevado no período de um ano desde meados dos anos 1990[10].

A convenção básica se apóia no que por vezes se denomina o "princípio de precaução", conclamando as partes a agir com vistas a evitar o risco de danos sérios e irreversíveis mesmo na ausência de uma plena certeza científica. A convenção também reconhece o "direito ao desenvolvimento sustentável", afirmando que o desenvolvimento econômico é essencial ao tratamento da questão da mudança climática. Nesses termos, a Cúpula da Terra do Rio de Janeiro não estabeleceu nenhuma meta de redução de emissões a ser alcançada pelos países em desenvolvimento.

A convenção básica estabeleceu um procedimento para a realização de "conferências das partes" destinadas a avaliar o progresso. Em 1995, a conferência decidiu em favor do estabelecimento de metas de cunho mais obrigatório. O resultado, depois de dois anos de negociações, foi o Protocolo de

▼
9. *United Nations Framework Convention on Climate Change*, artigo 4, seção 2, subseções (a) e (b), disponível em: www.unfccc.int/resource/conv/conv.html; *Guide to the Climate Change Negotiation Process*, disponível em: www.unfccc.int/resource/process/components/response/respconv.html.
10. "U.S. Carbon Emissions Jump in 2000", *Los Angeles Times*, 11 de novembro de 2001, p. A36, citando números divulgados pela Administração de Informações Energéticas da Secretaria de Energia dos EUA no dia 9 de novembro de 2001.

Quioto, de 1997, que estabeleceu metas para que 39 nações desenvolvidas limitassem ou reduzissem suas emissões de gases do efeito estufa até 2012. Os limites e as reduções foram estabelecidos para reduzir as emissões totais dos países desenvolvidos a um nível pelo menos 5 por cento inferior ao de 1990. Porém, as metas nacionais variam, tendo as nações da União Européia e os Estados Unidos metas de 8 e 7 por cento abaixo dos níveis de 1990, respectivamente, e outras, como a Austrália, tendo permissão para ultrapassar seus níveis de 1990. Essas metas foram estabelecidas a partir de negociações com líderes de governo. Não se basearam em nenhum princípio geral de eqüidade, nem em nenhum outro princípio que não a pura e simples necessidade de chegar a um acordo[11]. Isso foi necessário porque, sob a concepção vigente de soberania nacional, não se pode obrigar os países a atingir suas metas a não ser que eles assinem um tratado que os comprometa a isso. Para ajudar os países a atingir suas metas, o Protocolo de Quioto aceitou o princípio de "comércio de emissões", pelo qual um país pode comprar créditos de emissões de outro que possa alcançar suas metas com alguma folga.

A conferência de Quioto não estabeleceu os detalhes de como os países poderiam alcançar suas metas – por exemplo, se lhes seriam concedidos créditos para plantio de florestas destinadas a absorver o dióxido de carbono da atmosfera, e como iria funcionar o comércio de emissões. Uma reunião em Haia não redundou em acordo a respeito dessas questões, que foram resolvidas em outras reuniões realizadas em Bonn e

▼

11. Eileen Claussen e Lisa McNeilly, *The Complex Elements of Global Fairness*, Pew Center on Global Climate Change, Washington, 29 de outubro de 1998, disponível em: www.pewclimate.org/projects/pol_equity.cfm.

Marrakech nos meses de julho e novembro de 2001, respectivamente. Ali, 178 países chegaram a um acordo histórico que possibilita a entrada em vigor do Protocolo de Quioto. Porém os representantes norte-americanos eram simples observadores; os Estados Unidos tinham deixado de ser uma das partes interessadas no acordo.

O acordo de Quioto não vai resolver os problemas do impacto da atividade humana sobre as mudanças climáticas. Vai apenas reduzir a velocidade das alterações em curso. Por esse motivo, alguns céticos alegaram que os prováveis resultados não justificam os custos da implementação efetiva do acordo. Num artigo para *The Economist*, Bjorn Lomborg escreve:

> Apesar da impressão de que é necessário tomar alguma medida drástica para resolver um problema tão prejudicial, análises econômicas demonstram claramente que o preço da redução radical de emissão de dióxido de carbono é bem maior do que o preço da adaptação ao aumento de temperatura.[12]

Lomborg tem razão em levantar a questão dos custos. É concebível, por exemplo, que os recursos que o mundo propõe investir na redução da emissão de gases do efeito estufa sejam mais bem empregados no aumento da assistência dada às pessoas mais pobres do planeta, a fim de ajudá-las a se desenvolver economicamente e, assim, lidar melhor com as mudanças climáticas. Mas qual a probabilidade de que as nações ricas venham a dar tal destinação a seus recursos? Como veremos no capítulo 5, seu histórico nesse campo não é motivo de

▼
12. Bjorn Lomborg. "The Truth About the Environment". *The Economist*, 2 de agosto de 2001, disponível em: www.economist.com/science/displayStory.cfm?Story_ID=718860&CFID=3046335&CFTOKEN=88404876.

otimismo. É melhor ajudar os pobres de maneira relativamente ineficiente do que não lhes dar ajuda nenhuma.

Vale a pena notar que o tão controverso livro de Lomborg, *The Skeptical Environmentalist**, propõe uma tese mais equilibrada do que a peremptória afirmação citada acima. O próprio Lomborg assinala que, mesmo num caso-limite em que o Protocolo de Quioto seja implantado de maneira ineficiente, "é impossível que o custo nos arruíne". Na verdade, segundo ele, pode-se dizer que, quer se prefira pôr em prática o Protocolo de Quioto, quer se vá além dele, chegando-se por fim a estabilizar de fato as emissões de gases do efeito estufa,

> o custo total da administração *ad infinitum* do aquecimento global seria equivalente ao de se adiar por menos de um ano a curva de crescimento [econômico]. Em outras palavras, teríamos de esperar até 2051 para gozar da prosperidade que de outra maneira teríamos gozado em 2050. E a essa altura o cidadão médio do mundo terá o dobro dos recursos de que hoje dispõe[13].

Lomborg de fato alega que o Protocolo de Quioto vai gerar uma perda líquida de 150 bilhões de dólares. Essa estimativa supõe que haverá comércio de emissões de gás entre os países desenvolvidos, mas não entre todos os países do mundo. Supõe também que as nações em desenvolvimento vão permanecer fora do Protocolo – caso em que o acordo terá o simples efeito de adiar por uns poucos anos as mudanças de clima previstas. Mas, se os países em desenvolvimento aderi-

▼

---

* *O ambientalista cético*. São Paulo: Campus, 2002. Observe-se que o Comitê Dinamarquês de Ética viria a acusar Lomborg de desonestidade intelectual, o que criou uma enorme polêmica. (N. do T.)

13. Bjorn Lomborg, *The Skeptical Environmentalist*, Cambridge: Cambridge University Press, 2001, p. 323.

rem ao Protocolo assim que virem que os países desenvolvidos estão levando a sério o controle de suas emissões, e se houver comércio de emissões entre todos os países do mundo, os números de Lomborg mostram que o pacto de Quioto produzirá um benefício líquido de 61 bilhões de dólares.

Todas essas estimativas partem do princípio de que os números de Lomborg são confiáveis – um pressuposto questionável, pois como se pode atribuir um valor monetário ao aumento de mortes por doenças tropicais e inundações que o aquecimento global vai provocar? Quanto deveríamos pagar para evitar a extinção de espécies e ecossistemas inteiros? Ainda que pudéssemos responder a essas perguntas, e concordar com os números usados por Lomborg, nos seria necessário questionar sua decisão de descontar todos os custos futuros a uma taxa anual de 5 por cento. Uma taxa de desconto de 5 por cento significa que perder 100 dólares hoje equivale a perder 95 dentro de um ano, a perder 90,25 dentro de dois anos e assim por diante. Logo, é óbvio que as perdas ocorridas daqui a, digamos, 40 anos não serão de grande monta, de modo que não valeria a pena gastar muito agora para não vir a sofrer uma tal perda. Para falar claro, considerando-se essa taxa de desconto, só valeria a pena gastar 14,20 dólares agora para ter certeza de não perder 100 dólares em 40 anos. Como as despesas decorrentes da redução da emissão dos gases do efeito estufa seriam feitas em breve, ao passo que o preço que teríamos de pagar por não fazer nada só cairia em nossas costas nas décadas futuras, a taxa de desconto impõe uma alteração crucial à equação de custo/benefício. Suponha que o aquecimento global descontrolado faça subir o nível do mar, inundando terras valiosas daqui a 40 anos. Com uma taxa de desconto anual de 5 por cento, só vale a pena gastar 14,20 dólares para evitar inundações que cubram permanentemente terras que valem 100 dólares. Assim, as perdas que poderiam ocorrer dentro de um século ou mais são virtualmente anuladas. Não por causa da inflação – falamos de custos expressos em dólares já ajustados à inflação. Estamos simplesmente descontando o futuro, ou seja, não o estamos levando em conta. Lomborg justifica o uso de uma taxa de desconto alegando que, se investirmos hoje 14,20 dólares, podemos obter um retorno (completamente seguro) de 5 por cento, e essa quantia vai assim se transformar em 100 dólares daqui a 40 anos. Embora o uso de uma taxa de desconto seja prática econômica padrão, é altamente especulativa a decisão de que taxa usar; a computação de diferentes taxas de juro, ou mesmo o reconhecimento do fato de que elas podem variar, leva a proporções de custo/benefício bem diferentes[14]. Além disso, levar-se em conta o futuro, ou não, é também uma questão ética envolvida no desconto do futuro. É verdade que nossos investimentos podem aumentar de valor com o tempo, deixando-nos mais ricos, mas o preço que estamos dispostos a pagar para salvar vidas humanas ou espécies ameaçadas pode aumentar na mesma medida. Esses valores não são bens de consumo, como TVs ou lavadoras de louça, cujo valor cai na proporção dos nossos ganhos. São coisas como a saúde, algo em cuja preservação nos dispomos a gastar mais à medida que aumentam nossos recursos. É necessária uma justificativa ética, e não econômica, para se descontar o sofrimento e a morte de seres hu-

▼

14. Ver Richard Newell e William Pizer. *Discounting the Benefits of Future Climate Change Mitigation: How Much Do Uncertain Rates Increase Valuations?* Pew Center on Global Climate Change. Washington, dezembro de 2001, disponível em: www.pewclimate.org/projects/econ_discount.cfm.

manos ou a extinção de espécies animais simplesmente porque essas perdas levarão 40 anos para acontecer. Nenhuma justificativa como essa foi oferecida até agora.

É importante não conceber Quioto como a solução do problema da mudança climática, mas como um primeiro passo nessa direção. É razoável que se calcule o quanto vale a pena pagar por um retardamento relativamente insignificante do aquecimento global, que é o que Quioto nos promete. Mas, se concebemos Quioto como um passo necessário para persuadir os países em desenvolvimento de que também eles devem reduzir as emissões de gases do efeito estufa, podemos ver por que devemos apoiá-lo. Quioto oferece uma plataforma a partir da qual se pode alcançar um acordo mais amplo e mais eqüitativo. Precisamos agora nos perguntar como deveria ser esse acordo para atender ao requisito da eqüidade ou imparcialidade.

O QUE É DISTRIBUIÇÃO EQÜITATIVA?

No segundo dos três debates televisivos realizados durante as eleições presidenciais norte-americanas de 2000, perguntaram aos candidatos como iriam agir com relação ao aquecimento global. George W. Bush disse:

> Vou lhe dizer uma coisa que não vou fazer: não vou deixar que os Estados Unidos carreguem sozinhos o fardo de limpar o ar do mundo, como o tratado de Quioto queria. A China e a Índia foram isentadas desse tratado. Acho que precisamos ser mais justos.

Há vários princípios de imparcialidade que as pessoas costumam usar para julgar o que é imparcial ou "justo". Na filosofia política, é comum que se siga a distinção que Robert Nozick estabelece entre princípios "históricos" e princípios de "parcela de tempo"[15]. Um princípio histórico é o que diz: não podemos decidir, pelo simples exame da situação atual, se uma dada distribuição de bens é justa ou injusta. Temos também de nos perguntar como surgiu a situação; temos de conhecer sua história. Têm as partes o direito, a partir de uma aquisição originalmente justificada e uma cadeia de transferências legítimas, às posses materiais de que agora dispõem? Se a resposta for positiva, a atual distribuição é justa. Se não, vão ser necessárias medidas retificadoras ou compensatórias para produzir uma justa distribuição. Por outro lado, o princípio de parcela de tempo examina a distribuição dos bens num dado momento e pergunta se essa distribuição atende a alguns princípios de eqüidade, independentemente de qualquer seqüência anterior de eventos. Vou examinar esses dois princípios um após o outro.

UM PRINCÍPIO HISTÓRICO: "O POLUIDOR PAGA" OU "QUEM QUEBROU, CONSERTA"

Imagine que vivemos numa cidadezinha em que todos jogam o lixo numa pia gigante*. Ninguém sabe bem o que acontece com o lixo depois que desce pelo ralo, mas, como desaparece e não faz mal a ninguém, pessoa alguma se preocupa com isso. Algumas pessoas consomem bastante e por isso produzem muito lixo, ao passo que outras, com recursos mais

▼

* Nos EUA, as pias de cozinha vêm com um triturador de resíduos sólidos, a maior parte dos quais, portanto, é jogada na pia. (N. do R.T.)
15. Robert Nozick, *Anarchy, State and Utopia*, Nova York: Basic Books, 1974, p. 153.

limitados, mal produzem lixo – porém, a capacidade da pia de fazer desaparecer o lixo parece tão ilimitada que ninguém se preocupa com a diferença. Enquanto perdura essa situação, é razoável acreditar que, jogando o lixo na pia, estamos deixando "o suficiente, e nas mesmas condições" para os outros, porque, por maior quantidade de lixo que jogamos na pia, os outros também podem jogar a quantidade que quiserem sem que ela transborde. A expressão "o suficiente, e nas mesmas condições" vem da justificativa que faz John Locke da propriedade privada em seu *Segundo tratado sobre o governo civil*, publicado em 1690. Na obra, Locke afirma que "a terra, e tudo o que ela contém, foi dada aos homens para o sustento e o conforto de sua existência". A terra e tudo quanto contém "pertencem à humanidade em comum". Como, então, pode haver propriedade privada? Porque o nosso trabalho nos pertence e, quando misturamos nosso trabalho com a terra e seus produtos, eles se tornam nossos. Mas por que, quando misturo meu trabalho com a propriedade comum de toda a humanidade, é uma parte dessa propriedade que vem para mim, e não uma parte do meu trabalho que vai embora? Segundo Locke, isso pode continuar assim enquanto a apropriação da propriedade comum não impedir que exista "o suficiente, e nas mesmas condições, em comum para outros"[16]. A justificativa lockeana da aquisição da propriedade privada é a explicação histórica clássica de como a propriedade pode ser legitimamente adquirida, tendo servido de ponto de partida para muitas discussões mais recentes. Ela nos interessa porque, se for válida, e se a pia for, ou parecer ser, dotada de capacidade

▼

16. John Locke, *Second Treatise on Civil Government*, C. B. Macpherson (org.), Indianápolis: Hacket, 1980, sec. 27, p. 19.

ilimitada, nos daria uma razão suficiente para que todos pudessem jogar na pia o que quisessem, ainda que alguns jogassem bem mais do que outros. Agora imaginemos que as condições se alterem e que a capacidade da pia de triturar e engolir o lixo chegue ao limite, passa então a haver uma infiltração desagradável que parece resultar do uso excessivo da pia. Essa infiltração causa problemas ocasionais: quando faz calor, ela exala mau cheiro; num laguinho próximo, em que nadam nossos filhos, proliferam algas que o tornam inutilizável; várias figuras respeitadas do lugarejo advertem que, se não se reduzir o uso da pia, todas as fontes de água do local ficarão poluídas. Nesse ponto, se continuamos a jogar a mesma quantidade de lixo na pia, já não deixamos "o suficiente, e nas mesmas condições" para os outros e, por conseguinte, torna-se questionável o nosso direito irrestrito de jogar lixo. Isso porque a pia é nossa propriedade comum e, se a usarmos sem restrições agora, vamos privar outras pessoas do direito de usar a pia da mesma maneira sem levar a resultados que nenhum de nós deseja. Temos aí um exemplo da conhecida "tragédia dos [bens] comuns"[17]. O uso da pia é um recurso limitado que precisa ser partilhado de maneira eqüitativa. Mas como fazê-lo? Temos nas mãos um problema de justiça distributiva.

Pensemos a atmosfera como uma pia gigante na qual podemos jogar nossos gases residuais. Então, uma vez alcançado o limite da capacidade de absorção desses gases pela atmosfera sem conseqüências danosas, torna-se impossível justificar nosso uso desse bem alegando que deixamos "o suficiente, e

▼

17. Ver Garret Hardin, "The Tragedy of the Commons", *Science*, nº 162, 1968, pp. 1243-8.

nas mesmas condições" para outros. A capacidade atmosférica de absorção dos gases tornou-se um recurso finito com respeito ao qual as diversas partes têm reivindicações concorrentes. O problema consiste em fazer uma alocação justa dessas reivindicações.

Há alguma outra justificativa para se apropriar de algo que, no decorrer de toda a história humana, pertenceu aos seres humanos em comum, e transformá-lo em propriedade privada? Locke tem um outro argumento adicional, que aliás pode ser considerado incompatível com o primeiro, em que defende a distribuição desigual da propriedade mesmo quando já não há "o suficiente, e nas mesmas condições" para todos. Comparando a situação dos índios norte-americanos, que não conhecem a propriedade privada da terra e portanto não a cultivam, com a da Inglaterra, em que alguns proprietários têm grandes extensões de terra e muitos trabalhadores não têm terra nenhuma, Locke afirma que "lá [isto é, na América do Norte], o rei de um grande e produtivo território se alimenta, se abriga e se veste pior do que um trabalhador diarista na Inglaterra"[18]. Logo, opina ele, mesmo o trabalhador sem terra está em melhor situação devido à apropriação privada, embora desigual, do bem comum, devendo portanto dar seu consentimento a ela. A base factual da comparação de Locke entre trabalhadores ingleses e índios norte-americanos é evidentemente dúbia, e o mesmo se pode dizer do fato de ele não levar em conta outras maneiras, mais eqüitativas, de garantir o uso produtivo da terra. Mas, mesmo que o argumento fosse válido para o trabalhador inglês sem terra, não podemos defender do mesmo modo a

▼

18. John Locke, *Second Treatise on Civil Government*, sec. 41.

apropriação privada da pia global. Locke parece pensar que o trabalhador sem terra, que já não tem a oportunidade de obter uma parcela do que antes era propriedade comum, não deve se queixar, porque está melhor do que estaria se a propriedade privada não-igualitária da terra não tivesse sido instituída. O argumento equivalente com relação ao uso da pia global seria o de que mesmo as pessoas mais pobres da Terra se têm beneficiado da produtividade crescente advinda do uso da pia global pelas nações industrializadas. O argumento, contudo, não é válido, dado que muitas das pessoas mais pobres do mundo, cujas parcelas de capacidade atmosférica foram confiscadas pelas nações industrializadas, não podem participar dos benefícios dessa produtividade aumentada nas nações industrializadas – não têm condições de comprar os produtos industrializados; e, se os mares inundarem suas terras cultiváveis, ou se seus lares forem destruídos por ciclones, elas estarão bem pior do que estariam de outra maneira.

Fora John Locke, o pensador citado com mais freqüência para justificar o direito dos ricos às suas riquezas é provavelmente Adam Smith. Ele alega que os ricos não privam os pobres de sua parcela da riqueza do mundo porque:

> Os ricos selecionam do monte apenas o que é mais precioso e agradável. Eles consomem pouco mais do que os pobres e, apesar de seu egoísmo e ganância naturais, embora pensem somente no que lhes convém, ainda que o único fim que propõem para o trabalho dos milhares a quem empregam seja a satisfação de seus próprios desejos vãos e ilimitados, eles dividem com os pobres o produto de todas as suas melhorias[19].

▼

19. Adam Smith, *A Theory of the Moral Sentiments*, Amherst, N.Y.: Prometheus, 2000, IV, i.10. [Trad. bras. *Teoria dos sentimentos morais*, São Paulo, Martins Fontes, 1999.]

Como isso se explica? Segundo Smith, é como se uma espécie de "mão invisível" promovesse a distribuição do necessário à vida, distribuição essa que é "quase a mesma" que haveria se o mundo fosse dividido igualitariamente entre todos os seus habitantes. Smith quer dizer com isso que, para obter o que querem, os ricos espalham sua riqueza por toda a economia. Mas, embora soubesse que os ricos podem ser egoístas e gananciosos, Smith não imaginou que eles pudessem, longe de consumir "pouco mais" do que os pobres, consumir um recurso escasso numa quantidade várias vezes superior à do consumo dos pobres. O americano médio que dirige seu carro tem um regime alimentar repleto de produtos industrializados, mantém-se refrescado no verão e aquecido no inverno e consome bens de toda ordem numa taxa até agora desconhecida, usa 15 vezes mais a pia atmosférica global do que o indiano médio. Assim, os norte-americanos, ao lado dos australianos, dos canadenses e, em menor grau, dos europeus, de fato privam os habitantes dos países pobres da oportunidade de se desenvolver como os países ricos se desenvolveram. Se os pobres viessem a se comportar como fazem os ricos hoje, o aquecimento global se aceleraria e quase certamente acarretaria uma catástrofe planetária.

A pretensa justificativa histórica da propriedade privada, apresentada pela maioria dos filósofos famosos que a defenderam – e que escreviam numa época em que o capitalismo apenas começava sua ascensão rumo ao domínio da economia mundial –, não pode ser aplicada ao atual uso da atmosfera. Nem Locke nem Smith oferecem justificativas para que os ricos tenham direito a uma parcela excessiva da pia atmosférica global. Na verdade, afirmam o contrário. Segundo os argumentos deles, essa tomada de posse de um recurso outrora comum a toda a humanidade não se justifica. E, como a riqueza das nações desenvolvidas está inextricavelmente ligada ao uso prodigioso de combustíveis derivados do carbono (uso que começou há mais de 200 anos e continua irrefreado), pouco falta para chegarmos à conclusão de que a atual distribuição da riqueza resulta da apropriação indébita, por parte de uma pequena fração da população mundial, de um recurso que é um bem comum de todos os seres humanos.

Para aqueles cujos princípios de justiça são derivados de processos históricos, uma apropriação indébita exige uma retificação ou compensação. Que tipo de retificação ou compensação deveria ocorrer nesse caso?

Uma das vantagens de ser casado com alguém cujos cabelos têm cor ou comprimento diferentes dos seus é que, quando um chumaço de cabelos bloqueia o ralo da banheira, é fácil saber de quem são os cabelos. "Tire seus próprios cabelos do ralo": eis aqui uma regra doméstica justa e razoável. Será possível, no caso da atmosfera, descobrir retrospectivamente em que medida e a quais países cabe a responsabilidade pelo bloqueio do ralo? Não é tão fácil quanto olhar a cor dos cabelos, mas, há alguns anos, pesquisadores mediram as emissões mundiais de carbono entre 1950 e 1986 e descobriram que os Estados Unidos, que tinham cerca de 5 por cento da população mundial na época, foram responsáveis por 30 por cento das emissões acumuladas, ao passo que a Índia, com 17 por cento da população mundial, foi responsável por menos de 2 por cento das emissões[20]. É como se, num lugarejo de 20 pessoas que usam a mesma banheira, uma pessoa deixasse cair 30

▼

20. Peter Hayes e Kirk Smith (orgs.), *The Global Greenhouse Regime: Who Pays?*, Londres: Earthscan, 1993, capítulo 2, tabela 2.4,/80836E00.htm, disponível em: www.unu.edu/unupress/unubooks/80836e/8083E08.htm.

por cento dos fios de cabelo que bloqueiam o ralo e 3 não deixassem cair quase nada. (Um modelo mais preciso mostraria que mais de 3 pessoas não deixaram cair quase nenhum cabelo. Na verdade, muitas nações em desenvolvimento têm emissões *per capita* ainda menores que as da Índia.) Nessas circunstâncias, a conta do encanador seria dividida segundo a proporção de cabelos que cada pessoa deixou cair durante o período de uso da banheira, e que causou o entupimento.

Há um argumento contra a alegação de que os Estados Unidos são mais responsáveis pelo problema, por habitante, do que qualquer outro país. O argumento reza que, como os Estados Unidos plantaram muitas árvores em décadas recentes, na realidade o país absorveu mais dióxido de carbono do que emitiu[21]. Esse argumento, no entanto, é muito problemático. Um dos problemas é que os Estados Unidos só puderam reflorestar porque antes derrubaram a maior parte de suas grandes florestas, liberando assim dióxido de carbono na atmosfera. Isso mostra que tudo depende do período levado em conta para o cálculo. Se o período inclui a era da derrubada das florestas, os Estados Unidos se saem bem pior do que se se começa da época em que as florestas já tinham sido derrubadas mas não se havia feito nenhum reflorestamento. O segundo problema é que o reflorestamento, embora sem dúvida desejável, não é uma solução de longo prazo para o problema das emissões, mas um expediente temporário ao qual se recorre uma só vez e que só absorve o carbono enquanto as árvores estão crescendo. Quando a floresta está madura – e para cada

▼

21. Ver S. Fan, M. Gloor, J. Mahlmam et al., "A Large Terrestrial Carbon Sink in North America Implied by Atmospheric and Oceanic Carbon Dioxide Data and Models", *Science*, 282, 16 de outubro de 1998, pp. 442-6.

nova árvore que cresce, morre e apodrece uma árvore velha –, ela já não absorve uma quantidade significante de gás carbônico da atmosfera[22].

Mantida a atual taxa de emissão – incluindo-se as emissões que vêm de mudanças no uso da terra, como a derrubada de florestas –, a contribuição dos países em desenvolvimento para o acúmulo atmosférico de gases do efeito estufa só vai se equiparar à dos países desenvolvidos em 2038. Se incluirmos nesse cálculo a população – em outras palavras, se quisermos saber quando a contribuição por habitante dos países em desenvolvimento para o acúmulo de gases do efeito estufa na atmosfera vai se igualar à contribuição por habitante dos países desenvolvidos –, a resposta é: daqui a pelo menos um século[23].

Se, no século passado, os países desenvolvidos tivessem uma emissão *per capita* equivalente à dos países em desenvolvimento, hoje não estaríamos enfrentando um problema de mudança climática causado pela atividade humana e teríamos ampla oportunidade de combater a emissão de gases antes de ela se tornar um problema. Assim, para dizê-lo em termos que qualquer criança pode entender, os países desenvolvidos "quebraram" a atmosfera. Se, para consertar alguma coisa, a contribuição de cada um deve ser proporcional à sua responsabilidade por danos, a correção do problema da atmosfera é um dever das nações desenvolvidas para com o resto do mundo.

▼

22. William Schlesinger e John Lichter, "Limited Carbon Storage in Soil and Litter of Experimental Forest Plots Under Increased Atmosferic CO_2", *Nature*, nº 411, 24 de maio de 2001, pp. 442-6.
23. Duncan Austin, José Goldemberg e Gwen Parker, "Contributions to Climate Change: Are Conventional Metrics Misleading the Debate?", World Resource Institute Climate Protection Initiative, Climate Notes, disponível em: www.igc.org/wri/cpi/notes/metrics.html.

PRINCÍPIO DA PARCELA DE TEMPO

A concepção histórica de eqüidade que acabamos de esboçar impõe aos países desenvolvidos um pesado ônus. Poder-se-ia dizer em sua defesa que, quando mais contribuíram cumulativamente para a emissão de gases do efeito estufa na atmosfera, as nações desenvolvidas não sabiam e não podiam saber qual era o limite da capacidade de absorção desses gases pela atmosfera. Seria portanto mais justo, pode-se dizer, recomeçar tudo agora e estabelecer padrões voltados antes para o futuro do que para o passado.

Pode haver circunstâncias em que é correto apagar a lousa e começar do zero. Pode-se defender essa atitude com relação às emissões cumulativas ocorridas antes que fosse razoável exigir que os governos se dessem conta de que essas emissões podem prejudicar pessoas em outros países. (Embora, mesmo nesse caso, se possa dizer que a ignorância não é uma desculpa e que deve prevalecer um princípio mais rigoroso de responsabilização, especialmente porque as nações desenvolvidas colheram os benefícios de sua industrialização precoce.) Mas desde 1990, pelo menos, quando o Painel Intergovernamental sobre Mudanças Climáticas publicou seu primeiro relatório, já dispomos de provas consistentes dos malefícios associados às emissões[24]. Se desconsiderássemos tudo o que aconteceu a partir de 1990, estaríamos favorecendo indevidamente os países industrializados que continuaram, apesar das

▼

24. O *First Assessment Report*, do Intergovernmental Panel on Climate Change, foi publicado em três volumes. Ver especialmente J. T. Houghton, G. J. Jenkins e J. J. Ephraums (orgs.), *Scientific Assessment of Climate Change-Report of Working Group I*, Cambridge: Cambridge University Press, 1990. Para detalhes dos outros volumes, ver www.ipcc.ch/pub/reports.htm.

provas, a emitir uma parcela desproporcional de gases do efeito estufa. Mesmo assim, para procurar um princípio de justiça amplamente aceito que não imponha aos países desenvolvidos uma exigência tão rigorosa quanto a de que "quem poluiu, paga", vamos supor que os países pobres tenham se esquecido generosamente do passado. Precisaríamos então procurar um princípio de parcela de tempo que determinasse o quanto cada país pode emitir.

Uma parcela igual para todos

Se partirmos da pergunta "Por que um país deve ter mais direito do que outros a uma parte da pia atmosférica global?" – a primeira resposta, e a mais simples, seria: "Por motivo algum." Em outras palavras, todos têm o mesmo direito à pia atmosférica. A justiça dessa proposição parece evidente por si mesma, ao menos como ponto de partida para a discussão, e talvez, se não se puderem encontrar boas razões para negá-la, também como ponto de chegada.

Adotando esse ponto de vista, precisamos nos perguntar que quantidade de dióxido de carbono se deve permitir que cada país emita e compará-la com a quantidade que já emite. A primeira pergunta é: qual o nível total aceitável de emissão de gás carbônico? O Protocolo de Quioto pretendia, para os países desenvolvidos, um nível 5 por cento inferior ao de 1990. Tomemos por base de cálculo as emissões do planeta inteiro e tenhamos como única meta a estabilização da emissão de gás carbônico no nível atual. Nesse caso, a quantidade de gás por pessoa fica convenientemente em cerca de 1 tonelada métrica por ano. Essa quantidade vem, pois, a ser o direito eqüitativo básico de cada ser humano do planeta.

Comparemos agora as emissões reais de alguns países importantes. Os Estados Unidos produzem hoje, por ano, mais de 5 toneladas de gás carbônico por pessoa. O Japão e os países da Europa ocidental têm emissões *per capita* que vão de 1,6 a 4,2 toneladas, estando a maioria abaixo das 3 toneladas. No mundo em desenvolvimento, as emissões alcançam a média de 0,6 tonelada *per capita*, estando a China em 0,76 e a Índia em 0,29[25]. Isso quer dizer que, para chegar a um limite anual "justo" de uma tonelada de gás carbônico por pessoa, a Índia poderia aumentar suas emissões de gás carbônico para mais de 3 vezes o valor atual. Os Estados Unidos, por outro lado, teriam de reduzir sua emissão a um quinto do nível atual.

A essa abordagem apresenta-se a objeção de que, quando se postula uma relação direta entre a emissão de gás e a população do país, os países não têm incentivos suficientes para evitar o aumento da população. Mas, se houver um aumento da população global, a quantidade *per capita* de dióxido de carbono atribuída a cada país vai se reduzir, dado que o objetivo consiste em manter a emissão total de gás carbônico abaixo de um dado nível. Logo, o país que aumentar sua população estará impondo encargos adicionais aos outros. Mesmo países com crescimento populacional zero teriam de reduzir suas emissões de dióxido de carbono para atender à nova atribuição reduzida *per capita*.

O estabelecimento de atribuições nacionais vinculadas com uma quantidade de população específica – e não a per-

▼

25. Ver G. Marland, T. A. Boden e R. J. Andrés, *Global, Regional, and National Fóssil Fuel CO_2 Emissions*, Carbon Dioxide Information Analysis Center, Tennessee, Oak Ridge, disponível em: cdiac.esd.ornl.gov/trens/emis/top96.cap. Esses números se referem a 1996.

missão de que a emissão possa aumentar proporcionalmente à população – nos permite anular essa objeção. Poderíamos fixar as atribuições nacionais de acordo com a população do país num ano determinado, 1990, por exemplo, ou o ano em que o acordo entrar em vigor. Mas, como os diversos países têm diferentes proporções de jovens prestes a alcançar a idade reprodutiva, essa medida poderia gerar mais dificuldades para países com populações mais jovens do que para os de população mais velha. Para superar isso, a atribuição *per capita* poderia basear-se numa estimativa da população provável do país numa determinada data futura. Por exemplo, seria possível usar as estimativas de população para os próximos 50 anos, que a Organização das Nações Unidas já publicou[26]. Os países receberiam então uma recompensa – um aumento da cota de emissão por habitante – se alcançassem uma população inferior ao esperado e uma sanção – uma redução da cota de emissão por habitante – caso excedesse a população prevista e isso não afetaria os outros países.

Ajudar os destituídos

Dar a todos uma parcela igual de um recurso comum, como a capacidade de absorção de gases pela atmosfera, é, como já disse, um ponto de partida justo, uma posição que deve prevalecer exceto se houver boas razões para nos afastar-

▼

26. Paul Baer et al. "Equity and Greenhouse Gas Responsibility". *Science* 289, 29 de setembro de 2000, p. 2287; Dale Jamieson, "Climate Change and Global Environmental Justice", in P. Edwards e C. Miller (orgs.), *Changing the Atmosphere: Expert Knowledge and Global Environmental Governance*, Cambridge, Mass.: MIT Press, 2001, pp. 287-307.

mos dela. Haverá razões para isso? Alguns dos mais conhecidos estudos da imparcialidade partem do pressuposto de que devemos buscar melhorar a perspectiva dos que estão em pior situação. Alguns sustentam que só devemos ajudar os destituídos se sua pobreza decorre de circunstâncias pelas quais não podem ser responsabilizados, como a família ou o país em que nasceram ou as capacidades que herdaram. Outros acham que devemos ajudá-los de qualquer modo, como quer que tenham chegado a tão má situação. Entre as várias análises que dão especial atenção à situação dos destituídos, a mais amplamente discutida é de longe a de John Rawls. Rawls sustenta que, quando distribuímos bens, só podemos dar mais a quem já está bem provido se isso melhorar a situação dos que estão mal providos. Caso contrário, só devemos dar bens àqueles que se encontram, no que diz respeito aos recursos, no nível mais inferior[27]. Esta abordagem permite que nos afastemos da igualdade, mas somente quando com isso ajudamos os destituídos.

O igualitarismo estrito é vulnerável à objeção de que a igualdade pode ser alcançada "nivelando-se por baixo", isto é, baixando os ricos ao nível dos pobres sem melhorar a posição destes últimos, mas a proposta de Rawls é imune a essa objeção. Por exemplo, se a permissão de que alguns empreendedores se tornem bem ricos der incentivos a esses empreendedores para trabalhar com afinco e criar indústrias que ofereçam empregos para os que se acham em pior situação, e se não houver outra maneira de oferecer esses empregos, essa desigualdade será admissível.

▼
27. Ver John Rawls. *A Theory of Justice*, especialmente pp. 65-83. Para uma maneira diferente de dar prioridade aos destituídos, ver Derek Parfit, "Equality or Priority?", The Lindley Lecture, University of Kansas, 21 de novembro de 1991, republicado in Matthew Clayton e Andrew Williams (orgs.), *The Ideal of Equality*, Londres: Macmillan, 2000.

É óbvio que existem hoje diferenças muito grandes de riqueza e de renda entre as pessoas que vivem em países diferentes. É também evidente que essas diferenças dependem em grande medida do fato de as pessoas terem nascido em circunstâncias diferentes, e não da sua incapacidade de aproveitar as oportunidades postas à sua disposição. Se, na distribuição da capacidade atmosférica de absorver gases residuais sem conseqüências negativas, nós rejeitássemos todo princípio que não melhore a situação daqueles que, sem disso ter culpa, estão no ponto inferior da escala, não permitiríamos que o padrão de vida nos países pobres se reduzisse e os países ricos permaneçessem numa situação bem melhor[28]. Dito de modo mais concreto: se, para atender aos limites estabelecidos para os Estados Unidos, aplicassem-se impostos ou outros métodos de desencorajamento, ou mesmo o simples método de oferecer incentivos para que os norte-americanos dirijam veículos mais econômicos, não seria justo impor limites à China pelos quais os chineses simplesmente não poderiam mais dirigir.

De acordo com o princípio de Rawls, o único argumento contra a proposta de que os países ricos arquem com *todos* os custos da redução de emissões é que essa política tornaria os países pobres ainda piores do que estariam se os países ricos não estivessem arcando com todos os custos. É possível interpretar o anúncio da política de mudanças climáticas da administração George W. Bush como uma tentativa de apresentar esse argumento. Bush disse que sua administração adotava "uma abordagem fundada na intensidade dos gases do efeito estufa", uma

▼

28. Trata-se do "princípio de diferença" de Rawls aplicado sem a restrição ao caso das fronteiras nacionais, restrição essa que não se justifica pelo próprio argumento de Rawls. Para uma outra discussão deste aspecto, ver o capítulo 5.

abordagem que busca reduzir a quantidade desses gases que os Estados Unidos emitem por unidade econômica. Embora a meta que ele mencionou – uma redução de 18 por cento nos próximos 10 anos – pareça ambiciosa, se a economia norte-americana continuar crescendo como no passado, essa redução da intensidade dos gases do efeito estufa não vai evitar um *aumento* da quantidade total de gases pelos Estados Unidos. Porém, Bush justificou isso dizendo que "o crescimento econômico não é o problema, é a solução" e que "os Estados Unidos querem promover o crescimento econômico no mundo em desenvolvimento, inclusive nos países mais pobres do mundo"[29].

A permissão de que os países emitam gases de acordo com seu grau de atividade econômica – na verdade, na proporção de seu Produto Interno Bruto (PIB) – pode ser vista como um estímulo à eficiência, na medida em que leva ao mais baixo nível possível de emissões para o montante produzido. Mas também é uma aceitação de que os Estados Unidos emitam mais gases porque estão produzindo mais bens. Isso significa que outros países terão de emitir menos gases para evitar a ocorrência de mudanças climáticas catastróficas. Assim, para que a defesa que Bush fez do crescimento das emissões norte-americanas – "o crescimento econômico não é o problema, é a solução" – possa ser vista como uma defesa rawlsiana da continuidade da desigualdade das emissões *per capita*, é necessário demonstrar que a

▼

29. "President Announces Clear Skies and Global Climate Change Initiative", Gabinete do Secretário de Imprensa, Casa Branca, 14 de fevereiro de 2002, disponível em: www.whitehouse.gov/news/releases/2002/02/20020214-5.html. Para mais informações sobre os fundamentos da política da administração Bush, ver Gabinete Executivo do Presidente, Comitê de Conselheiros Econômicos, *2002 Economic Report of the President*, U.S. Government Printing Office, Washington, 2002, capítulo 6, pp. 244-9, disponível em: http//w3.access.gpo.gov/eop/.

produção norte-americana não só torna melhor o mundo como um todo como também leva os países mais pobres a ficar em melhor situação do que de outro modo ficariam.

A grande deficiência ética desse argumento é que os principais beneficiários da produção dos Estados Unidos são seus próprios habitantes. A grande maioria de bens e serviços que os Estados Unidos produzem – 89 por cento – é consumida no próprio país[30]. Mesmo que consideremos a fração relativamente pequena de bens produzidos nos Estados Unidos e vendidos no exterior, os habitantes do país se beneficiam dos empregos criados e, naturalmente, os produtores norte-americanos recebem pagamento pelos bens que vendem no exterior. Muitos habitantes de outros países, especialmente dos países mais pobres, não podem comprar bens produzidos nos Estados Unidos, e não está claro que se beneficiem da produção norte-americana.

A base factual do argumento também tem suas falhas: no que diz respeito à emissão dos gases do efeito estufa, a produção norte-americana não é mais eficiente do que a de outros países. Números publicados pela CIA mostram que os Estados Unidos estão bem acima da média no montante de emissões por habitante em proporção ao PIB *per capita*. (Ver tabela na página 53.) Por esse parâmetro, os Estados Unidos, a Austrália, o Canadá, a Arábia Saudita e a Rússia são produtores relativamente ineficientes, ao passo que países em desenvolvimento como a Índia e a China estão ao lado de nações européias como a Espanha, a França e a Suíça na produção de um dado

▼

30. National Council of Economic Education (Conselho Nacional de Educação Econômica), "A Case Study: United States International Trade in Goods and Services – May 2001", disponível em: www.econedlink.org/lessons/index.cfm?lesson=EM196.

Emissões de gases e produto interno bruto

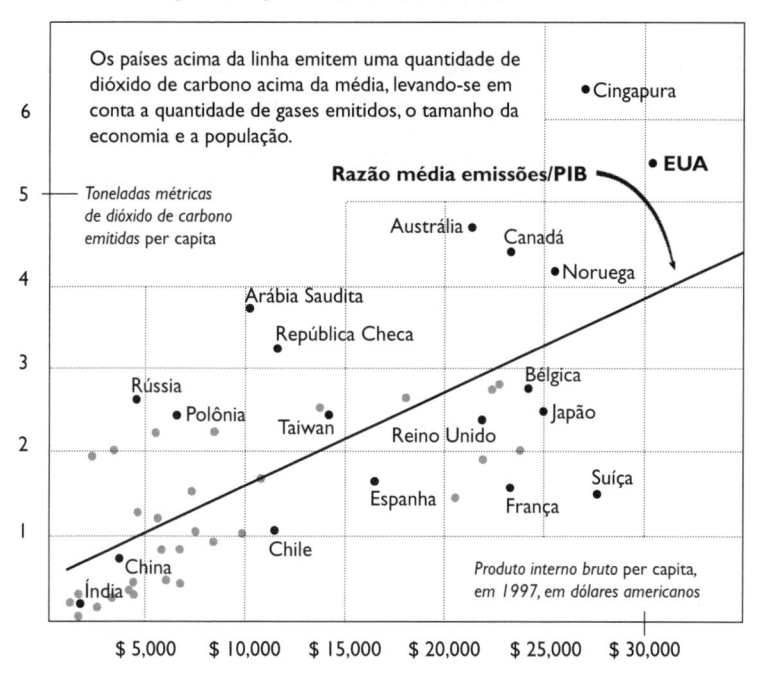

Os países acima da linha emitem uma quantidade de dióxido de carbono acima da média, levando-se em conta a quantidade de gases emitidos, o tamanho da economia e a população.

Toneladas métricas de dióxido de carbono emitidas per capita

Razão média emissões/PIB

- Cingapura
- EUA
- Austrália
- Canadá
- Noruega
- Arábia Saudita
- República Checa
- Rússia
- Polônia
- Taiwan
- Bélgica
- Japão
- Reino Unido
- Espanha
- Suíça
- França
- Chile
- China
- Índia

Produto interno bruto per capita, em 1997, em dólares americanos

$ 5.000 $ 10.000 $ 15.000 $ 20.000 $ 25.000 $ 30.000

Fontes: CIA; Carbon Dioxide Information Analysis Center.

James Bronzan/The New York Times

valor de bens por pessoa para um nível de emissões *per capita* inferior à média[31].

Como o argumento da eficiência é falho, temos de concluir que, se adotarmos um princípio de distribuição de recursos que melhore a situação dos mais pobres, os países ricos – dada a enorme diferença de recursos que os separa dos países pobres – ainda teriam de arcar com todos os custos das mudanças necessárias.

▼

31. Andrew Revkin, "Sliced Another Way: Per Capita Emissions", *New York Times*, 17 de junho de 2001, seção 4, p. 5.

O princípio da maior felicidade

Os utilitaristas clássicos não concordariam com nenhum dos princípios de imparcialidade ou eqüidade discutidos até agora. Eles perguntariam pela proposta capaz de levar à maior felicidade líquida de todos os afetados – sendo a felicidade líquida aquilo que resta quando se subtrai, da felicidade total produzida, o sofrimento causado pelo processo. Um defensor do utilitarismo das preferências, uma versão mais contemporânea do utilitarismo, perguntaria em vez disso pela proposta capaz de levar à maior satisfação líquida das preferências de todos os envolvidos. Porém, neste contexto, a diferença entre essas duas formas de utilitarismo não é muito pertinente. O maior problema para ambas as correntes é indicar como se poderia fazer esse cálculo. Evidentemente, há boas razões utilitárias para limitar a emissão de gases do efeito estufa, mas que maneira de fazê-lo vai produzir os maiores benefícios líquidos? Talvez seja por causa da dificuldade de responder a essas questões amplas sobre a utilidade que dispomos de outros princípios, como os que temos discutido. Esses princípios fornecem respostas mais fáceis e têm mais probabilidade de levar a um resultado que se aproxime das melhores conseqüências (pelo menos, a probabilidade de obter um tal resultado é a mesma que haveria se não usássemos esses princípios). Pode-se dar uma justificativa utilitária aos princípios discutidos acima, por razões diferentes para cada um. Examinando-os em seqüência:

1. O princípio segundo o qual "o poluidor paga", ou, de modo mais geral, "quem quebrou agora conserta", oferece um forte incentivo para que se tenha cuidado para não poluir nem quebrar coisas. Assim, se ele for sustentado como regra geral, haverá menos poluição e as pessoas terão mais cuidado

nas situações nas quais possam quebrar coisas – o que em ambos os casos beneficia a todos.

2. O princípio do igualitarismo não é, de modo geral, a escolha favorecida pelos utilitaristas que têm perfeito conhecimento das conseqüências de suas ações. Porém, na ausência de outro critério claro para a atribuição de parcelas, esse princípio pode representar um meio-termo ideal que leve a uma solução pacífica e não a uma luta contínua. Ao que parece, esta é a melhor justificativa do princípio de "para cada pessoa um voto" como regra da democracia, contra a idéia de que aqueles que têm mais educação, ou pagam mais impostos, ou serviram às Forças Armadas, crêem no único Deus verdadeiro, ou estão em pior situação, deveriam ter votos adicionais por causa de seus atributos particulares[32].

3. Na prática, os utilitaristas podem muitas vezes apoiar o princípio de distribuição de recursos aos que estão em pior situação, porque, quando já se têm muitos bens, o recebimento de mais bens não aumenta tanto a sua utilidade quanto ocorre quando se tem apenas um pouco. Uma das 1,2 bilhão de pessoas do mundo que vivem com um dólar por dia vai obter muito mais utilidade de 100 dólares adicionais do que a pessoa que tem uma renda de 60 mil dólares por ano. Do mesmo modo, se tivermos de tomar 100 dólares de alguém, causaremos bem menos sofrimento se os tomarmos de quem ganha 60 mil do que de quem ganha 365 dólares por ano. Isso se chama "utilidade marginal decrescente". Em comparação com a destinação de recursos para se atender às necessidades essenciais de alguém, a destinação de recursos a alguém cujas neces-

▼

32. Para uma discussão do igualitarismo eleitoral como solução de meio-termo, ver meu *Democracy and Disobedience*, Oxford: Clarendon Press, 1973, pp. 30-41.

sidades essenciais já foram atendidas leva a um decréscimo da utilidade. Por conseguinte, o utilitarista de modo geral é favorável à distribuição de mais recursos aos destituídos. Ao contrário, para Rawls, todavia, o utilitarista não tem esse princípio como absoluto. Busca sempre o maior benefício geral, e a idéia de que isso em geral se obtém pelo aumento dos recursos dos que têm menos é simplesmente uma diretriz ampla.

O utilitarista também tem de considerar as maiores dificuldades que se impõem aos habitantes de países cuja geografia ou clima os obrigam, para alcançar um dado nível de conforto, a usar uma quantidade de energia maior do que as pessoas que vivem em outros lugares. Os canadenses, por exemplo, poderiam alegar que simplesmente não seria possível viver em muitas partes de seu país sem usar para calefação uma quantidade de energia acima da média. Os habitantes dos países ricos poderiam mesmo fazer a alegação mais ousada de que, como seus abastados compatriotas se acostumaram a andar de carro e a manter a casa fria no tempo quente e úmido, seu sofrimento, caso tenham de renunciar a esse estilo de vida marcado pelo uso de energia intensivo, será maior do que o de pessoas pobres que nunca tiveram a chance de conhecer esses confortos.

O utilitarista não pode se recusar a levar em conta essas alegações, mesmo quando elas vêm de pessoas que já estão em situação bem melhor do que a maioria dos habitantes do planeta. Porém, como veremos, podem-se levar essas alegações em consideração de maneira compatível com a conclusão geral a que levaria em outras circunstâncias a concepção utilitarista: a de que os Estados Unidos e outros países ricos deviam arcar com uma parcela do ônus da redução das emissões de gases do efeito estufa bem maior do que os países pobres – talvez mesmo com todo o ônus.

A IMPARCIALIDADE: UMA PROPOSTA

Cada um dos princípios de imparcialidade que considerei poderia ser defendido como o melhor para se adotar, ou poderíamos combinar alguns deles. Proponho, tanto por sua simplicidade e, em conseqüência, por sua adequabilidade como solução política, como também porque parece ter probabilidade de aumentar o bem-estar global, que apoiemos o segundo princípio, o de que todos os habitantes do planeta tenham cada um o mesmo direito a uma cota da pia atmosférica, princípio atrelado à projeção do crescimento populacional por país, elaborado pela ONU para o ano de 2050.

Alguns dirão que essa atitude é excessivamente rigorosa para com países industrializados como os Estados Unidos, que terão de reduzir boa parte de sua produção de gases do efeito estufa. Mas a esta altura já vimos que o princípio das cotas iguais *per capita* é bem mais brando com relação aos Estados Unidos e a outras nações desenvolvidas do que outros princípios, que aliás poderiam ser justificados por fortes argumentos. Se, por exemplo, combinássemos o princípio "o poluidor paga" com o princípio das parcelas iguais, chegaríamos à conclusão de que, enquanto a quantidade excessiva de gases que os países industrializados lançaram na atmosfera não tiver sido absorvida, as emissões dos países industrializados teriam de ser reduzidas a um nível bem *inferior* ao que o seriam com base no critério das parcelas *per capita* iguais. Da maneira como estão as coisas hoje, mesmo segundo o critério das parcelas iguais *per capita*, por pelo menos um século os países em desenvolvimento vão ter de aceitar uma produção menor de gases do que o teriam se os países industrializados se tivessem atido ao mesmo princípio no passado. Assim, por dizer "esqueçamos o passado e vamos começar de novo", o princípio das parcelas *per capita* iguais é bem mais favorável aos países desenvolvidos do que o seria um princípio histórico.

O fato de 178 países – entre os quais todos os grandes países industrializados do mundo, com exceção dos Estados Unidos – terem indicado sua intenção de ratificar o Protocolo de Quioto torna a posição dos Estados Unidos particularmente detestável do ponto de vista ético. A alegação de que o Protocolo não exige que os países em desenvolvimento façam sua parte não resiste a um exame atento. Os norte-americanos que pensam que mesmo o Protocolo de Quioto exige que a América sacrifique mais do que deveria estão exigindo, na verdade, que os países pobres do mundo se comprometam perpetuamente com um nível *per capita* de produção de gases menor do que o dos países ricos. Como se poderia justificar esse princípio? Por outro lado, se não é isso que propõe o governo norte-americano, qual é exatamente sua proposta?

É verdade que há circunstâncias nas quais é justo que nos recusemos a contribuir se os outros não fizerem sua parte. Se comemos comunitariamente e nos revezamos na cozinha, é justo que eu me ressinta se houver alguém que come mas nunca faz comida nem se encarrega de tarefas equivalentes em favor do grupo como um todo. Mas não é essa a situação no tocante às mudanças climáticas, na qual o comportamento dos países industrializados se assemelha mais ao da pessoa que deixou a torneira da pia aberta mas se recusa a fechá-la até que você – que derrubou no chão um insignificante copo d'água – prometa não derrubar mais. Agora os outros países industrializados concordaram em fechar a torneira (a rigor, concordaram em reduzir-lhe o fluxo), deixando os Estados Unidos, os maiores culpados, sozinhos em sua recusa a se comprometer com redução das emissões.

Embora seja verdade que o Protocolo de Quioto em princípio não impõe obrigações aos países em desenvolvimento, entende-se de modo geral que esses países serão incluídos na parte obrigatória do acordo depois que as nações industrializadas começarem a caminhar na direção de suas metas. Foi assim que se fez com o bem-sucedido Protocolo de Montreal sobre gases que danificam a camada de ozônio, e não há motivos para crer que também não vá acontecer com o Protocolo de Quioto. A China, que é de longe o maior emissor de gases do efeito estufa entre os países em desenvolvimento e o único com o potencial de alcançar a emissão total – não, é claro, *per capita* – dos Estados Unidos no futuro previsível, já conseguiu, mesmo na ausência de metas obrigatórias, um declínio substancial na emissão do CO_2 liberado pela queima de combustíveis fósseis, graças à melhor eficiência do uso do carvão. A emissão caiu de um pico de 909 milhões de toneladas métricas de dióxido de carbono em 1996 para 848 milhões de toneladas métricas em 1998. Enquanto isso, a emissão dos EUA chegou ao maior nível de todos os tempos, 1,906 milhão de toneladas métricas de dióxido de carbono em 2000, um aumento de 2,5 por cento com relação ao ano anterior[33].

A verdadeira objeção à distribuição igualitária da capacidade atmosférica de absorver os gases do efeito estufa é que os países industrializados enfrentariam tremendas dificuldades para reduzir suas emissões a tal ponto que, dentro de 5, 10 ou 15 anos, não estivessem produzindo mais do que deveriam, *per capita*, se-

▼

33. Energy Information Administration, *Emissions of Greenhouse Gases in the United States 2000*, DOE/EIA-o573 (2000), U.S. Department of Energy, Washington, D.C., novembro de 2001, página vii, disponível em: www.eia.doe.gov/pub/oiaf/1605/cdrom/pdf/ggrpt/057300.pdf.

gundo um nível aceitável de emissão dos gases do efeito estufa. Felizmente, contudo, há um mecanismo que, sendo perfeitamente compatível com o princípio das parcelas iguais *per capita*, pode facilitar em muito essa transição para os países industrializados e gera grandes benefícios para os países em desenvolvimento. Trata-se do comércio de emissões. Ele funciona de acordo com o mesmo princípio econômico do comércio em geral: se puder comprar algo de alguém por um preço inferior ao que pagaria para produzi-lo você mesmo, é melhor comprá-lo do que produzi-lo. Neste caso, o que se pode comprar é uma cota transferível de produção de gases do efeito estufa, distribuída em parcelas iguais *per capita*. Um país como os Estados Unidos, que já produzem uma quantidade de gases superior à sua cota, vai precisar de toda essa cota e de algo mais; mas um país como a Rússia, que está abaixo do nível previsto, vai ter um excedente de cotas que pode vender. Se as cotas não fossem transferíveis, os Estados Unidos teriam de reduzir imediatamente suas emissões a cerca de 20 por cento do nível atual, uma impossibilidade política. A Rússia, por outro lado, não teria incentivo para manter seu nível de emissão de gases bem abaixo da parcela que lhe cabe. Com o comércio de emissões, a Rússia tem um incentivo para maximizar o montante da cota que pode vender, e os Estados Unidos têm, mediante algumas despesas, a oportunidade de adquirir as cotas de que precisam para evitar o colapso total da economia[34].

Embora alguns possam pensar que o comércio de emissões alivia demais o fardo dos Estados Unidos, o ponto-chave não é

▼

34. Ver Jae Edmonds et al., *International Emissions Trading and Global Climate Change: Impacts on the Cost of Greenhouse Gas Mitigation*. Um relatório preparado pelo Pew Center on Global Climate Change, dezembro de 1999, disponível em: www.pewclimate.org/projects/econ_emissions.cfm.

punir os países que produzem muitos gases, mas alcançar o melhor resultado possível para a atmosfera. A permissão do comércio de emissões nos oferece mais esperanças de consegui-lo do que a proibição do mesmo comércio. O Protocolo de Quioto, aceito em Bonn e em Marrakech, permite o comércio de emissões entre Estados a que foram atribuídas cotas obrigatórias. Assim, a Rússia vai ter uma cota para vender, mas países como Índia, Bangladesh, Moçambique, Etiópia e muitos outros não vão. O comércio de emissões seria bem mais eficaz e teria conseqüências bem melhores caso se atribuíssem cotas obrigatórias a todos os países com base em sua parcela *per capita* das emissões totais estabelecidas. Como vimos neste capítulo, mesmo o ambientalista cético Bjorn Lomborg admite que, com o comércio global de emissões, o Protocolo de Quioto produz um benefício econômico líquido. Além disso, o comércio global de emissões dará aos países mais pobres do mundo algo que os países ricos querem bastante. Terão pelo menos algo que dar em troca dos recursos que os vão ajudar a atender às suas necessidades. Pela maioria dos princípios de justiça e utilidade, isso seria realmente muito bom. Poderia também encerrar a discussão sobre a aceitação obrigatória de um acordo por parte dos países em desenvolvimento, pois esses países perceberão que têm muito a ganhar se o aceitarem.

Sendo possível além de desejável, o comércio global de emissões também responde a duas objeções à atribuição de cotas de emissão de gases do efeito estufa em parcelas iguais *per capita*. Em primeiro lugar, responde à objeção levantada pela análise utilitarista desses problemas: a de que países como o Canadá poderiam passar por dificuldades indevidas se forçados a limitar as emissões ao mesmo nível *per capita* do México, por exemplo, dado que os canadenses precisam usar mais energia para sobreviver ao inverno. Mas, com o comércio global de emissões, o Canadá vai poder comprar a cota de que precisa de outros países que não necessitem de toda a cota a que têm direito. Assim, o mercado seria um sinal sensível do ônus adicional imposto à atmosfera por aqueles que conservam suas casas numa temperatura agradável quando está frio demais ou quente demais lá fora. Os cidadãos de países ricos poderão decidir pagar o preço e se manter aquecidos, ou refrescados, de acordo com a circunstância. Mas não estarão reivindicando para si um benefício que os países pobres não podem ter, porque estes terão o benefício da posse de cotas para vender. Em conseqüência, a suposta situação natural mais difícil não justifica que se permita aos países ricos uma cota *per capita* de emissões superior à dos países pobres.

Em segundo lugar, o comércio global de emissões elimina a objeção de que a atribuição de cotas iguais *per capita* determinaria a ineficiência da produção, porque os países pouco industrializados poderiam continuar a produzir bens emitindo mais dióxido de carbono por unidade de atividade econômica do que os países altamente industrializados, ao passo que estes últimos teriam de reduzir sua capacidade de produção, mesmo gerando menos gases por unidade de atividade econômica. Todavia, como vimos, o atual sistema de *laissez-faire* permite que os emissores colham benefícios econômicos para si, impondo ao mesmo tempo custos a terceiros que podem ou não ter participação nos benefícios da alta produtividade dos poluidores. Esse resultado não é justo nem eficiente. Um sistema bem regulado de atribuição de cotas *per capita* combinado com o comércio global de emissões levaria, por meio da internalização dos verdadeiros custos de produção, a uma solução tão justa quanto eficiente.

Há duas objeções sérias, uma científica e outra ética, ao comércio global de emissões. A científica é que não dispomos de meios para medir com precisão as emissões de todos os países. Logo, não seria possível saber que cota os países poderiam vender ou comprar. Para tanto, é preciso que se façam mais pesquisas, mas esse obstáculo não é insuperável a longo prazo. Desde que razoáveis, as estimativas não têm de ser precisas até a última tonelada de gás carbônico. A objeção ética é que, embora o comércio de emissões possa beneficiar os países pobres se os governos desses países o usarem em benefício de seu povo, alguns países são dirigidos por ditadores corruptos cujo interesse maior é aumentar os gastos militares ou rechear suas contas nos bancos suíços. O comércio de emissões simplesmente lhes daria um novo meio de levantar dinheiro para esses fins.

A objeção ética se assemelha a um problema discutido na parte final do próximo capítulo, sobre comércio, legitimidade e democracia, e a solução que proponho pode ficar mais clara depois da leitura dessa parte. Trata-se da recusa a reconhecer um regime ditatorial corrupto, cujo único interesse é a autopreservação e o auto-enriquecimento, como governo legítimo do país que tenha um excedente de cotas para vender. Na ausência de um governo legítimo que possa receber pagamentos por cotas, a venda de cotas poderia ficar a cargo de uma autoridade internacional que responda à Organização das Nações Unidas. Essa autoridade poderia manter sob custódia o dinheiro que recebe até que o país tenha um governo capaz de afirmar com credibilidade que os recursos serão usados para beneficiar o povo como um todo.

PÉ NO CHÃO?

Para os observadores cínicos do cenário de Washington, toda esta algaravia parece absurdamente privada de realismo político. A administração de George W. Bush rejeitou o Protocolo de Quioto, o que permite aos Estados Unidos continuar produzindo pelo menos 4 vezes sua cota *per capita* de dióxido de carbono. De 1990 para cá, as emissões norte-americanas já aumentaram 14 por cento. As meias-medidas de conservação de energia propostas pela administração Bush vão no máximo reduzir a velocidade dessa tendência, mas não revertê-la. Se é assim, qual o sentido de se discutir propostas que têm ainda *menos* probabilidade de ser aceitas pelo governo dos Estados Unidos do que o Protocolo de Quioto?

O objetivo deste capítulo é nos ajudar a perceber que não há nenhuma base *ética* para a atual distribuição da capacidade atmosférica de absorção de gases do efeito estufa sem provocar drásticas mudanças climáticas. Quer os países industrializados prefiram manter essa distribuição (é o que querem os Estados Unidos), quer prefiram usá-la como ponto de partida para uma nova repartição da capacidade da pia global (como fazem os países que aceitam o Protocolo de Quioto), eles se baseiam simplesmente em seus supostos direitos de países soberanos. Esse conceito, aliado à bruta força militar desses países, impossibilita que alguém lhes imponha uma solução mais ética. Se nós, na qualidade de cidadãos das nações industrializadas, não compreendermos qual seria a solução justa para o problema do aquecimento global, não nos será possível entender o quanto a posição dos que se opõem à assinatura mesmo do Protocolo de Quioto é flagrantemente voltada para os interesses particulares dos que a sustentam. Se, por outro lado, pudermos dar a nossos compatriotas uma noção de qual seria a solução justa para o problema, talvez nos seja possível mudar a política que ora leva os Estados Unidos a bloquear a cooperação internacional em torno de algo que vai ter efeitos severos sobre todos os seres deste planeta.

Pensemos um pouco mais nas implicações dessa situação. Hoje, a esmagadora maioria dos países do mundo está unida em torno da idéia de que as emissões de gases do efeito estufa devem sofrer uma redução substancial, e todos os países industrializados, com a exceção de um único, se comprometeram em tomar medidas corretivas com respeito a isso. Esse país, que por acaso é o maior produtor de CO_2 do mundo, recusou-se a se comprometer com a redução de suas emissões. Essa situação provoca a necessidade de se pensar no desenvolvimento de instituições ou princípios de direito internacional que limitem a soberania nacional. As pessoas cujas terras são inundadas pela subida do nível do mar em decorrência do aquecimento global deveriam ter a possibilidade de processar os países que emitem uma quantidade de gases do efeito estufa superior à sua cota. Outra possibilidade que vale a pena considerar são as sanções. Várias foram as ocasiões em que a Organização das Nações Unidas decretou sanções contra países que, segundo se considerava, estavam praticando algo de gravemente errôneo. Pode-se argumentar que as razões em favor da determinação de sanções contra um país que causa danos, muitas vezes fatais, aos cidadãos de outros países são ainda mais fortes do que as razões para a imposição de sanções a um país como a África do Sul, visto que seu governo, por mais iníqua que fosse a sua política, não era uma ameaça a outros países. (Embora o capítulo 4 investigue se há algum impedimento ético à intervenção em um regime que viola os direitos de seus próprios cidadãos.) Será inconcebível que um dia a Organização das Nações Unidas, reformada e fortalecida, venha a impor sanções contra países que não cumprem seu papel nas medidas globais de proteção ao ambiente?

CAPÍTULO 3

UMA SÓ ECONOMIA

O FRACASSO DA ORGANIZAÇÃO MUNDIAL DO COMÉRCIO

Se há uma organização que os críticos da globalização consideram responsável por promover esse processo – e da maneira errada –, trata-se da Organização Mundial do Comércio. Tony Clarke, diretor do Instituto Poláris, com sede em Ottawa, exprime uma concepção bastante disseminada ao descrever a OMC como um mecanismo para "acelerar e ampliar a transferência da soberania dos povos, dos Estados nacionais para as empresas globais"[1]. Acostumamo-nos tanto com os protestos contra o desenvolvimento de uma única economia global que já não é fácil recordar a mentalidade do período anterior à reunião da Organização Mundial do Comércio em dezembro de 1999, em Seattle – quando a própria existência da OMC

▼

1. Tony Clarke, *By What Authority? Unmasking and Challengind the Global Corporations' Assault on Democracy through the World Trade Organization*, International Forum on Globalization and the Polaris Institute, São Francisco e Ottawa, sem data (1999), p. 14.

mal tinha penetrado na mente da maioria dos norte-americanos. Antes dos acontecimentos dramáticos de Seattle, as poucas menções à OMC nos meios de comunicação populares tinham um caráter elogioso com relação aos benefícios econômicos advindos da expansão do comércio mundial. Já que, como dizia a metáfora mais usada na época, "a maré cheia faz flutuar todos os barcos", esses benefícios iriam inevitavelmente chegar também aos países mais pobres. Poucos sabiam que existia uma séria oposição à Organização Mundial do Comércio e ao seu programa de remoção de barreiras ao comércio internacional. Imagens televisivas gravadas em Seattle, de manifestantes vestidos de tartaruga marinha protestando contra as decisões da OMC, de anarquistas vestidos de preto lançando tijolos nas altas cúpulas do capitalismo global, de sindicalistas norte-americanos comuns em marcha contra a importação de produtos baratos fabricados pelo trabalho infantil – essas imagens despertaram o público norte-americano para a existência de uma oposição à OMC. Quando inesperadamente se mostraram capazes de provocar uma mudança nos compromissos de presidentes e primeiros-ministros, os manifestantes foram imediatamente para a primeira página dos jornais. Esse efeito se reforçou quando uma nova rodada de negociações sobre o comércio, que se esperava ter início em Seattle, não pôde começar. Mesmo então, a reação dos comentadores dos meios de comunicação foi o espanto, a incompreensão e a zombaria. Thomas Friedman escreveu um descontrolado artigo de opinião no *New York Times*, em que começava perguntando: "Haverá coisa mais ridícula no noticiário de hoje do que os protestos contra a Organização Mundial do Comércio em Seattle?" Adiante, ele chama os manifestantes de "uma arca de Noé composta de defensores da doutrina da terra plana, sindicatos protecionistas e *yuppies* propondo nostálgicas soluções dos anos 1960"[2]. Esses "ridículos" manifestantes conseguiram provocar todo um novo debate sobre os rumos do comércio mundial e da OMC.

Já houve alguma organização não criminosa tão veementemente condenada, por tantos motivos e por críticos de tantos países diferentes quanto a OMC? De acordo com Victor Menotti, diretor do Programa Ambiental do Fórum Internacional sobre a Globalização (FIG), com sede nos Estados Unidos, o regime de comércio e investimento promovido pela Organização Mundial do Comércio "desencadeou forças econômicas globais que punem de modo sistemático atividades florestais ecologicamente corretas, e ao mesmo tempo recompensam práticas destrutivas que aceleram a degradação das florestas"[3]. Do ponto de vista da Compassion in World Farming, uma importante organização britânica de defesa dos animais de criação, a OMC é "A Maior Ameaça Enfrentada Hoje pelos Animais"[4]. Martin Khor, residente na Malásia, líder da Third World Network (Rede do Terceiro Mundo), afirma que a OMC é "um instrumento para governar o Sul"[5]. Vandana Shiva, fundadora e presidente da Research Foundation for Science, Technology and Ecology (Fundação de Pesquisas em

▼

2. Thomas Friedman, "Senseless in Seattle", *New York Times*, 1º de dezembro de 1999, p. A23. [Friedman é um respeitado colunista de relações internacionais desse jornal. (N. do T.)]
3. Victor Menotti, *Free Trade, Free Logging: How the World Trade Organization Undermines Global Forest Conservation*, International Forum on Globalization, São Francisco, 1999, p. ii.
4. "The Biggest Threst Facing Animal Welfare Today". *Agscene*, outono de 1999, p. 20.
5. Martin Khor. "How the South is Getting a Raw Deal at the WTO". In: Sarah Anderson, (org.), *Views from the South: The Effects of Globalization and the WTO on Third World Countries*. International Forum on Globalization, São Francisco, s/d, (1999), p. II.

Ciência, Tecnologia e Ecologia), da Índia, autora de *Biopiracy: The Plunder of Nature and Knowledge*, escreve que as regras da Organização Mundial do Comércio são "primordialmente regras de roubo, camufladas pela aritmética e pelo 'legalês'", e que o livre-comércio global de alimentos e produtos agrícolas é "o maior programa de criação de refugiados do mundo". Evitando sutilezas eufêmicas, diz que o livre-comércio está "levando à escravidão"[6]. No cômputo geral, muitos desses críticos concordam com o juízo sumário atribuído aos zapatistas, uma organização de camponeses mexicanos, segundo o qual a OMC é simplesmente "o maior inimigo da humanidade"[7].

Algumas semanas depois do fracasso da reunião de Seattle, vi-me em Davos, na Suíça, como conferencista convidado da reunião anual do Fórum Econômico Mundial. Ainda grassavam as atitudes pré-Seattle – e perplexidade e incompreensão com respeito aos protestos. Ouvi políticos como o presidente mexicano, Ernesto Zedillo, e líderes empresariais como Lewis Campbell, presidente do Conselho de Administração da Textron, empresa que movimenta 10 bilhões de dólares por ano, desqualificar expressamente os manifestantes como partícipes de um de dois grupos: o dos bem-intencionados, preocupados em proteger o ambiente e ajudar as pessoas mais pobres do mundo, mas ingênuos e induzidos ao erro por suas próprias emoções; e aqueles que, sob a capa cínica da defesa dos direitos humanos e do ambiente, buscavam proteger seus bem re-

▼

6. Vandana Shiva, "War Against Nature and the People of the South". In: Anderson, *Views from the South*, pp. 92-3, 123.
7. Thomas Friedman, *The Lexus and the Olive Tree*, Anchor Books, Nova York, 2000, p. 190.

munerados empregos em indústrias ineficientes por meio de altíssimas barreiras tarifárias que elevam os custos para os consumidores do próprio país e deixam os trabalhadores de países menos desenvolvidos na mais sombria penúria.

Havia vozes dissidentes em Davos – o líder trabalhista norte-americano John Sweeney e Martin Khor se pronunciaram contra a concepção dominante, mas no início suas palavras tiveram pouca ressonância entre o enorme público internacional formado por presidentes de grandes empresas e chefes de departamentos governamentais de economia e finanças. O primeiro-ministro britânico Tony Blair e o então presidente dos Estados Unidos, Bill Clinton, mostraram que aprenderiam mais rápido do que a maioria dos diretores empresariais presentes, afirmando que haviam sido levantadas questões importantes, merecedoras de séria consideração. Mesmo assim, não houve uma real discussão acerca de quais seriam essas questões nem de como poderiam ser resolvidas. Era como se todos já soubessem que a globalização é economicamente benéfica e como se "bom para a economia" tivesse o mesmo sentido que "bom em toda e qualquer circunstância". Desse modo, a questão que realmente interessava a todos era a de neutralizar a incômoda oposição e caminhar com mais rapidez e sem percalços rumo à meta de uma única economia mundial, livre de todas as barreiras ao comércio e às finanças entre os diferentes Estados. A proposta alternativa era, para usar o termo de Zedillo, uma simples "globafobia"[8].

O Fórum Internacional sobre a Globalização (FIG) ajudou a organizar os protestos em Seattle e é um dos mais proe-

▼

8. Ver World Economic Forum, *Summaries of the Annual Meeting 2000*, Genebra (2000), sumário da sessão 56.

minentes críticos da OMC. Em setembro de 2000, para coincidir com a Assembléia do Milênio das Nações Unidas, o FIG realizou em Nova York um fórum sobre "A globalização e o papel da Organização das Nações Unidas". Foi flagrante o contraponto com a reunião de Davos. Durante dez horas, os mais diversos conferencistas atacaram com veemência a OMC e o poder empresarial global. Nenhum defensor da OMC foi convidado a se pronunciar e não foi possível se fazer perguntas nem debater nada do que tinha sido dito. Embora o FIG defenda a participação ativa dos cidadãos no processo decisório, o Fórum Econômico Mundial permitiu uma participação maior do público e apresentou uma diversidade maior de pontos de vista.

Enquanto continuam as manifestações de protesto durante as reuniões da OMC, do Banco Mundial e de outros organismos internacionais – de Seattle a Washington, Praga, Melbourne, Quebec, Gotemburgo, Gênova e Nova York –, o exame despreconceituoso e sincero das questões difíceis e cruciais advindas da globalização está perdendo espaço para a polêmica partidária, cheia de retórica e vazia de substância, cada lado fala somente para seus próprios membros, que já sabem de antemão quem são os santos e os pecadores. Rituais interminavelmente repetidos de teatro de rua não proporcionam oportunidades para o tipo de discussão de que precisamos. A economia trata de questões de valor, e os economistas tendem a se concentrar em demasia nos mercados, de modo que não dão suficiente importância aos valores com os quais os mercados não lidam.

AS QUATRO ACUSAÇÕES

Entre as muitas acusações que se costumam fazer à OMC, quatro são essenciais à avaliação do papel que esse organismo, e de modo mais geral a globalização econômica, desempenha na formação de um mundo diferente de tudo quanto existiu até agora:

1. A OMC dá mais prioridade às considerações econômicas do que ao meio ambiente, ao bem-estar dos animais e mesmo aos direitos humanos.
2. A OMC corrói a soberania nacional.
3. A OMC é antidemocrática.
4. A OMC aumenta a desigualdade; ou (acusação mais forte) torna os ricos mais ricos e deixa as pessoas mais pobres do mundo ainda piores do que estariam sem ela.

Antes de examinar essas acusações, precisamos de informações que nos permitam contextualizá-las. A Organização Mundial do Comércio foi criada pela "Rodada Uruguaia" de conversações mantidas pelos países-membros do Acordo Geral de Tarifas e Comércio, ou Gatt. Veio à existência em janeiro de 1995 e, já em janeiro de 2002, contava com 144 países-membros, responsáveis por mais de 97 por cento do comércio mundial[9]. Embora pareça que a OMC é uma organização nova, trata-se essencialmente do órgão sucessor do Gatt, que existe há 50 anos. Sua *raison d'être* também é a mesma do Gatt, ou

▼

9. Organização Mundial do Comércio na Internet, disponível em: www.wto.org. Acesso em 1.1.2002.

seja, a crença de que o livre comércio melhora a situação das pessoas, na média e a longo prazo. Essa crença se baseia na lógica do mercado, a idéia segundo a qual se duas pessoas têm diferentes capacidades de manufaturar produtos que as duas desejam, sua situação será melhor se cada uma trabalhar na área de produção em que for mais eficiente (ou menos ineficiente) e depois trocarem os produtos do que se as duas tentarem produzir todos os bens de que precisam. Alega-se que isso ocorre quer as pessoas morem em casas contíguas, quer vivam em lados opostos do mundo, desde que o custo da transação seja inferior à diferença dos custos de produção de cada uma dessas pessoas. Além disso, essa troca deve ser particularmente benéfica para os países com baixo custo de mão-de-obra, por serem capazes de produzir bens mais baratos do que os países com mão-de-obra cara. Assim, pode-se esperar que a demanda de mão-de-obra nesses países se eleve e, uma vez que a oferta de mão-de-obra comece a se reduzir, os salários também deverão aumentar. Desse modo, o mercado livre deveria ter o efeito não só de tornar mais próspero o mundo como um todo como também, especificamente, de ajudar os países mais pobres.

O acordo por meio do qual a OMC foi instituída lhe confere o poder de impor um conjunto de regras e acordos relativos ao livre comércio, que hoje alcançam cerca de 30 mil páginas[10]. Se um país-membro crê que está sendo prejudicado por outro país-membro que esteja violando essas regras, é-lhe permitido fazer uma queixa. Se falharem os esforços de mediação da disputa, estabelece-se um painel de discussão, formado

▼

10. "The WTO in Brief, Part 3: The WTO Agreements", disponível em: www.wto.org/english/thewto_e/whatis_e/inbrief_e/inbr03_e.htm.

por especialistas em comércio e em direito, para realizar uma audiência. Esses painéis são a diferença mais marcante entre o antigo Gatt e a nova OMC. Formalmente, o painel não resolve a disputa, mas recomenda uma decisão aos países-membros. Na prática, a decisão do painel é invariavelmente adotada. Se a queixa for aceita e o país-membro continuar violando as regras da OMC, ele pode sofrer penalidades severas, como a imposição de tarifas a seus produtos.

Podemos agora considerar, uma por uma, as quatro acusações feitas à OMC.

A PRIMEIRA ACUSAÇÃO: A ECONOMIA ACIMA DE TUDO

À primeira vista, não é evidente o motivo pelo qual uma organização voltada para a remoção de barreiras ao comércio possa prejudicar a proteção do ambiente, o bem-estar dos animais e os direitos humanos. Com efeito, a OMC alega que essa idéia não passa de um mal-entendido. Numa publicação chamada *10 idéias errôneas comuns sobre a OMC*, voltada claramente para um público mais amplo, a quarta "idéia errônea" da lista de dez discutidas é:

> A OMC prioriza os interesses comerciais em detrimento da proteção ambiental.

Ao explicar por que essa idéia é errônea, a publicação assinala que o relatório do painel de disputa da OMC acerca do caso da tartaruga marinha afirmou explicitamente que os membros da OMC "podem e devem tomar medidas para proteger espécies ameaçadas, e as tomam". A publicação então acrescenta:

O que há de importante nas regras da OMC é que as medidas tomadas para proteger o ambiente têm de ser justas. Não podem, por exemplo, ser discriminatórias: não se pode ser tolerante com os produtores do seu país e ao mesmo tempo rigoroso com produtos e serviços estrangeiros.[11]

Tem-se a impressão de que se trata de um princípio bastante razoável. A OMC permite que os países-membros protejam espécies ameaçadas desde que estes o façam de maneira justa e não favoreçam suas próprias indústrias sob a capa da proteção ambiental. É pois de se presumir que os Estados Unidos possam, por exemplo, proibir a importação de atum pescado por métodos que provocam o afogamento de golfinhos, desde que também proíbam a venda de atum pescado em águas norte-americanas por navios norte-americanos que usem esse método. Se essa presunção estiver correta, os críticos da OMC parecem errados em sua alegação de que a organização se opõe às medidas de proteção ambiental. Ao que parece, a OMC se opõe apenas às medidas que usam a proteção ambiental como disfarce para a proteção de indústrias nacionais contra a competição estrangeira. Se a OMC se opôs às leis norte-americanas de proteção aos golfinhos e tartarugas marinhas por esses motivos, a culpa cabe aos Estados Unidos por criar leis que favorecem seus próprios produtores, não à OMC.

A Conferência Ministerial dos governos representados na OMC, realizada em Doha (capital de Catar, no golfo Pérsico) em novembro de 2001, aceitou uma Declaração Ministerial que endossou esse mesmo princípio:

▼

11. *Ten Common Misunderstandings about the WTO*, WTO, Genebra, 1999, disponível em: www.wto.org/english/thewto_e/whatis_e/10mis_e/10m00_e.htm.

Reconhecemos que, em conformidade com as regras da OMC, nenhum país deve ser impedido de tomar medidas para a proteção da vida ou da saúde humanas, dos animais ou das plantas, ou do ambiente, nos níveis que considerar apropriados, desde que essas medidas não sejam aplicadas de maneira que constitua um recurso arbitrário ou injustificável de discriminação entre países submetidos às mesmas condições, ou uma restrição disfarçada ao comércio internacional; devem, além disso, respeitar as disposições dos Acordos da OMC.[12]

Não foi porém desse modo que os painéis de disputa da OMC chegaram até agora às suas decisões, e, se essa cláusula da Declaração Ministerial de fato entrar em vigor, vai representar uma ruptura drástica com o passado. Consideremos, por exemplo, a "Disputa do atum e dos golfinhos", que, embora decidida sob o Gatt, e não sob a OMC, ainda assim estabeleceu princípios aplicados por esta última. Eis um relato da disputa apresentado pela publicação da OMC *O futuro do comércio* (que oferece uma descrição bem menos simplista de como funciona a OMC do que *10 idéias errôneas comuns sobre a OMC*):

> A lei norte-americana de proteção aos mamíferos marinhos estabeleceu padrões de proteção aos golfinhos para a frota pesqueira norte-americana e para os países cujos barcos pesqueiros capturam atum amarelo nessa parte do oceano Pacífico [em que cardumes de golfinhos nadam sobre os cardumes de atum]. Se um país que exporta atum para os Estados Unidos não puder provar às autoridades norte-americanas que atende aos padrões de proteção aos golfinhos estabelecidos pelas leis norte-americanas, os Estados Unidos têm de embargar todas as importações de peixe desse país. Neste

▼
12. World Trade Organization, Declaração Ministerial, 14 de novembro de 2001, parágrafo 6, disponível em: www.chil.wto-ministerial.org/english/thewto_e/minist_e/min01_e/mindecl_e.htm.

caso, o México era o país exportador envolvido. Suas exportações de atum amarelo para os Estados Unidos foram proibidas[13].

Em outras palavras, a lei norte-americana de proteção aos mamíferos marinhos não foi tolerante com os produtores norte-americanos e rigorosa com os produtores estrangeiros, mas aplicou os mesmos padrões a todos. Com efeito, o Congresso norte-americano afirmou: "Consideramos errado fisgar e afogar golfinhos desnecessariamente quando se captura atum, e não vamos permitir que o atum capturado dessa maneira seja vendido nos Estados Unidos." Assim, se a OMC só excluísse as leis de proteção ambiental que favorecem o próprio país que as criou, seria de presumir que, quando o México se queixou ao Gatt do embargo norte-americano, sua queixa tivesse sido descartada. Mas, como observa *O futuro do comércio*, o painel do Gatt concluiu:

> ... os Estados Unidos não podem embargar a importação de atum mexicano pelo simples fato de que as leis mexicanas sobre *a maneira de produção do atum* não atendem às leis norte-americanas. (Mas os Estados Unidos poderiam aplicar suas leis *à qualidade ou ao conteúdo* do atum importado.) Reconheceu-se aí uma questão de "produto" *versus* "processo".[14]

O abuso da distinção entre produto e processo

Essa distinção entre "produto" e "processo" é fundamental para se entender o impacto das regras da OMC em muitas áreas. Como exemplifica o caso do atum e dos golfinhos, e como reite-

▼

13. Ver www.wto.org/english/thewto_e/whatis_e/tir_e/bey5_e.htm.
14. Ver www.wto.org/english/thewto_e/whatis_e/tif_e/bey5_e.htm; grifos no original.

raram decisões ulteriores, a OMC opera com base na concepção de que um país não pode proibir um produto por causa do processo pelo qual foi produzido, mas somente se demonstrar que o produto proibido é diferente de outros produtos em sua natureza intrínseca. Só para não sair das questões vinculadas à matança e aos maus-tratos de animais, exceto o caso do atum e dos golfinhos, a OMC interferiu, por exemplo, nas seguintes questões:

- Em 1991, a União Européia concordou em proibir, a partir de 1995, a venda de peles de animais capturados por armadilha de garras de aço. (Essas armadilhas prendem e esmagam a pata dos animais, retendo-os até que chegue o caçador, o que pode demorar vários dias. Os animais noturnos ficam aterrorizados quando presos à luz do dia. Os animais em geral podem morrer de sede ou por causa dos ferimentos. Sabe-se que eles cortam a própria pata a mordidas a fim de se libertar.) Como é impossível determinar se uma pele vem de um animal capturado por essas armadilhas ou por algum método mais humano, a União Européia decidiu só aceitar a importação de peles vindas de países que proibiram as armadilhas de garras de aço. Os Estados Unidos, o Canadá e a Rússia ameaçaram apresentar uma queixa à OMC contra esse embargo. A União Européia capitulou, permitindo que peles de animais capturados pelas armadilhas de garra de aço continuassem a ser vendidas na Europa[15].
- Em 1993, a União Européia adotou uma diretriz que impedia o uso de animais em testes de cosméticos e quis proibir,

▼

15. Leesteffy Jenkins e Robert Stumberg, "Animal Protection in a World Dominated by the World Trade Organization". In: Deborah Salem e Andrew Rowan, (eds.), *The State of the Animals 2001*, Humane Society Press, Washington, 2001, p. 149.

a partir de 1998, a venda de cosméticos testados em animais. Mas a União Européia recebeu um parecer segundo o qual a proibição da venda de cosméticos testados em animais seria uma violação das regras da OMC. O embargo nunca foi posto em prática[16].
- Em 1989, depois de prolongadas campanhas públicas, a União Européia proibiu a venda de carne de gado bovino tratado com hormônios de crescimento. A principal razão dada para o embargo foi a preocupação com a saúde humana, embora as organizações de bem-estar dos animais tenham expresso sua preocupação com as implicações dos hormônios para a saúde do gado[17]. Os Estados Unidos tiveram sucesso na contestação do embargo na OMC, o painel desta alegou que não havia bases científicas suficientes para crer que o uso de hormônios representava um risco para a saúde humana. A União Européia apelou, mas o órgão de apelações da OMC também favoreceu os Estados Unidos. Quando a União Européia decidiu mesmo assim não levantar o embargo, a OMC deu direito de retaliação aos Estados Unidos, autorizando-os a impor uma tarifa de 100 por cento sobre 116 milhões de dólares de produtos agrícolas da UE[18].

▼

16. Salem e Rowan, *The State of the Animals*, p. 149. Ver também United Kingdom Parliament's Select Committee on European Scrutiny Twenty-first Report, "Animal Testing and Cosmetic Products", disponível em: www.parliament.the-stationery-office.co.uk/pa/cmi99900/cmselect/cmeuleg/23-xxi/2303.htm.
17. Peter Stevenson, "GATT Implications for Animal Welfare in the European Union", artigo apresentado à CIWF Trust Conference, abril de 1998, disponível em: www.ciwf.co.uk/Pubs/Briefings/ART4173.htm.
18. Charles E. Hanrahan, "RS20142: The European Union's Ban on Hormone-Treated Meat", atualizado em 19 de dezembro de 2000, *Congressional Research Service Issue Brief*, disponível em: www.cnie.org/nle/ag-63.html.

As decisões se apóiam, em todos esses casos, na alegação de que o produto – a pele, o cosmético, a carne – é igual a outros produtos cuja venda se permite no país, sendo irrelevante o fato de esse produto ser o resultado de um *processo* diferente. Mas por que esse fato não vem ao caso? Qual a relação da distinção produto/processo com a rejeição de práticas comerciais injustas que, de acordo com *10 idéias errôneas comuns sobre a OMC*, é a razão pela qual a OMC proíbe algumas formas de proteção ambiental? À primeira vista, nenhuma. Mas *O futuro do comércio* sugere o seguinte vínculo:

> Qual a razão por trás... da decisão [sobre o atum e os golfinhos]? Se os argumentos dos Estados Unidos fossem aceitos, qualquer país poderia proibir a importação de um produto de outro país simplesmente porque o país exportador tem políticas ambientais, de saúde e sociais distintas das suas. Isso criaria um precedente virtualmente infinito para que qualquer país aplicasse unilateralmente restrições ao comércio... estaria aberta a porta a um possível dilúvio de abusos protecionistas.[19]

Agora podemos ver como é enganosa a declaração contida em *10 idéias errôneas comuns sobre a OMC*. Nesse documento, a OMC se defende dizendo que, pelas suas regras, as medidas de proteção ambiental só são proibidas quando tratam o produtor estrangeiro com mais rigor do que o produtor local. Mas o que acontece na prática quando a OMC examina um caso em que a lei é aplicada com justiça a produtores nacionais e estrangeiros? O que se avalia então não é se os produtores estrangeiros foram de fato tratados com mais rigor do que os locais, mas se o fato de um país proibir um produto por

▼

19. Ver www.wto.org/english/thewto_e/whatis_e/tif_e/bey5_e.htm.

causa da maneira como ele foi produzido não iria abrir as portas a um "dilúvio de abusos protecionistas". Mesmo supondo que esse dilúvio de fato ocorresse, o argumento supõe que o valor de impedir que ocorra esse dilúvio de abusos protecionistas seja maior do que o valor da proteção do meio ambiente, dos animais e da paz de espírito da comunidade – maior, por exemplo, do que o valor da proteção de milhões de golfinhos da morte cruel e prematura, do valor de se acabar com a barbárie das armadilhas de garras de aço ou de proporcionar ao público a paz de espírito que ele procura quando quer ver respeitadas suas preocupações sobre efeitos imprevistos da carne tratada com hormônios. E essas são apenas três dentre as inúmeras coisas que valorizamos e que, se não fossem as regras da OMC, nossos governos poderiam proteger, proibindo a importação de produtos manufaturados de forma criminosa. A proibição da importação de bens produzidos com a violação de direitos humanos – pelo uso de trabalho escravo, por exemplo, ou mediante a expulsão de povos autóctones de suas terras – também estaria fora de questão, pois não visa a um produto, mas a um processo. Descartada assim toda forma de proteção, por mais equilibrada que seja no tratamento de empresas nacionais e estrangeiras, pelo simples fato de visar não a um produto, mas a um processo, os meios de que os países dispõem para defender seus valores sofrem uma drástica restrição.

 De qualquer modo, não há motivos sólidos para crer que a distinção entre produto e processo seja a única maneira de interromper um dilúvio de leis protecionistas. Há maneiras mais sutis pelas quais os painéis de disputa – compostos, diznos a OMC, por especialistas em comércio e em direito – possam tratar a distinção entre o protecionismo deturpado ou injustificável, de um lado, medidas razoáveis de proteção do ambiente, de outro. O primeiro critério deveria ser, como sugerem tanto *10 idéias errôneas comuns sobre a OMC* como a Declaração Ministerial da OMC de novembro de 2001, se a medida tomada para proteger o meio ambiente ou o bem-estar dos animais, ou voltada para outros objetivos legítimos que um país possa ter, trata com justiça os produtores do próprio país e os produtores estrangeiros. Se ela o faz, trata-se de uma medida aceitável em princípio, e o país que procurar invalidá-la deveria ser obrigado a mostrar que os objetivos, ambientais ou outros, que a medida se propõe a alcançar poderiam ser razoavelmente alcançados sem impor tão grandes restrições ao comércio.

Na passagem citada, *O futuro do comércio* alega que, se os argumentos norte-americanos no caso do atum e dos golfinhos tivessem sido aceitos, "qualquer país poderia proibir a importação de um produto de outro país simplesmente porque o país exportador tem políticas ambientais, de saúde e sociais distintas das suas". O uso do termo "simplesmente" é digno de nota aqui, dado que as "políticas… distintas" dos países exportadores poderiam permitir o lançamento de resíduos tóxicos no oceano e o tratamento cruel dos animais, ou proibir a sindicalização dos trabalhadores. Ou seja, para a proibição de um produto, estas razões são menos importantes do que as que se referem às qualidades intrínsecas do produto – e que a OMC aceitaria sem hesitar, desde que o embargo não fizesse discriminação entre produtores nacionais e estrangeiros. Mas não há nenhuma razão para crer que nosso apoio ao meio ambiente, aos animais e aos direitos humanos seja, sob qualquer ponto de vista, menos importante do que o desejo de proteger os cidadãos de produtos de qualidade inferior.

Seja como for, é um sofisma a idéia de que o país importador, ao proibir o produto fabricado de maneira danosa ao meio ambiente, aos animais ou aos trabalhadores, esteja tentando exercer poderes extraterritoriais sobre o país exportador. O exercício de tais poderes pode existir e não é necessariamente mau – como veremos no próximo capítulo, é por vezes justificável que se deflagre uma intervenção militar para evitar o abuso flagrante dos direitos humanos em outro país; logo, é evidente que esses abusos podem ser combatidos através de medidas comerciais –, mas não é verdade que toda proibição de um produto feito em outro país por causa do processo através do qual se fabrica esse produto *seja necessariamente* uma tentativa de exercer poderes extraterritoriais. Assim como um país poderia proibir a venda de um pesticida, de origem nacional ou estrangeira, por ser ele tóxico para a vida selvagem – e a OMC não teria objeções a essa proibição –, assim também pode ele proibir a venda de um produto, produzido internamente ou no exterior, porque o processo pelo qual ele é produzido é danoso para a vida selvagem. Os animais selvagens não precisam ser vistos como a propriedade de um país determinado. O processo de fabricação do produto pode matar aves migratórias ou, nos casos do golfinho e da tartaruga marinha, animais que vivem nos oceanos. Mesmo quando os animais mortos vivem apenas dentro das fronteiras do país que faz o produto, o país que procura proibir esse produto pode pensar que é errado ser indiferente à morte e ao sofrimento dos animais; pode também julgar moralmente inaceitável que um produto fabricado com tamanha indiferença seja vendido em seu território. O argumento ético que motiva os outros capítulos deste livro também cabe aqui: assim como não há motivo algum pelo qual os cidadãos de um Estado só devam se preocupar com o bem-estar de seus concidadãos, e não com os interesses das pessoas de todos os lugares, também não há nenhuma razão coerente para que só nos preocupemos com o bem-estar dos animais quando eles vivem no âmbito das nossas fronteiras. Diante disso, se um Estado decide que a armadilha de garra de aço é cruel e imoral, e proíbe no interior de suas fronteiras tanto a armadilha como a venda de peles de animais aprisionados dessa maneira, essa decisão se enquadra perfeitamente nos poderes convencionalmente atribuídos a esse Estado no que se refere à soberania sobre seu próprio território. Se o princípio de proibição da venda de produtos moralmente inaceitáveis dentro das fronteiras desse Estado for rejeitado, como poderá um país justificar a proibição da importação de filmes que exibem atos de violência sexual real e não consentida, e mesmo violências sexuais que resultam em morte (como nos chamados *snuff movies*)? Ninguém condena a proibição desses filmes nem a considera uma tentativa de evitar o estupro e o assassínio "extraterritoriais" de mulheres e crianças. Mas também nesse caso é o "processo" o motivo da proibição; o produto final pode ser idêntico a um filme em que atores habilidosos representam as mesmas cenas e não sofrem danos físicos. No tocante à alegação de "extraterritorialidade", é difícil identificar uma diferença de princípio entre a proibição dos *snuff movies* e a proibição de peles de animais aprisionados por armadilhas de garras.

Claro que seria possível, sem fugir da tônica geral deste livro, pregar a redução da soberania nacional e sustentar que os organismos globais ou transnacionais devem decidir essas questões. Mas isso só poderá acontecer quando esses organismos existirem e forem dotados de procedimentos – democráticos e sensíveis à opinião pública, espera-se – mediante os quais se possam tomar essas decisões.

O esvaziamento do artigo XX do Gatt

Apesar do uso que os painéis da OMC fizeram da distinção entre produto e processo, há um artigo do Acordo Geral de Tarifas e Comércio que parece respaldar explicitamente a proibição de importações; dentre as razões que a justificariam, está a proteção do ambiente. O artigo XX, nas seções que nos interessam, diz o seguinte:

> Exceções Gerais
> Atendido o requisito de que essas medidas não sejam usadas como um recurso de discriminação arbitrária e injustificável entre países nos quais prevaleçam as mesmas condições, ou uma restrição disfarçada ao comércio internacional, deve-se entender que nada neste Acordo pode impedir a adoção ou colocação em vigor, por qualquer parte contratante, de medidas:
> a) necessárias à proteção da moral pública;
> b) necessárias à proteção da vida ou da saúde de seres humanos, animais ou plantas; ...
> g) vinculadas com a conservação de recursos naturais esgotáveis, desde que a entrada em vigor dessas medidas seja acompanhada de restrições à produção ou ao consumo dentro do próprio país.

A leitura mais natural do artigo em questão daria a um país várias justificativas para proibir a importação de bens obtidos em prejuízo dos golfinhos ou que causam grande sofrimento aos animais em geral. A cláusula (b) permite exceções para que se proteja a vida animal, e a cláusula (g) admite uma exceção para que se conservem "recursos naturais esgotáveis". A proibição da importação de produtos obtidos através de métodos não éticos de pesca ou do uso de armadilhas cruéis também poderia ser justificada pela cláusula (a), que se refere à proteção da "moralidade pública". Se essa expressão designa a moralidade que as pessoas de fato têm, há então muitos países em que a matança desnecessária de animais, em particular de espécies ameaçadas, ofende padrões morais amplamente sustentados pelo público em geral. A venda de produtos resultantes dessa matança é tão ofensiva à moralidade pública quanto o seria, por exemplo, a nudez em alguns países. Se, por outro lado, a cláusula que se refere à proteção da moralidade pública pretende aludir a sólidos valores morais, independentemente da quantidade de pessoas que os sustentam, a acusação contra os produtos obtidos por métodos cruéis é bem mais *forte* do que a que se opõe à mera nudez.

No caso das tartarugas marinhas, os Estados Unidos alegaram que a proibição da importação de camarões capturados por frotas pesqueiras que não usavam medidas para proteger as tartarugas era admissível nos termos das cláusulas (b) e (g) do artigo XX. Depois que esse argumento foi rejeitado pelo painel de disputas, que invocou motivos semelhantes aos do caso dos atuns e golfinhos, os Estados Unidos apelaram, mas a apelação também foi rejeitada. Mas, dessa vez, o Órgão de Apelação da OMC admitiu que a proteção de espécies ameaçadas poderia fundamentar-se nas exceções. Ainda assim rejeitou a proibição norte-americana da importação de camarões, afirmando que ela requeria que os barcos estrangeiros usassem essencialmente os mesmos métodos de proteção às tartarugas empregados pelos barcos norte-americanos, em vez de permitir outros métodos para evitar a matança de tartarugas. Nas palavras do Órgão de Apelação:

> Cremos que a discriminação ocorre não somente quando países em que prevalecem as mesmas condições são tratados de maneira diferente, mas também quando a aplicação de uma dada medida não permite a discussão da adequabilidade do pro-

grama regulador às condições vigentes nos países exportadores envolvidos.[20]

Num dado ponto de seu parecer, o Órgão de Apelação comentou: "cabe observar que a proibição de importações é, de modo geral, a 'arma' mais pesada do arsenal de medidas comerciais dos Membros" (§ 171), e fica entendido que, para o mesmo órgão, todos os demais recursos têm de ter sido esgotados para que se possa adotar a proibição de importações. Os Estados Unidos entraram então em negociações com outros países para firmar um acordo multilateral sobre o uso de artefatos de proteção às tartarugas. Entrementes, mantiveram a proibição da importação de camarões pescados por barcos que não usassem esses artefatos. Surgiu nova disputa sobre a proibição até que por fim, em novembro de 2001, o Órgão de Apelação aceitou o argumento de que os Estados Unidos estavam fazendo o bastante. Como os Estados Unidos estavam envolvidos em "esforços continuados, sérios e de boa-fé" com vistas a firmar um acordo multilateral sobre a proteção das tartarugas marinhas, era-lhes permitido manter a proibição[21].

Talvez a decisão do caso das tartarugas marinhas – o único exemplo de toda a história do Gatt e da OMC em que uma medida nacional extraterritorial e unilateral envolvendo restrições comerciais foi justificada por considerações ambientais – seja um indício de que depois de Seattle a OMC ficou mais sensível

▼

20. World Trade Organization, WT/DS58/AB/R, 12 de outubro de 1998, parágrafo 165, disponível em: www.wto.org/english/tratop_e/dispu_e/distab_e.htm. A numeração de parágrafos parece diferir entre diferentes versões eletrônicas deste documento.
21. "DSB Adopts Two Appellate Body Reports on Shrimp and Corn Syrup", *News*, 21 de novembro de 2001, disponível em: www.wto.org/english/news_e/news01_e/dsb_21 nov01_e.htm; *Bridges Weekly Trade News Digest*, vol. 5, n? 40, 28 de novembro de 2001.

a críticas acerca de sua ação ambiental. É certo que um exame dessa ação antes de novembro de 2001 justifica a afirmação com que começamos: "A OMC prioriza os interesses comerciais em detrimento da proteção ambiental." Longe de ser uma idéia errônea, revelou-se que isso é a mais pura verdade. Sempre que uma disputa impunha a escolha entre o livre-comércio e uma política nacional não-discriminatória destinada a proteger o ambiente, o veredicto da OMC antes de novembro de 2001 era o de que uma tal política constituía uma barreira ilegal ao comércio[22]. A OMC justificou essas decisões quer com base na distinção entre produto e processo, quer porque a restrição constituísse supostamente uma discriminação arbitrária ou injustificável. Há duas justificativas possíveis para a regra do produto/processo. A primeira é a alegação de que proibir um produto por causa do processo de manufatura é uma tentativa de exercer jurisdição extraterritorial. Vimos que esse argumento não se sustenta. A segunda justificativa possível é que a renúncia à regra do produto/processo pode dificultar a distinção entre medidas genuínas de proteção do ambiente, ou outras preocupações legítimas, de um lado, e formas disfarçadas de protecionismo, de outro. Quem considera essa justificativa suficiente para rejeitar uma política de proteção ambiental dá de fato a primazia aos interesses comerciais em detrimento da proteção ambiental. Quando identificou discriminações arbitrárias ou injustificáveis, o Órgão de Apelação só pôde fazê-lo porque exige que as restrições ao comércio sejam o último recurso, depois de se esgotarem todos os outros. Tal como no caso da regra

▼

22. Lori Wallach e Michelle Sforza, *Whose Trade Organization*, Public Citizen. Inc., Washington, 1999, pp. 4-5.

do produto/processo, esse critério significa que, diga o que disser o Órgão de Apelação, a substância de suas decisões mostra claramente que os interesses comerciais têm a primazia sobre a proteção ambiental. A bem da justiça, é preciso dizer que esses interesses comerciais podem ser tanto os dos países em desenvolvimento quanto os dos países desenvolvidos. De qualquer maneira e até o momento, as ações da OMC no tocante a questões ambientais nos permitem ver por que Leesteffy Jenkins e Robert Stumberg, especialistas em direito e em proteção de animais, afirmam, ao avaliar essas ações para a Humane Society of the United States: "com efeito, a teoria do livre-mercado predomina sobre todos os outros valores sociais"[23].

Novembro de 2001 *pode* ter sido o mês da reviravolta da OMC, dado que, além da decisão pioneira no caso das tartarugas marinhas, foi também o mês que viu sinais, na Conferência Ministerial da OMC realizada em Doha, de uma propensão a reconsiderar as regras que fazem com que o livre-comércio derrube todos os outros valores. Como já vimos, o texto da Declaração Ministerial dava a entender que as regras da OMC não podem impedir os países-membros de proteger o ambiente e a saúde dos animais e das plantas, desde que o façam eqüitativamente. Além disso, a pedido da União Européia, a conferência agendou para a próxima rodada de negociações comerciais a discussão de "preocupações não-comerciais" na agricultura. Uma dessas preocupações é a conservação da economia de áreas rurais cujo sistema econômico baseia-se em pequenas propriedades que não poderão resistir à competição com outros países em que a atividade agrícola tem uma escala muito

▼

23. Salem e Rowan, *The State of the Animals 2001*, p. 149.

mais ampla. A preservação da vida das cidadezinhas européias e da paisagem tradicional da Europa é um valor que também precisa ser levado em conta, ao lado dos benefícios do livre-comércio. O bem-estar dos animais é outra preocupação legítima. A União Européia, que tem uma legislação relativamente esclarecida sobre o tratamento de animais de criação, procura garantir que seus agricultores não tenham de enfrentar a concorrência de outros países que permitem formas de crueldade com os animais proibidas na Europa. A Declaração Ministerial registrou essas preocupações e concordou que fizessem parte das negociações da próxima rodada de medidas de liberalização do comércio, a ser concluída em 2005[24].

Resta ver se, nas negociações vindouras, valores que não o livre-comércio vão receber a importância devida. Se isso não acontecer, vamos todos saber que, ao assinar a Declaração Ministerial de Doha em 2001 (com sua clara afirmação de que a imparcialidade e a não-discriminação são os únicos requisitos que a OMC impõe aos países que procuram proteger o meio ambiente), ou as delegações dos países-membros da OMC estavam enganadas sobre como a organização de fato funciona ou estavam tentando enganar o resto do mundo.

A SEGUNDA ACUSAÇÃO: INTERFERÊNCIA NA SOBERANIA NACIONAL

Se a OMC de fato dá precedência aos interesses comerciais, poderíamos acaso dizer que ela só o faz com o respaldo

▼

[24]. World Trade Organization, Ministerial Declaration, 14 de novembro de 2001, WT/MIN(01)/DEC/1, parágrafo 13, disponível em: www.chil.wto-ministerial.org/ english/thewto_e/minist_e/min01_e/mindecl_e.htm.

de seus países-membros, que decidem, no final das contas, se vão ou não seguir as regras da organização? A resposta padrão dos defensores da OMC à alegação de que esta se sobrepõe à soberania nacional é que ela não passa de uma estrutura administrativa para um conjunto de acordos ou tratados aceitos livremente por governos soberanos. Todo país-membro da OMC é membro porque seu governo decidiu fazer parte da organização e não quis depois se retirar dela. Além disso, as decisões que não se referem à resolução de disputas são tomadas de modo geral por consenso. Por ser a expressão das decisões de governos soberanos, a OMC não se configura como um órgão capaz de interferir na soberania nacional.

Essa descrição da OMC como mera administradora de um conjunto de acordos multilaterais pode ser formalmente correta, mas deixa de fora alguns detalhes práticos importantes. Uma vez membro da OMC, um governo e seus sucessores passam a sofrer uma pressão considerável para permanecer nessa condição. Desenvolvem-se setores exportadores baseados no livre-comércio, que dão emprego a um grande número de pessoas, e a ameaça de que esses setores entrem em colapso caso o país não cumpra os tratados administrados pela OMC se torna tão forte que a autodeterminação se torna para os países algo quase impensável. Trata-se de uma modalidade da "Camisa-de-Força de Ouro" de Friedman. Aos olhos da OMC, trata-se de uma coisa boa, dado que impõe uma "boa disciplina" para os governos, desestimula políticas "desaconselháveis" e dá impulso aos negócios[25]. Mas nem sempre o que é bom para os negócios é bom para todos. Uma política que a

▼

25. Ver www.wto.org/english/thewto_e/whatis_e/10ben_e/10b10_e.htm.

OMC considera "desaconselhável" pode ter méritos que não são computados pelo cálculo de valores da organização.

Embora seja verdade que os países têm liberdade – pagando um determinado preço – para ficar fora da OMC ou para sair dela, os países-membros podem ter sua soberania bastante restringida – algo que nada tem de trivial. A história recente da disponibilidade de drogas para o tratamento da Aids na África mostra o quanto é importante que esses problemas sejam devidamente resolvidos. Só na África do Sul, no final de 2001, mais de 4 milhões de pessoas – ou 20 por cento da população adulta – estavam infectadas com o HIV, o vírus causador da Aids. Nos países ricos, essa doença já não é uma sentença de morte, pois há medicamentos que suprimem a infecção com eficácia e, pelo que sabemos, indefinidamente. Mas esses medicamentos custam cerca de 10 mil dólares por pessoa por ano, o que está bem fora do alcance de quase todos os africanos infectados. Nessa situação desesperadora, o governo sul-africano aventou a hipótese de licenciar a produção de medicamentos no país, procedimento conhecido como "licenciamento compulsório", um meio reconhecido de lidar com uma emergência de saúde pública. Os medicamentos produzidos no local teriam um custo de produção de cerca de 350 dólares anuais. Mesmo essa soma já é demasiada para muitos africanos que vivem em países cujo gasto anual *per capita* em cuidados de saúde gira em torno de 10 dólares. Mas 350 dólares por ano é uma quantia realista para alguns, especialmente para os sul-africanos.

Quando o governo da África do Sul começou a considerar a possibilidade de licenciar a fabricação local de medicamentos, os Estados Unidos responderam com a ameaça de sanções comerciais para defender os direitos de propriedade intelectual das indústrias farmacêuticas. Com a pressão de ativistas da Aids, a administração Clinton retirou essa ameaça. Os principais laboratórios farmacêuticos do mundo foram então aos tribunais para evitar que a África do Sul oferecesse um tratamento salvador ao seu povo a um preço que este pudesse suportar. Em abril de 2001, a indignação pública levou os laboratórios a abandonar a causa e a entrar em acordo para oferecer seus produtos aos países africanos de graça ou a preços muito reduzidos. Em outubro do mesmo ano, em meio ao pânico do bioterrorismo que se seguiu à descoberta de antraz em cartas endereçadas a norte-americanos importantes, o governo canadense anunciou o licenciamento compulsório da produção do Cipro, o antibiótico mais eficiente contra o antraz. Alguns políticos norte-americanos conclamaram o governo a seguir o exemplo do Canadá, mas o ministro da Saúde norte-americano preferiu convencer a Bayer – a empresa farmacêutica que detém a patente do Cipro – a aceitar uma grande redução nos preços. O ministro deixou claro que, caso não o fizessem, os Estados Unidos comprariam uma versão genérica mais barata. Porém, como o governo norte-americano ainda tentava restringir as maneiras pelas quais os países africanos poderiam obter medicamentos genéricos anti-Aids, ninguém se surpreendeu quando a pressão sobre a Bayer levou à imediata acusação de que a Administração usava um critério para proteger os cidadãos norte-americanos – dos quais só um número exíguo havia sido infectado pelo antraz – e outro para os países africanos, em que havia cerca de 25 milhões de pessoas infectadas com o vírus da Aids[26].

▼

26. Ver, por exemplo, o editorial do *New York Times* "The Urgency of Cheaper Drugs", 31 de outubro de 2001, p. A14; e Nicolo Itano, "Double Standards", *Christian Science Monitor*, 9 de novembro de 2001.

Embora a eclosão do antraz tenha sido uma tragédia para os poucos infelizes por ele vitimados, o momento em que ocorreu não poderia ter sido melhor para os milhões de pessoas que precisavam de medicamentos mais baratos, pois se deu pouco antes da Conferência Ministerial da OMC, realizada em novembro de 2001 na cidade de Doha. Os países desenvolvidos, embaraçados pela acusação de adotar dois pesos e duas medidas, concordaram com uma declaração segundo a qual o Acordo sobre os Aspectos Comerciais dos Direitos de Propriedade Intelectual (conhecido como Acordo Trips), "não impede nem deve impedir que os Membros tomem medidas para proteger a saúde pública". A declaração acrescentava que todo Membro "tem o direito de determinar o que constitui uma emergência nacional ou outras circunstâncias de extrema urgência", mencionando especificamente "o HIV/Aids, a tuberculose, a malária e outras epidemias" como exemplos de tal situação, na qual é admissível o licenciamento compulsório dos medicamentos necessários[27].

Apesar dessa evolução tão estimulante, o problema em si mostra até que ponto os acordos comerciais podem interferir indevidamente nas mais importantes decisões que um governo pode ter de tomar. É claro que a África do Sul, na qualidade de nação livre e soberana, não estava obrigada a aceitar o acordo Trips original. Mas a recusa de aceitá-lo poderia implicar substanciais custos econômicos. Se os países, ao entrarem na OMC, podem perder uma parcela significativa da sobera-

▼

27. World Trade Organization, "Declaration on the TRIPS Agreement and Public Health", 14 de novembro de 2001, WT/MIN(01)/DEC/2, parágrafos 4, 5, disponível em: www-chil.wto-ministerial.org/english/thewto_e/minist_e/min01_e/mindecl_trips_e.htm.

nia nacional em áreas importantes, e se eles se acham sob constante pressão para permanecer na OMC, a idéia de que esta última não ameaça a soberania nacional é simplista.

A conclusão de que um país que sofre pressão para continuar na OMC teve reduzida a sua soberania nacional não justifica, por si mesma, uma condenação da OMC. A perda da soberania nacional pode ser um preço que valha a pena pagar pelos benefícios que a OMC traz. A opção que se impõe é aceitar ou não o acordo, e é de se presumir que os governos que o aceitam julgam melhor fazê-lo para esta geração e as gerações futuras. Antes de criticar a OMC por reduzir a soberania nacional, temos pois de perguntar: há alguma alternativa para que os países e seus cidadãos possam obter esses benefícios?

Tradicionalmente, a esquerda, que hoje se opõe à OMC, era internacionalista, enquanto os conservadores eram nacionalistas, opondo-se a quaisquer restrições à soberania dos Estados. É pelo fato de a OMC dar a primazia ao livre-comércio em detrimento tanto dos valores ambientais quanto da soberania nacional que a oposição a ela reúne aliados tão estranhos, da esquerda e da direita. Essa aliança acabaria se a OMC fosse reformada de modo que a habilitasse a proteger os direitos dos trabalhadores e do meio ambiente, pois isso lhe daria mais poderes de governo global, e não menos. Assim, ela satisfaria alguns críticos da esquerda, mas agitaria mais os nacionalistas da direita. Os críticos da OMC alinhados com a esquerda apóiam a supremacia nacional e defendem o direito dos países de criar leis de proteção do meio ambiente, pois acreditam que os legisladores são pelo menos responsáveis perante o povo. As empresas globais não o são, e a OMC, ao ver da esquerda, contribui para que as grandes empresas globais façam o que bem entenderem. Isso dá a entender que a OMC poderia responder às críticas da esquerda – se não às da direita – alegando que oferece a possibilidade de um controle democrático das grandes empresas globais. Então, tal como na filosofia dos teóricos do contrato social, como Rousseau, as pessoas que formam uma comunidade política renunciam a parte de sua liberdade individual para ter voz no governo da comunidade como um todo, assim também as nações que entrassem na OMC renunciariam a uma parcela de sua soberania nacional a fim de ter voz no governo da economia global. O que nos leva à terceira acusação contra a OMC.

A TERCEIRA ACUSAÇÃO: A OMC É ANTIDEMOCRÁTICA

O caráter antidemocrático da OMC é outra das *10 idéias errôneas comuns sobre a OMC* que a organização gostaria de corrigir. A réplica da publicação da OMC afirma:

> As decisões da OMC são tomadas de modo geral por consenso. Em princípio, isso é ainda mais democrático do que as decisões por voto majoritário, uma vez que todos têm de concordar.

Eis uma estranha concepção de democracia! As decisões por consenso também podem ser denominadas decisões por veto – basta a oposição de um único membro para impedir que uma maioria esmagadora promova alterações. Como os grupos "verdes" costumam ser favoráveis às decisões por consenso, se a OMC de fato oferecesse um foro em que cada país-membro, ao recusar seu consentimento, tivesse as mesmas oportunidades de influenciar uma decisão, teríamos uma eficaz réplica *ad hominem* às alegações dos "verdes" sobre o caráter antidemocrático da OMC. Mas é falsa a idéia de que a concessão do direito de veto a todos é "ainda mais democrática" do que as decisões por voto majoritário, e dado que pelo menos uma das partes sempre tende a favorecer aquilo com que está acostumada ou a beneficiar-se do modo costumeiro de fazer as coisas, esse procedimento decisório tende a ajudar a preservar a situação atual.

Há outro problema no processo de decisões da OMC. Os países em desenvolvimento constituem a maioria dos membros da organização, mas *10 idéias errôneas comuns sobre a OMC* admite: "Seria errôneo pensar que todos os países têm o mesmo poder de barganha." Com toda a certeza. Na prática, a pauta é estabelecida em reuniões informais das principais potências comerciais, especialmente, até agora, os Estados Unidos, a União Européia, o Japão e o Canadá. No tratamento das grandes questões, uma vez que essas potências tenham chegado a um acordo, apresentam-se os resultados à reunião formal, mas a essa altura o acordo já é um *fait accompli*[28]. Além disso, os países mais pobres em geral não têm recursos para participar plenamente das inúmeras reuniões da OMC. Alguns nem sequer podem manter um escritório em Genebra, uma das cidades mais caras do mundo, onde fica a sede da OMC. Outros têm uma missão em Genebra, mas seu pessoal tem de servir também nos diversos órgãos da Organização das Nações Unidas ali sediados. Isso para não falar que, embora seja verdade que as decisões da OMC sejam tomadas de modo geral por consenso, é óbvio que as decisões de resolução de disputas não podem sê-lo.

A publicação da OMC também alega, em defesa da natureza democrática da organização, que as regras comerciais ali

▼

28. Khor, "How the South Is Getting a Raw Deal at the WTO". In Anderson, *Views from the South*, p. 14; Walden Bello, "Building an Iron Cage: The Bretton Woods Institutions, the WTO and the South". In Anderson, *Views from the South*, pp. 85- 86.

seguidas foram negociadas por governos-membros e aprovadas pelos parlamentos destes. Por que então as regras da OMC seriam menos democráticas do que quaisquer outras decisões desses governos?

É verdade que as regras comerciais da OMC foram negociadas pelos governos-membros e aprovadas nos parlamentos destes, mas as interpretações dessas regras adotadas pelos painéis de resolução de disputas e pelo Órgão de Apelação não foram ratificadas pelos mesmos parlamentos. Embora se possa dizer que os governos-membros conheciam a distinção entre produto e processo quando concordaram, durante a Rodada Uruguai, em instituir a OMC, esses governos tinham motivos para crer que o artigo XX garantia que o acordo em que estavam entrando não os impediria de agir de boa-fé para proteger "a moralidade pública" e "a vida ou a saúde de seres humanos, animais ou plantas" ou garantir "a conservação de recursos naturais esgotáveis". Mais tarde, o Órgão de Apelação da OMC interpretou o artigo XX de um modo que ninguém poderia ter previsto, esvaziando-o virtualmente de todo o seu conteúdo substantivo. Se, numa democracia, um tribunal interpretasse uma lei de maneira semelhante, o legislativo poderia revisar a lei para fazer valer a intenção desta. No caso da OMC, no entanto, como as decisões são tomadas por consenso, basta o apoio de uma única nação-membro à interpretação que faz do artigo XX o Órgão de Apelação para bloquear os esforços de outros membros no sentido de alterá-la.

Mesmo que as decisões da OMC fossem tomadas pela maioria dos Estados-membros, o procedimento ainda não seria democrático. Ele daria ao governo democrático da Índia, que representa 1 bilhão de pessoas, o mesmo número de votos – um – dado ao governo democrático da Islândia, que representa 275 mil pessoas. A influência dos dois países é diferente sob diversos aspectos, mas não há um mecanismo formal que reconheça a diferença de tamanho de população. Na ausência de meios de conceder peso ao tamanho da população, a OMC não pode ser uma instituição verdadeiramente democrática.

A QUARTA ACUSAÇÃO: TOMAR DOS POBRES PARA DAR AOS RICOS

Rejeitando a acusação de que a OMC é um Robin Hood às avessas, o presidente George W. Bush fez eco ao pensamento da maioria dos defensores do livre-comércio global ao dizer, num discurso no Banco Mundial: "Quem protesta contra o livre-comércio não é amigo dos pobres. Quem protesta contra o livre-comércio procura negar-lhes sua melhor esperança de escapar à pobreza."[29] Quanta verdade há na alegação de que o livre-comércio, tal como é promovido pela OMC, tem ajudado as pessoas mais pobres do mundo?

Embora todos os críticos da OMC concordem em que o organismo comercial tem ajudado mais as grandes empresas globais do que os pobres, não é fácil distinguir os fatos e, em certos aspectos da questão, os principais opositores da OMC não têm uma posição unificada. Num mesmo eixo publicado pelo Fórum Internacional sobre a Globalização, Walden Bello e Vandana Shiva, respectivamente da Tailândia e da Índia, dizem que os países ricos não oferecem aos pobres as mesmas condições de participação, de modo que o livre-comércio não beneficia o Sul; ao mesmo tempo, Anuradha Mittal, do grupo

▼

29. Frank Bruni e David Sanger, "Bush Urges Shift to Direct Grants for Poor Nations", *New York Times*, 18 de julho de 2001, p. A1.

norte-americano Food First, tenta despertar a oposição dos norte-americanos ao livre-comércio mostrando que as relações comerciais livres entre os Estados Unidos, o México e o Canadá levaram centenas de milhares de empregos norte-americanos para o México e o Canadá[30]. Como o México é um país bem mais pobre do que os Estados Unidos, é de esperar que toda transferência de empregos destes para aquele venha a aumentar a renda de pessoas que, na média, estão em situação bem pior do que os trabalhadores norte-americanos que perdem o emprego. Quem favorece a redução da pobreza no mundo inteiro, e não apenas em seu próprio país, deveria ver isso como uma coisa boa.

Outra questão conexa é saber se o livre-comércio torna os bens mais baratos, e se isso é bom para os pobres. Vandana Shiva, uma das mais conhecidas adversárias da OMC, vinda de um dos países menos desenvolvidos, escreve que a liberalização do comércio na Índia se traduziu no aumento das exportações de alimentos, com o que "os preços dos alimentos duplicaram e os pobres tiveram de reduzir o consumo pela metade". Quem conheceu a pobreza na Índia *antes* da liberalização do comércio tem dificuldades para crer que os pobres da Índia tenham sobrevivido a um corte pela metade do consumo de alimentos, o que faz com que essas alegações possam ser recebidas com ceticismo. E esse ceticismo só aumenta quando se lê, bem na página seguinte, que os agricultores indianos perderam mercado e que moinhos tiveram de ser fechados porque "importações baratas e subsidiadas de soja

▼

30. Anuradha Mittal, "The South in the North". In Anderson, *Views from the South*, pp. 168-9; cf. os ensaios antes citados de Walden Bello e Vandana Shiva, no mesmo volume.

inundam o mercado indiano... o que piora a situação da balança comercial do país"[31]. Se o fim das barreiras ao comércio acarretou a redução do preço da soja, é estranho que tenha causado igualmente a duplicação do preço global dos alimentos. Além disso, as grandes quantidades de alimentos que Shiva alega que são exportadas por causa da liberalização do comércio deveriam ter favorecido a balança comercial do país. Talvez haja uma explicação para alegações aparentemente conflitantes como essas, mas, se há, Shiva não a dá.

Para tentar avaliar o impacto das recentes reformas comerciais, é útil distinguir duas perguntas:

- A *desigualdade* aumentou durante o período de liberalização econômica global?
- A situação dos pobres piorou?

Essas perguntas são diferentes porque seria possível que a situação dos pobres melhorasse em termos absolutos – eles poderiam passar a comer melhor, consumir uma água mais saudável, ter mais acesso à educação e à assistência médica, e assim por diante – e a situação dos ricos melhorasse ainda mais, de modo que a diferença absoluta em dólares, tanto de renda como de riqueza, entre os ricos e os pobres ficasse ainda maior do que na época em que os pobres estavam em pior situação. (Daqui para a frente, salvo indicação em contrário, vou usar os termos "ricos" e "pobres" para me referir a pessoas com renda alta e baixa, respectivamente, e não às que possuem um número maior ou menor de ativos. Claro que quem

▼

31. Vandana Shiva, "War Against Nature and the People of the South". In Anderson, *Views from the South*, pp. 98-9.

tem renda alta costuma possuir muitos ativos, e vice-versa. Mas a correlação não é perfeita.) Também é preciso, é claro, perguntar se as mudanças observáveis resultam da globalização econômica ou simplesmente coincidiram com ela.

Podemos começar por descrever o atual estado de pobreza no mundo. Um número que se costuma citar, tirado de relatórios sobre o desenvolvimento elaborados pelo Banco Mundial e pela Organização das Nações Unidas, é o seguinte: de uma população global de mais de 6 bilhões de pessoas, cerca de um quinto, ou 1,2 bilhão, vivem com menos de 1 dólar por dia, e pouco menos da metade, ou 2,8 bilhões, vivem com menos de 2 dólares por dia. Por estranho que pareça, esses números, citados sem maiores explicações, podem ser enganosos – podem dar a impressão de que as pessoas mais pobres do mundo não são tão pobres quanto são de fato. Porque podemos pensar: o poder de compra de 1 dólar norte-americano na Etiópia, por exemplo, é muito maior do que o do mesmo dólar em Nova York. Assim, talvez essas pessoas, embora pobres, não estejam tão desesperadamente pobres quanto poderíamos imaginar. Na verdade, os números já levam em conta a diferença de poder de compra. A linha de pobreza internacional do Banco Mundial – abaixo da qual está esse 1,2 bilhão de pessoas – é definida como "$1.08 1993 PPC US$" por dia, e "PPC" [PPP] significa "paridade de poder de compra". Assim, o poder de compra da renda diária de alguém que está na linha de pobreza internacional do Banco Mundial equivale ao que uma pessoa poderia comprar nos Estados Unidos em 1993 por 1,08 dólar. Evidentemente, houve alguma inflação nos Estados Unidos de 1993 para cá, se fôssemos exprimir esse valor em função do que se pode comprar nos Estados Unidos em 2000, ele passaria a 1,28 dólar. Se quisermos conhecer a renda real de quem está na linha de pobreza em um dos países mais pobres do mundo – a quanto chegaria seus ganhos anuais se estes fossem convertidos em dólares americanos às taxas de câmbio vigentes –, teremos de dividir esse valor por 4 a fim de levar em conta o maior poder de compra de 1 dólar americano em comparação com as taxas de câmbio do mercado. Chegamos com isso a uma renda real de cerca de 32 centavos de dólar por dia. E esse número, lembremo-nos, é a própria linha de pobreza, ou seja, a extremidade *superior* da renda de um quinto da população mundial. A renda *média* desse 1,2 bilhão de pessoas é cerca de 30 por cento menos, ou seja, por volta de 23 centavos de dólar norte-americano (pelas taxas de câmbio do mercado), ou um poder de compra equivalente a 92 centavos de dólar norte-americano por dia no ano 2000[32].

Não surpreende que, desse 1,2 bilhão de pessoas, cerca de 826 milhões careçam de nutrição adequada, 850 milhões sejam analfabetos e quase todos praticamente não tenham acesso a serviços de saneamento público. Nos países ricos, o ín-

▼

32. World Bank, *World Development Report 2000/2001*, Oxford University Press, Nova York, 2001, pp. 17, 23, 274-275, disponível em: worldbank.org/poverty/wdrpoverty/report/index.htm. O ajuste do custo de vida entre 1993 e 2000 vem de http://stats.bls.gov/cpihome.htm. Esses e vários outros números dessa seção se acham citados em Thomas Pogge, "Global Poverty Explanation and Responsibilities", artigo apresentado no 5th Annual Charles T. and Louise H. Travers Conference on Ethics and Government Accountability [Conferência sobre ética e responsabilidade governamental], realizada na University of California, Berkeley, em abril de 2001. Também vem do artigo de Pogge a estimativa de que a renda média dos 20 por cento mais pobres da população está 30 por cento abaixo da linha de pobreza. Ele chega a esse número a partir de dados fornecidos por Shaohua Chen e Martin Ravallion, *How Did the World's Poorest Fare in the 1990's?*, Working Paper, agosto de 2000, tabelas 2 e 4 (dividindo o índice do hiato entre a linha da pobreza e a renda individual pelo índice de incidência da pobreza). O artigo de Chen e Ravallion está disponível em: http://econ.worldbank.org/docs/1164.pdf.

dice de mortalidade antes dos cinco anos é de menos de uma criança em 100; nos países mais pobres, é de uma em 5. Isso equivale à morte diária de 30 mil criancinhas devido a causas evitáveis. A expectativa de vida nos países ricos alcança a média de 77 anos, ao passo que na África Subsaárica é de 48[33].

Trata-se da pobreza absoluta, que foi descrita como uma "condição de vida caracterizada de modo tão intenso pela subnutrição, pelo analfabetismo, pela doença, pelas más condições de moradia, pela alta taxa de mortalidade infantil e pela baixa expectativa de vida que se situa abaixo de toda definição razoável de decência humana"[34]. Por outro lado, a renda *per capita* média das nações mais abastadas do mundo (onde estão menos de 15 por cento da população mundial) é de 27.500 dólares. Esses 15 por cento da população dividem entre si quase 80 por cento da riqueza produzida no mundo, ao passo que os ativos dos 46 por cento mais pobres da população global equivalem a apenas 1,25 por cento da riqueza do mundo[35]. O *Relatório sobre o desenvolvimento humano* de 1999 forneceu um símbolo, freqüentemente citado, da radical desigualdade na distribuição da riqueza mundial, ao observar que os ativos dos três indiví-

▼

33. United Nations Development Programme (UNDP), *Human Development Report 2000*, Oxford University Press, Nova York, 2000, p. 30; *Human Development Report 2001*, Oxford University Press, Nova York, 2001, pp. 9-12, p. 22; e World Bank, *World Development Report 2000/2001*, Overview, p. 3; ver www.worldbank.org/poverty/wdrpoverty/report/overview.pdf para os outros números. Os *Human Development Reports* [Relatórios sobre o Desenvolvimento Humano] estão disponíveis em: www.undp.org/hdro/highlights/past.htm.
34. Robert McNamara. In: World Bank, *World Development Report 1978*, World Bank, Nova York, 1978, p. iii.
35. World Bank, *World Development Report 2002*, Oxford University Press, Nova York, 2001, disponível em: econ.worldbank.org/wdr/structured_doc.php?pr=2391&doc_id=2394, p. 233. Ver também World Bank, *World Development Report 2000/2001*, Nova York, Oxford University Press, Nova York, 2001, p. 275.

duos mais ricos do mundo eram superiores à soma do Produto Nacional Bruto de todos os países menos desenvolvidos, com uma população que alcança 600 milhões de pessoas[36].

Costuma-se dizer que a desigualdade entre os países mais ricos e mais pobres do mundo aumentou enquanto aumentava também o comércio mundial. Mesmo um estudo de 1999 publicado pela OMC aceita essa idéia, ao afirmar pura e simplesmente: "É um fato empírico que a diferença de renda entre países pobres e ricos aumentou nas décadas recentes."[37] Segundo o tão citado *Relatório sobre o desenvolvimento humano* de 1999, em 1820 os 20 por cento da população mundial que viviam nos países mais ricos do mundo receberam coletivamente 3 vezes a renda combinada dos 20 por cento da população mundial que viviam nos países mais pobres. Um século depois, essa proporção passou para 11:1. Por volta de 1960, estava em 30:1; em 1990, em 60:1; tendo chegado em 1997 a 74:1[38]. Esses números indicam não só um hiato cada vez maior entre os países ricos e pobres, mas também que esse hiato aumenta cada vez mais rápido; entre 1820 e 1960, aumentou a uma taxa anual de 1,66 por cento, mas entre 1990 e 1997 teve um crescimento anual de 3 por cento.

Os números do *Relatório sobre o desenvolvimento humano* de 1999 devem ser tratados, no entanto, com cautela, dado

▼

36. UNDP, *Human Development Report 1999*, Oxford University Press, Nova York, 1999, p. 3, 36.
37. Dan Ben-David, Hakan Nordström e Alan Winters, *Trade, Income Disparity and Poverty*, World Trade Organization, 1999, p. 3, disponível em: www.wto.org/english/news_e/pres00_e/pov1_e.pdf, citado por Chantal Thomas, "Global Economic Justice, Human Rights and the International Trade Order", artigo apresentado à Global Justice Conference, Center for Law and Philosophy, Columbia Law School, Nova Nova York, 31 de março de 2001.
38. UNDP, *Human Development Report 1999*, p. 3.

que se baseiam na comparação entre rendas de acordo com as taxas de câmbio do mercado. Como vimos, uma dada unidade monetária pode comprar 4 vezes mais num país pobre do que num rico se for convertida de acordo com as taxas de câmbio do mercado. Arne Melchior, Kjetil Telle e Henrik Wiig investigaram os efeitos da globalização sobre a desigualdade para o ministério norueguês de relações exteriores e mediram as rendas pelo poder de compra; descobriram que, entre os anos 1960 e 1997, houve um decréscimo contínuo na diferença entre a renda média dos países mais ricos que contêm um terço da população mundial e a renda média dos países mais pobres que contêm um terço da população mundial. Houve também uma redução pequena mas constante na diferença entre a renda média dos países mais ricos que contêm um quinto da população mundial e a renda média dos países mais pobres que contêm um quinto da população mundial. Por outro lado, houve um aumento no hiato entre a renda média dos países mais ricos que contêm um décimo da população mundial e a renda média dos países mais pobres que contêm um décimo da população mundial. A razão para a diferença entre os diversos conjuntos de comparações é que, nas últimas três décadas, os países em desenvolvimento de maior índice de crescimento não figuraram entre os muito pobres. A renda média na China aumentou com rapidez, o que explica em boa parte a redução da desigualdade entre os terços superior e inferior. O *Relatório sobre o desenvolvimento humano* de 2001 reconheceu que os pesquisadores noruegueses tinham acertado o cálculo, tendo aceito a necessidade de basear as comparações internacionais de padrões de vida na paridade do poder de compra e relatando que, nessa base, a relação entre a renda média dos países mais ricos que contêm um quinto da população mundial e a renda média dos países mais pobres que contêm um quinto da população mundial caiu entre 1970 e 1997, passando de 15:1 para 13:1, ainda que no caso dos 10 por cento mais ricos e dos 10 por cento mais pobres, a proporção tenha passado de 19:1 para 27:1[39].

Mas mesmo esses números apresentam problemas. Como indica a incômoda linguagem do parágrafo anterior, eles comparam a renda média de países ricos com a renda média de países pobres. Não se trata de uma comparação entre pessoas: o terço, o quinto e o décimo mais ricos do mundo e o terço, o quinto e o décimo mais pobres. Há, obviamente, algumas pessoas mais pobres nos países ricos, bem como algumas pessoas muito ricas em nações pobres, e, nas comparações entre médias nacionais, essas diferenças dentro dos Estados podem mascarar as verdadeiras diferenças entre as pessoas mais ricas e as pessoas mais pobres do mundo. Idealmente, deveríamos examinar antes a renda familiar individual do que as médias nacionais. Branko Milanovic, pesquisador do Banco Mundial, tentou fazê-lo, mas a obtenção desses dados é bem mais difícil. Ele comparou as rendas familiares individuais de dois anos, 1988 e 1993, e descobriu um aumento agudo da desigualdade entre a renda do quinto mais rico e do quinto mais pobre da população mundial no decurso desses cinco anos[40]. A principal razão

▼

39. A. Melchior, K. Telle e H. Wiig, "Globalisation and Inequality: World Income Distribution and Living Standards, 1960-1998", Royal Norwegian Ministry of Foreign Affairs, Studies on Foreign Policy Issues, Report 6B, outubro de 2000, disponível em: http://odin.dep.no/archive/udvedlegg/01/01/rev_016.pdf, pp. 12, 15-7; UNDP, *Human Development Report* 2001, p. 20. Devo essa referência a Chantal Thomas, "Global Economic Justice, Human Rights and the International Trade Order".
40. Branko Milanovic, "True World Income Distribution, 1988 and 1993: First Calculations Based on Household Surveys Alone", *The Economic Journal*, 112:1, 2002, pp. 51-92. Para uma discussão, ver Melchior, Telle e Wiig, "Globalisation and Inequality", p. 18.

da diferença entre seus resultados e os de Melchior, Telle e Wiig é que a renda nas áreas urbanas de países como a China e a Índia aumentou bem mais rapidamente do que a renda de áreas rurais. O uso da renda média nacional comprime essas diferenças entre o urbano e o rural num único número. Por outro lado, uma comparação que só abranja dois pontos no tempo não basta para estabelecer uma tendência clara.

Em suma, embora tenhamos dados muito bons sobre a renda média *per capita* nacional, esses dados – em que se basearam Melchior, Telle e Wiig – não podem nos dar a resposta à pergunta certa: a desigualdade da renda global aumentou? Milanovic, por outro lado, faz a pergunta certa, mas não tem dados suficientes para lhe dar uma resposta. Em suas próprias palavras, com base na pesquisa que fez até agora:

> É impossível avaliar se a desigualdade está de fato aumentando ou se vemos somente um pico temporário, ou mesmo se a mudança nos coeficientes é estatisticamente significativa – levando em consideração os inúmeros e sérios problemas que os dados apresentam[41].

O que de fato importa? Suponhamos que as mudanças que Melchior, Telle e Wiig descobriram se apliquem não só às rendas médias nacionais, mas também às rendas individuais. Se nossa preocupação é com a desigualdade, ficaremos satisfeitos em saber que os terços superior e inferior – 67 por cento da população mundial – têm, na média, rendas mais iguais, se ao mesmo tempo os décimos superior e inferior, que chegam a 20 por cento da população mundial, se apartaram ainda mais? Pessoas diferentes podem ter diferentes intuições quanto a isso,

---

▼

41. Milanovic, comunicação pessoal, agosto de 2001.

mas, de um ponto de vista utilitarista amplo, essas questões aparentemente difíceis na verdade não significam nada de fundamental importância. A desigualdade não tem sentido em si própria; é importante porque nos diz algo sobre o bem-estar. Poderíamos nos perguntar se deveríamos nos preocupar em promover o bem-estar de todos os membros da sociedade ou se deveríamos dar alguma espécie de prioridade à promoção do bem-estar dos membros mais pobres – mas, seja qual for a nossa decisão, o ponto crucial é o bem-estar das pessoas, não o hiato que separa ricos e pobres. Às vezes, uma desigualdade maior gera um decréscimo do bem-estar geral. Há indícios de que a desigualdade obstrui o desenvolvimento econômico[42]. A desigualdade pode igualmente solapar a auto-estima dos membros das camadas mais baixas da sociedade, fazendo-os sentir-se pior do que se sentiriam caso vivessem com a mesma renda numa sociedade mais igualitária. Por vezes, no entanto, a desigualdade não pesa tanto. Para quem busca desesperadamente obter o bastante para comer e para abrigar e vestir os filhos, talvez a necessidade de não ficar para trás dos vizinhos importe menos do que importa para quem não tem dificuldade em atender às necessidades básicas. Para pessoas próximas do mínimo indispensável à sobrevivência, um pequeno aumento de renda pode gerar um grande aumento de bem-estar, mesmo que a renda do vizinho aumente bem mais. Logo, no que diz respeito à abertura do comércio mundial, o mais importante talvez seja descobrir se ela

▼

42. Alberto Alesina e Roberto Perotti, "The Political Economy of Growth: A Critical Survey of the Recent Literature", *The World Bank Economic Review*, vol. 8, 1994, nº 3, pp. 350-71; Roberto Perotti, "Growth, Income Distribution and Democracy: What the Data Say", *Journal of Economic Growth*, vol. 1, 1996, pp. 149-87. Devo essas referências a Branko Milanovic.

deixou os pobres numa situação pior do que estariam, não em comparação com os ricos, mas em termos absolutos.

Os pobres de fato pioraram durante a era da globalização? No tocante a isso, o *Relatório sobre o desenvolvimento humano* de 1997 foi positivo ao indicar que a pobreza caiu mais nos últimos 50 anos do que nos 500 anos anteriores[43]. Mas o *Relatório sobre o desenvolvimento humano* de 1999 apresentou um panorama bem mais sombrio, mostrando que, calculado *per capita*, o Produto Nacional Bruto dos países menos desenvolvidos do mundo sofreu um declínio superior a 10 por cento entre 1990 e 1997, passando de 277 para 245 dólares anuais. A maioria desses países está na África Subsaárica e, para essa região em geral, a pobreza parece ter aumentado em anos recentes: no mesmo período de 1990 a 1997, o PNB *per capita* caiu de uma média anual de 542 dólares para 518[44]. O *Relatório sobre o desenvolvimento humano* de 2001 combina o positivo com o negativo, equilibrando a queda de 1 por cento na renda média já baixa da região da África Subsaárica no período de 1975 a 1999 com o aumento geral – quase duplicação – da renda média dos países em desenvolvimento no decorrer desse mesmo período. Melchior, Telle e Wiig apresentam um quadro semelhante, mostrando que a renda média dos países mais pobres que contêm um quinto da população do mundo, quando calculada pelo poder de compra, mais do que dobrou entre 1965 e 1968, passando de 551 a 1137 dólares; mas em 16 dos países mais pobres do mundo – 12 deles na África Subsaárica – a renda média *per capita* caiu. Dado o

▼

43. United Nations, Human Development Report 1997, p. 2; citado por Friedman, Lexus and the Olive Tree, p. 350.
44. UNDP, *Human Development Report 1999*, p. 154.

tamanho de sua população, a melhoria econômica da China desempenha um importante papel no incremento da renda média dos países em desenvolvimento[45].

A renda é apenas um dos indicadores de bem-estar, sendo útil considerar outros. A expectativa de vida é obviamente um indicador importante. Entre 1962 e 1997, a expectativa de vida global média, para as crianças que agora nascem, passou de 55 para 66,6 anos. Além disso, o maior aumento na expectativa de vida ocorreu nos países em desenvolvimento, de modo que houve também uma diminuição considerável na desigualdade de expectativa de vida entre nações. Em 1960, a expectativa de vida média nos países em desenvolvimento equivalia a apenas 60 por cento da dos países industrializados. Em 1993, era de 82 por cento[46]. (Mas deve-se observar que, tal como ocorre com a renda, esses números são médias nacionais, que mascaram diferenças dentro de cada país que representam maiores diferenças globais entre indivíduos.) A expectativa de vida aumentou bastante em todas as regiões no período que vai até 1987; mais tarde, aumentou com bem mais lentidão na África, onde a Aids a fez cair em alguns países, tendo sofrido queda igualmente na Europa Oriental, refletindo o impacto do aumento da pobreza que se seguiu ao fim do comunismo.

O alimento é a necessidade mais básica, razão por que a falta de acesso a ele é uma medida tosca, mas útil, do grau de pobreza. De acordo com a Organização das Nações Unidas para a Alimentação e a Agricultura (FAO), o número de pessoas subnutridas caiu de 960 milhões em 1969-1971 para 790

▼

45. Melchior, Telle e Wiig, "Globalisation and Inequality", pp. 16-7, 21.
46. UNDP, *Human Development Report 2001*, pp. 11-2.

milhões em 1995-1997. Essa redução pode parecer um progresso muito modesto para um quarto de século, mas, levando em conta o crescimento da população mundial no período, significa que a proporção de pessoas subnutridas decresceu de 37 para 18 por cento[47].

Todo ano, o Programa de Desenvolvimento da Organização das Nações Unidas faz um relatório do progresso de cada país segundo uma medida compósita chamada Índice de Desenvolvimento Humano, baseada numa combinação de indicadores de renda, de expectativa de vida e de educação. Os valores do Índice de Desenvolvimento Humano dos países em desenvolvimento, assim como dos países menos desenvolvidos, considerados em separado, aumentaram regularmente entre 1960 e 1993, dando a entender que as pessoas mais pobres do mundo melhoraram em geral no tocante à renda, à expectativa de vida e à quantidade de educação formal recebida[48].

Globalmente, o Banco Mundial estima que o número de pessoas que vivem abaixo da linha internacional de pobreza aumentou ligeiramente depois de 1987[49]. Mas será que o aumento em números absolutos deve ser tomado como sinal de que a pobreza está piorando? Ou deve-se tomar o decréscimo na proporção da população pobre como sinal de que as coisas estão melhorando? Ambas as idéias são plausíveis. A vida sob a linha de pobreza tem tamanha carência de necessidades básicas que é uma coisa má em si o fato de alguém ter de subsistir nessas condições. Todavia, se a vida humana, quando satis-

▼

47. Melchior, Telle e Wiig, "Globalisation and Inequality," p. 32, citando números da FAO relativos a 1999.
48. Melchior, Telle e Wiig, "Globalisation and Inequality," pp. 29-30, citando números do UNDP, *Human Development Report 1996*.
49. World Bank, *World Development Report 2000/2001*, p. 23.

feitos alguns requisitos mínimos, é uma coisa boa – e é preciso ser um pessimista empedernido para negar isso –, deveríamos ficar contentes com o fato de haver mais seres humanos vivendo acima da linha de pobreza, e a redução da fração de população forçada a viver abaixo dessa linha pode ser considerada uma coisa boa. Se prosseguíssemos no exame desses juízos de valor divergentes para decidir entre eles, mergulharíamos em profundas questões filosóficas e nos afastaríamos muito dos temas deste livro, bastando portanto apenas observar aqui que ambas as concepções têm argumentos em seu favor. Podemos então passar à nossa questão final: há um vínculo causal entre pobreza e globalização econômica?[50]

Teoricamente, como vimos, temos motivos para crer que o mercado aberto e o livre comércio deveriam aumentar o bem-estar econômico como um todo. Essa teoria encontra algum apoio num estudo da Organização para a Cooperação e o Desenvolvimento Econômico (OCDE) que mostra que, quando vão para países estrangeiros, as empresas pagam em geral um salário superior à média nacional[51]. Mas, enquanto houver um aumento da desigualdade, as informações sobre o salário médio não aliviam a preocupação com a pobreza. Vimos que o aumento ou não da desigualdade global na era de expansão do comércio mundial ainda é matéria de grandes controvérsias. Não temos os dados da renda familiar de que precisaríamos

▼

50. Sobre o problema de se avaliar se o número de pessoas pobres está aumentando ou diminuindo, ver Angus Deaton, "Counting the World's Poor: Problems and Possible Solutions", disponível em: www.wws.princeton.edu:80/rpds/worldpov3b.pdf. Melchior, Telle e Wiig, "Globalisation and Inequality", p. 22, concordam que os métodos que estão hoje à nossa disposição são inadequados para se chegar a uma conclusão sobre isso. Para uma discussão do complexo problema de se saber se a existência de mais gente é uma coisa boa, ver Derek Parfit, *Reasons and Persons*, Clarendon Press, Oxford, 1984, parte IV.
51. "Foreign Friends", *The Economist*, 8 de janeiro de 2000, pp. 71-2.

para dar uma resposta bem fundamentada. Como uma correlação não mostra um vínculo causal, ainda que tivéssemos todos os dados necessários, e mesmo que esses dados mostrassem a ascensão da desigualdade e da pobreza, continuaria a ser difícil julgar se a globalização econômica contribuiu para isso. Consideremos, para ilustrar a dificuldade do problema, as opiniões a seguir, de três grupos de especialistas.

Peter Lindert e Jeffrey Williamson estudaram a ligação entre desigualdade e globalização para a Agência Nacional de Pesquisas Econômicas [National Bureau of Economic Research] de Cambridge, Massachusetts. Eles figuram entre os que aceitam a idéia de que a maior integração da economia global nos últimos dois séculos foi acompanhada do aumento da desigualdade econômica entre as nações. Ao ver deles, contudo, não foi a globalização que provocou esse hiato entre rendas em ampliação. Pelo contrário, sem a globalização, o aumento da desigualdade teria sido ainda maior. Os dados deles indicam que, em países do Terceiro Mundo no período 1973-1992, o Produto Interno Bruto aumentou mais rápido em países intensamente abertos ao comércio, com menos rapidez em países moderadamente abertos ao comércio e chegou a cair em países hostis ao comércio. Eles resumem suas conclusões afirmando que "as rendas mundiais ainda serão desiguais sob a integração global completa, tal como o são em toda economia nacional integrada de porte. Mas serão menos desiguais numa economia mundial plenamente integrada do que numa plenamente segmentada"[52].

▼

52. Peter Lindert e Jeffrey Williamson, "Does Globalization Make the World More Unequal?", NBER Working Paper Series, Working Paper 8228, National Bureau of Economic Research, Cambridge, Mass., abril de 2001. Ver papers.nber.org/papers/w8228.

Os pesquisadores do Banco Mundial Mattias Lundberg e Lyn Squire usaram uma amostra de 38 países para avaliar o impacto da abertura ao comércio global sobre os ganhos econômicos de diferentes setores da população. Eles descobriram que, embora a globalização beneficie a maioria, seu ônus recai sobre os 40 por cento mais pobres da população, para os quais a abertura leva a uma queda do crescimento econômico. Eles concluem: "Pelo menos no curto prazo, a globalização parece aumentar a pobreza e a desigualdade."[53]

A equipe norueguesa formada por Melchior, Telle e Wiig sustenta, como vimos, que, quando medida de uma maneira específica, a desigualdade de renda se reduziu na era do comércio mundial mais aberto. Mas eles não crêem que os dados permitam concluir que a globalização reduz a desigualdade. É difícil separar o impacto das mudanças tecnológicas do da globalização, pois os dois processos ocorreram ao mesmo tempo – sendo na verdade inter-relacionados. Há algumas provas de que as mudanças tecnológicas aumentam a desigualdade entre trabalhadores altamente especializados, que podem usar novas tecnologias, e trabalhadores não-especializados, cuja mão-de-obra pode se tornar redundante devido às novas tecnologias. As mudanças políticas também são importantes. Há uma ligação clara entre o colapso do comunismo e o declínio da renda média e mesmo da expectativa de vida em boa parte da Europa Oriental na década de 1990; e em alguns países da África Subsaárica a falta de um governo estável e eficaz pode tornar o progresso impossível[54]. (A desastrosa situação

▼

53. Mattias Lundberg e Lyn Squire, "The Simultaneous Evolution of Growth and Inequality", pp. 27, 31, disponível em: www.worldbank.org/research/growth/pdfiles/squire.pdf.
54. Melchior, Telle e Wiig, "Globalisation and Inequality", pp. 32-7.

do Congo, que em 2001 era provavelmente a nação mais pobre do mundo, decorreu em larga medida do prolongado conflito ali existente[55].)

Com tantas maneiras distintas de avaliar a desigualdade, e tantas conclusões diferentes, o que vai pensar o cidadão comum? Nenhum dado a que tive acesso me permite formar uma idéia clara acerca do efeito geral da globalização econômica sobre os pobres. O mais provável é que esta tenha ajudado alguns a escapar da pobreza e afundado outros ainda mais nela; mas se ajudou mais gente do que prejudicou, e se causou mais bem àqueles a quem ajudou do que trouxe a desgraça àqueles a quem prejudicou, são questões que, sem dados melhores, simplesmente não podemos responder.

JULGAMENTO

Acabamos de considerar as quatro acusações que se costumam fazer à OMC. Descobrimos que, em primeiro lugar, a OMC de fato põe – por meio do uso da regra produto/processo e de sua interpretação estreita do artigo XX – as considerações econômicas acima de preocupações com outros aspectos da vida, como a proteção ambiental e o bem-estar animal, questões essas que podem ser suscitadas pelo processo de manufatura dos produtos. Se os direitos humanos dos trabalhadores forem violados nesse processo, é de presumir que o procedimento seria o mesmo, caso alguém se queixasse. Em segundo lugar, embora a OMC não viole a soberania nacional

▼
55. BBC News, "Congo in Dire Trouble, Say Agencies", agosto de 2001, disponível em: news.bbc.co.uk/hi/english/world/africa/newsid_1477000/1477003.stm.

no sentido formal, suas operações reduzem na prática o escopo da soberania nacional. A defesa da OMC contra essa acusação, a de que os governos dos países-membros optaram voluntariamente por essa redução, é enfraquecida pela surpreendente interpretação que seu Órgão de Apelação deu ao artigo XX; mas mesmo que isso não tivesse acontecido, e mesmo que os países-membros tivessem compreendido plenamente como o tratado que assinavam iria funcionar, ainda é verdade que a participação na OMC é algo que reduz a soberania nacional na medida em que, na vida real, costuma ser difícil deixar a OMC, e é verdade que, como membros dela, os países sofrem uma corrosão da sua capacidade de tomar importantes decisões. Em terceiro lugar, a OMC é antidemocrática na teoria e na prática, primeiro porque um procedimento que requer o consentimento unânime para toda e qualquer mudança não é uma forma de democracia e depois porque os painéis de disputas e o Órgão de Apelação não são responsáveis nem diante da maioria dos membros nem diante da maioria da população adulta do planeta. Além disso, a organização é desproporcionadamente influenciada pelas principais potências comerciais. Mas no tocante à quarta acusação feita à OMC – talvez a mais grave de todas –, de que ela enriquece mais os ricos e empobrece mais os pobres, o veredicto tem de ser: não sabemos. Os dados disponíveis são insuficientes para condenar a globalização ou a OMC por essa acusação.

    Essa avaliação das acusações feitas à OMC se baseia nas ações da organização até a Conferência Ministerial de Doha, em 2001, a primeira na história da OMC desde os protestos em Seattle. As declarações assinadas na Conferência demonstram uma nova preocupação com os interesses dos países em desenvolvimento, inclusive os mais pobres do mundo, bem como uma disposição a levar em conta outros valores, mesmo que venham a impor restrições ao que até então tinha a primazia absoluta: o livre-comércio. Serão necessários vários anos para sabermos se essas declarações foram apenas boas peças de relações-públicas ou o sinal de uma mudança substancial no pensamento da OMC, que venha a alterar de fato a realidade de sua atuação.

É POSSÍVEL FAZER MELHOR?

No *Manifesto comunista*, Karl Marx descreveu a atuação da classe capitalista em termos que poderiam ser aplicados hoje à OMC:

> Reduziu a dignidade pessoal a um simples valor de troca; substituiu as numerosas liberdades decorrentes de inserções especiais, conquistadas com tanto esforço, pela única e implacável liberdade de comércio... Dissolvem-se todas as relações sociais antigas e cristalizadas, com seu cortejo de concepções e de idéias secularmente veneradas, e as relações que as substituem tornam-se antiquadas antes mesmo de ossificar-se. Tudo o que é sólido se desmancha no ar, tudo o que é sagrado é profanado.[56]

Os defensores da OMC rejeitariam palavras carregadas como "implacável", mas afora isso aceitariam essa expressão do que estão procurando instaurar. As decisões dos painéis de disputas da OMC deixam muito claro que o livre-comércio é uma meta de primordial importância. Esses defensores também concordariam que um livre mercado global vai dissolver

▼
56. Karl Marx, *Communist Manifesto*, Penguin, Harmondsworth, 1967, p. 82.

o "cortejo de concepções e de idéias secularmente veneradas", e veriam isso como uma coisa boa, uma vez que essas concepções e idéias restringem o uso da criatividade individual que traz benefícios tanto para o produtor inovador quanto para os consumidores capazes de aproveitar as vantagens disso.

Quer aceitemos a alegação de que a globalização econômica é uma coisa boa, quer a rejeitemos, ainda podemos nos perguntar se não haverá outras maneiras de fazê-la funcionar melhor, ou no mínimo com menos efeitos negativos. Mesmo quem aceita o argumento geral em favor dos benefícios econômicos de um livre mercado global deveria se perguntar sobre os benefícios da operação desse mercado na ausência de uma autoridade global que estabeleça padrões mínimos para questões como o trabalho infantil, a segurança do trabalhador, o direito à sindicalização, a proteção do meio ambiente e o bem-estar dos animais.

Segundo os modelos econômicos correntes, e dados vários pressupostos – como o de que as pessoas sempre agem de modo plenamente racional e com base em informações perfeitas –, pode-se esperar que o livre-comércio no âmbito de uma única nação bem governada crie um estado de coisas "eficiente no sentido de Pareto" – em outras palavras, um estado de coisas em que o bem-estar de qualquer pessoa só pode ser melhorado reduzindo-se o bem-estar de pelo menos uma outra pessoa. Isso porque a legislação do governo faz que os custos privados de produção incorporem os custos da mesma produção para a sociedade em geral. Uma empresa que polui um rio no qual joga resíduos tem de limpá-lo e indenizar as partes prejudicadas. Assim, os custos de se manter limpo o meio ambiente se tornam parte dos custos de produção – no jargão econômico, são "internalizados" –, e os produtores que tentam economizar dinheiro deixando de livrar o meio ambiente de seus resíduos não obtêm vantagens econômicas sobre seus concorrentes. Mas, quando consideramos o livre-comércio global na ausência de uma autoridade global que regule a poluição ou de uma lei civil que ofereça compensações às vítimas da poluição, a situação é diferente. Os governos nacionais podem não ter interesse em forçar os produtores a internalizar danos causados ao ambiente global, como, por exemplo, aos oceanos, à atmosfera ou a cardumes de cetáceos e peixes ou bandos de aves migratórias. Embora todos os países tenham em comum o ambiente global, o que vigora neste caso é a "tragédia dos [bens] comuns", e uma nação pode obter maiores benefícios permitindo que sua frota de pesca fisgue o máximo que puder do que restringindo a operação da frota para que frotas de outras nações possam fisgar mais. Assim, levando-se em conta somente a economia e na ausência de uma proteção ambiental global, não temos motivo algum para esperar que o livre-comércio seja eficiente no sentido de Pareto, quanto mais que maximize o bem-estar geral.

Mesmo abstraindo os bens que não pertencem a nenhum país em particular, e concentrando-nos na qualidade de vida dentro de cada país, como governos imperfeitos, é provável que a globalização irrestrita provoque a ineficiência econômica de certos setores. Se a elite dirigente não se importa com as classes trabalhadoras ou com os habitantes de uma região específica do território, pode ser que ela não leve em conta o custo com que arcam essas classes ou a região em decorrência da poluição do ar ou da água, ou, já que estamos no assunto, o custo de os trabalhadores serem forçados a trabalhar por muitas horas em troca de muito pouco. Nesse caso, países governados por essas elites podem vencer a competição com países que ofereçam aos trabalhadores algumas condições mínimas, de tal modo que, como diz Herman Daly, "uma parcela maior da produção mundial fique nas mãos dos países que se saem pior na tarefa de contabilizar custos – uma receita segura para reduzir a eficiência da produção global"[57]. O resultado é que o nexo entre o bem-estar humano e o crescimento da economia global – nexo que, mesmo na melhor das hipóteses, nunca é completo – se rompe ainda mais.

Significativamente, a desejabilidade de leis e regulamentos trabalhistas e ambientais que se apliquem ao mundo inteiro é um tema acerca do qual os críticos da OMC vindos dos países mais pobres divergem dos ativistas sindicais e ambientais dos países mais ricos. Teme-se que os países ricos usem padrões altos para manter fora de seu mercado bens vindos dos países pobres. Vandana Shiva alega que "sindicatos e empresas do Norte unem-se em torno de cláusulas sociais para, juntos, policiar e solapar os movimentos sociais no Sul"[58]. Não resta dúvida de que isso pode acontecer, mas qual a alternativa? Várias medidas poderiam ser tomadas para dar aos países em desenvolvimento mais tempo para se adaptar, mas no final, assim como no século XIX, as leis e os regulamentos nacionais acabaram por ser considerados essenciais para evitar a desumanidade do capitalismo do *laissez-faire* nos países industrializa-

▼

57. Herman E. Daly, "Globalization and Its Discontents", *Philosophy and Public Policy*, vol. 21, nº 2/3, 2001, p. 19.
58. Vandana Shiva, "Social Environment Clauses – A Political Diversion". In *Third World Economics*, nº 118, 1996, pp. 8-9, citado em Michelle Swenarchuk, "The International Confederation of Free Trade Unions Labour Clause Proposal: A Legal and Political Critique". In Stephen McBride e Jolin Wiseman (orgs.), *Globalization and Its Discontents*, St. Martin's Press, Nova York, 2000, p. 167.

dos, assim também o estabelecimento de padrões globais é a única maneira de evitar em escala global uma forma igualmente desumana de capitalismo descontrolado. A OMC aceita essa idéia, pelo menos em tese. Na Conferência Ministerial de Cingapura, em 1996, os ministros da OMC renovaram o compromisso anterior "com a observância de padrões trabalhistas essenciais internacionalmente reconhecidos", afirmando seu apoio à Organização Internacional do Trabalho como o órgão ao qual caberia fixar esses padrões. Em Doha, em 2001, os ministros reafirmaram essa declaração e destacaram "o esforço que vem sendo realizado na Organização Internacional do Trabalho (OIT) no tocante à dimensão social da globalização"[59]. Infelizmente, nada de concreto aconteceu nos cinco anos que separam as duas Declarações.

Até agora, a OMC tem sido dominada pelo pensamento econômico neoliberal. Em vista dos sinais de que a OMC se dispõe a rever essa abordagem, é possível imaginar uma OMC reformada em que o compromisso primordial com o livre-comércio seja substituído por um compromisso com metas mais fundamentais. A OMC poderia então se tornar um instrumento de busca de realização desses objetivos. Há até mesmo cláusulas no acordo do Gatt que poderiam constituir a base de uma ação afirmativa no comércio destinada a ajudar os países menos desenvolvidos. No artigo XXXVI (3), as partes contratantes concordam quanto à "necessidade de esforços positivos

▼

59. Quanto à declaração de Cingapura, ver World Trade Organization, Ministerial Declaration, 13 de dezembro de 1996, WT/MIN(96)/DEC, parágrafo 4, disponível em: www.wto.org/english/thewto_e/minist_e/min96_e/wtodec_e.htm. Quanto a Doha, ver World Trade Organization, Ministerial Declaration, 14 de novembro de 2001, WT/MIN(01)/DEC/1, parágrafo 8, disponível em: www-chil.wto-ministerial.org/english/thewto_e/minist_e/min01_e/mindecl_e/htm.

para se garantir que as partes contratantes menos desenvolvidas tenham uma parcela do incremento do comércio internacional proporcional às necessidades de seu desenvolvimento econômico"[60]. Pelo atual regime da OMC, essas cláusulas não passam de belas palavras sem nenhum impacto prático. Longe de fazer esforços positivos para ajudar as nações menos desenvolvidas, os países ricos, especialmente os Estados Unidos e a União Européia, nem sequer chegaram a reduzir numa proposta justa as suas próprias barreiras comerciais, nos setores que mais beneficiariam os países menos desenvolvidos. Como relatou a revista *The Economist* – que de modo geral é entusiasmada partidária da OMC –, "durante a Rodada Uruguaia, os países ricos cortaram menos suas tarifas do que os pobres. E desde então têm encontrado novas maneiras de fechar seus mercados"[61]. O *New York Times* afirmou que as várias medidas protecionistas dos países mais ricos "tornam ridículo o seu apoio retórico ao livre comércio"[62]. Os países ricos impõem aos bens manufaturados vindos de países pobres tarifas quatro vezes maiores do que as que impõem a importações vindas de

▼

60. O texto do acordo está disponível em: member.nifty.ne.jp/menu/wto/1947/l947e36.htm. Essa cláusula poderia fornecer a base jurídica para a proposta de Thomas Pogge em "A Global Resources Dividend". In David Crocker e Toby Linden, (orgs.), *Ethics of Consumption. The Good Life, Justice and Global Stewardship*, Rowman and Littlefield, Lanham, Maryland, 1997, de que se exija dos Estados que partilhem com as pessoas pobres do mundo uma pequena parcela do valor de todo recurso que usam ou vendem.
61. *Economist*, 25 de setembro de 1999, citando J. Michael Finger e Philip Schuler, "Implementation of Uruguay Round Commitments: The Development Challenge", *World Bank Research Working Paper 2215*, disponível em: econ.worldbank.org/docs/941.pdf. Devo essa referência a Thomas Pogge, "Global Poverty: Explanation and Responsibility".
62. Joseph Kahn, "U.S. Sees Trade Talks as a Test of Leadership", *New York Times*, 9 de novembro de 2001, p. C6.

outros países ricos[63]. A própria OMC assinalou que as nações ricas subsidiam seus produtores agrícolas à razão de 1 bilhão de dólares diários, ou mais de seis vezes o valor que dão aos países pobres como auxílio ao desenvolvimento[64].

Como já observamos, na conferência da OMC de novembro de 2001 houve indícios de que as críticas feitas à organização estão surtindo efeito. Se a OMC começar a levar a sério artigos do Gatt como o XXXVI (3), poderemos com o tempo vê-la como uma plataforma a partir da qual a política de *laissez-faire* no comércio global possa ser substituída por um sistema de regulação mais democrático que promova padrões mínimos de proteção ambiental, de segurança do trabalho, de direitos sindicais e de bem-estar animal. Mas, se a OMC não reagir favoravelmente a essas influências, seria melhor que seu poder de ação fosse restringido por um organismo disposto a aceitar o desafio de estabelecer padrões ambientais e sociais para o mundo inteiro e de descobrir maneiras de fazer que sejam cumpridos.

COMÉRCIO, LEGITIMIDADE E DEMOCRACIA

Tendemos a conceber o comércio como uma atividade politicamente neutra. Em suas relações comerciais com um dado país, os governos não julgam estar assumindo uma posição

▼

63. Thomas Hertel e Will Martin, "Would Developing Countries Gain From the Inclusion of Manufactures in the WTO Negotiations?", Working Paper 7, apresentado à conferência sobre a OMC e a Rodada do Milênio, Genebra, setembro de 1999, disponível em: http://ae761e.agecon.purdue.edu/gtap/resources/download/42.pdf.
64. World Trade Organization, "Background Paper: The WTO's 2-Year Strategy Comes to Fruition," janeiro de 2002, parágrafo 17, disponível em: www.wto.org/english/news_e/news_e.htm.

ética. Costumam comerciar com países cujo regime político desaprovam. Em casos extremos, essa neutralidade cai por terra. Muitas empresas e alguns governos reconheceram que a conservação de relações comerciais com a África do Sul na época do *apartheid* suscitava sérias questões morais. De modo geral, no entanto, os governos separam a questão de manter ou não relações comerciais com um país da de aprovar ou não o governo desse país. Os Estados Unidos atacaram a China em razão da política de direitos humanos desta ao mesmo tempo que expandiam seu comércio com ela. Não obstante, há ocasiões em que a conservação de relações comerciais com um dado país implica um juízo ético. Muitos acordos comerciais são firmados com governos. Isso tende a ocorrer, em particular, quando empresas transnacionais fazem acordos com governos de países em desenvolvimento para fins de exploração de petróleo e minerais, de exploração de madeira, de pesca ou de construção de imensos hotéis e desenvolvimento de complexos turísticos. A Nigéria, por exemplo, obtém mais de 6 bilhões de dólares anuais, ou cerca de um quarto de seu Produto Interno Bruto, da venda de petróleo. Quando negociam com governos como os que a Nigéria tem tido nos últimos 30 anos – ou seja, ditaduras militares –, empresas multinacionais como a Shell aceitam implicitamente o direito desses governos de vender os recursos existentes no interior de suas fronteiras. O que confere a um governo o direito moral de vender os recursos do país que dirige?[65]

▼

65. Quem me chamou a atenção para isso foi Thomas Pogge, a cuja sugestão devo a discussão deste assunto. Ver seu artigo "Achieving Democracy", *Ethics and International Affairs*, nº 15:1, 2001, pp. 3-23, bem como seu livro *World Poverty and Human Rights*, Blackwell, Cambridge, Massachusetts, 2002, capítulo 4.

O mesmo se pode perguntar acerca dos privilégios internacionais de empréstimo. Permite-se a ditadores corruptos que contraiam dívidas com países estrangeiros ou com órgãos internacionais de financiamento; se esses ditadores vêm a ser derrubados, o próximo governo é considerado obrigado pela assinatura de seu predecessor a honrar o compromisso de pagamento do empréstimo. Caso se recuse, vai ele se ver excluído das instituições financeiras internacionais e sofrer conseqüências adversas. Os emprestadores não perguntam se esse ou aquele ditador tem o direito de fazer empréstimos em nome de seu país. O controle efetivo do território é julgado suficiente para obviar as investigações sobre como essa pessoa veio a conseguir esse grau de controle.

Tanto a concepção moral tradicional como a assumida pela legislação internacional consideram que, uma vez que um governo seja reconhecido como legítimo, essa legitimidade confere-lhe automaticamente o direito de negociar os recursos do país. A plausibilidade dessa idéia se apóia na afirmação de que o governo que negocia é "legítimo". Esse termo parece exprimir um juízo ético acerca do direito do governo em questão de exercer o poder. Se assim fosse, a resposta à dúvida sobre a legitimidade da ação do governo seria: um governo que atenda a certos padrões éticos relativos à sua alegação de legitimidade tem o direito de negociar os recursos do país que governa. Mas na verdade não é isso que se costuma querer dizer quando se considera que um governo é "legítimo". A concepção-padrão vem sendo há muito tempo a de que o reconhecimento de um governo como legítimo não tem nenhuma relação com a maneira pela qual esse governo chegou ao poder nem, por falar nisso, com o modo como governa. "A Lei das Nações não prescreve regras acerca do tipo de chefe que um Estado pode ter", escreveu Lassa Oppenheim em seu influente texto de 1905 sobre o direito internacional, acrescentando que todo Estado é "naturalmente" livre para adotar qualquer constituição "que julgue adequada"[66]. O único critério consiste em saber se esse governo tem controle efetivo do território. Mais recentemente, Roth o formulou da seguinte maneira:

> Numa tal concepção, o sistema internacional considera a estrutura de governo uma fonte auto-suficiente de autoridade – ou então considera que sua autoridade deriva de sua capacidade característica de garantir a aquiescência de suas populações, quaisquer que sejam os meios... um governo é reconhecido simplesmente porque sua existência é um fato da vida.[67]

Os organismos internacionais, entre os quais a Organização das Nações Unidas e a Organização Mundial do Comércio, usam esse conceito de legitimidade para aceitar governos como representantes de nações-membros.

A predominância dessa concepção faz com que as alternativas pareçam pouco realistas. Mas ainda assim existe uma concepção alternativa dotada de sólidas credenciais éticas. Em novembro de 1792, na esteira da proclamação da República pela Convenção Nacional francesa, Thomas Jefferson, então secretário de Estado dos Estados Unidos, escreveu ao representante dos Estados Unidos na França: "É conforme aos nos-

▼
66. Lassa Oppenheim, *International Law*, vol. 1, Londres, Longmans, 1905, p. 403; citado por Gregory H. Fox, "The Right to Political Participation in International Law". In Cecelia Lynch e Michael Loriaux (orgs.), *Law and Moral Action in World Politics*, University of Minnesota Press, Mineápolis, 1999, p. 83.
67. Brad Roth, *Governmental Illegitimacy in International Law*, Clarendon Press, Oxford, 1999, pp. 162-3.

sos princípios o reconhecimento da legitimidade de todo governo formado pela vontade do povo, substantivamente declarada."[68] Ora, é verdade que não podemos supor, a partir dessa declaração, que Jefferson também pretendesse o inverso: que um governo que não pode mostrar que foi formado pela vontade declarada do povo não é legitimamente o governo da nação. Pode até ser que haja outros critérios para considerar legítimo um governo – quem sabe o fato de governar sem oposição por um longo período sem ter empregado medidas repressivas para suprimir as dissensões. O princípio jeffersoniano parece implicar de fato, no entanto, que alguns governos *não* seriam considerados legítimos – por exemplo, um governo que tivesse tomado o poder pela força das armas, derrubado dirigentes democraticamente eleitos e assassinado quem se pronunciou contra essa maneira de fazer as coisas.

A afirmação de que os seres humanos têm o direito fundamental de participar da escolha de seus governantes oferece uma razão para se negar a legitimidade de um governo incapaz de mostrar que representa a vontade do povo. Poderíamos chegar à mesma conclusão alegando, pela doutrina conseqüencialista, que é de esperar que os governos democráticos se preocupem mais com o povo a quem governam do que os governos que não prestam contas a um eleitorado a intervalos regulares. No direito internacional, essa concepção de legitimidade vem obtendo apoio nos últimos anos, embora ainda não se possa dizer que seja majoritária. Seus partidários podem indicar vários documentos internacionais que a apóiam, a começar pela Carta da Organização das Nações Unidas, "Nós,

▼

68. De Thomas Jefferson a Gouverneur Morris, novembro de 1792, *Works*, 4ª ed., vol. III, p. 489, citado in Roth, *Governmental Illegitimacy in International Law*, p. 321.

os povos". Os signatários da Carta aparentemente se consideravam representantes dos povos que governavam, assim como julgavam que derivavam disso sua autoridade. Vem em seguida a Declaração Universal dos Direitos Humanos, que diz, no artigo 21 (3):

> A vontade do povo é o fundamento da autoridade dos poderes públicos: e deve exprimir-se através de eleições honestas a realizar-se periodicamente por sufrágio universal e igual, com voto secreto ou segundo processo equivalente que salvaguarde a liberdade de voto.

A Declaração Universal dos Direitos Humanos não é um tratado dotado de força legal explícita, mas o Pacto Internacional sobre Direitos Civis e Políticos é. Seu primeiro artigo afirma:

> Todos os povos têm direito à autodeterminação. Em virtude desse direito, determinam livremente seu estatuto político e asseguram livremente seu desenvolvimento econômico, social e cultural.

No segundo artigo, as partes signatárias do Pacto buscam garantir que cada pessoa, em seu território, tenha assegurados os direitos que o Pacto preconiza "sem discriminação alguma por motivo de raça, cor, sexo, língua, religião, opinião política ou de qualquer outra natureza, origem nacional ou social, situação em termos de propriedade, de nascimento ou de qualquer outra condição". A inclusão de "opinião política ou de qualquer outra natureza" é importante aqui, dado que o artigo 25 diz:

> Todo cidadão terá o direito e a possibilidade, sem qualquer das formas de discriminação mencionadas no artigo 2º e sem restrições infundadas:
> a) de participar da condução dos assuntos públicos, diretamente ou por meio de representantes livremente escolhidos;

(b) de votar e ser eleito em eleições periódicas, autênticas, realizadas por sufrágio universal e igualitário e por voto secreto, que garantam a manifestação da vontade dos eleitores.

Se fôssemos levar a sério essas afirmações, teríamos de desenvolver um conceito inteiramente novo de governo legítimo, um conceito com profundas implicações não só para o comércio mas também para questões como o uso da intervenção militar com propósitos humanitários, tópico a que dedicarei o próximo capítulo. Mas como concluir que um governo é suficientemente democrático para ser reconhecido como legítimo? Durante a contagem e recontagem de votos da eleição presidencial norte-americana de novembro de 2000, circularam anedotas segundo as quais a Organização das Nações Unidas estava prestes a enviar uma equipe de observadores para garantir que as eleições fossem justas e democráticas. Essas brincadeiras tinham algo muito sério a dizer. Deixemos de lado as muitas alegações de irregularidade na votação e na contagem de votos, bem como a recusa da Suprema Corte dos Estados Unidos de permitir uma recontagem total. Esqueçamo-nos também do fato de que os candidatos têm de levantar centenas de milhões de dólares para ter alguma chance de sucesso, o que garante aos ricos uma influência bem maior no processo político do que aos pobres. Mesmo sem esses problemas, o uso do Colégio Eleitoral, em vez do voto popular, para eleger o presidente dos Estados Unidos confere maior valor ao voto de pessoas que vivem em estados com pequenas populações do que ao das que vivem em estados com grandes populações, não atendendo portanto ao requisito básico da democracia – "para cada eleitor, um voto" – nem à estipulação de "sufrágio universal e igual" do artigo 21 (b) da Declaração Universal dos Direitos Humanos. Não obstante, as evidentes imperfeições da democracia dos Estados Unidos não são suficientes para levar-nos a recusar o reconhecimento da legitimidade do governo norte-americano. Há necessidade de uma concepção minimalista de democracia, pois do contrário restarão poucos governos legítimos. Pode ser útil distinguir entre governos que, embora não democráticos, podem alegar ter uma autoridade tradicional e de longa data que lhes permite governar com a aparente aquiescência da população e sem graves restrições às liberdades civis básicas, e outros regimes que, tendo chegado ao poder pela força, usam medidas repressivas para nele permanecer. Uma monarquia absoluta tradicional poderia ser um exemplo da primeira forma de governo; um regime militar que chegou ao poder através de um golpe bem-sucedido, não realiza eleições livres e mata ou prende seus oponentes é um exemplo do segundo.

Mesmo que tratemos apenas dos governos que chegam ao poder pela força e o mantêm por meio da repressão aos opositores, a aceitação do conceito democrático de soberania mudaria imensamente a maneira como conduzimos as questões internacionais. No tocante a questões comerciais, podemos imaginar que um organismo internacionalmente respeitado nomeasse um tribunal formado por juízes e especialistas para submeter regularmente a exame as credenciais de cada governo. Um governo que não pudesse provar ao tribunal, ao longo do tempo, que sua legitimidade vem do apoio que recebe de seu povo não teria garantido o direito de vender os recursos de seu país, não mais do que um ladrão que domina alguém e rouba-lhe o relógio teria o direito de vendê-lo. Se comprar esse relógio sabendo ou tendo razoáveis suspeitas de que ele foi roubado, um cidadão terá cometido o crime de receptação de mercadoria roubada. Sob um conceito democrático minimalista de soberania, também seria um crime pelas leis internacionais receber bens roubados de uma nação por pessoas que não podem provar ter soberania sobre essa nação exceto pelo fato de exercerem uma força superior.

Por mais estranhas que sejam, essas idéias vêm sendo cada vez mais reconhecidas. Na Cúpula das Américas, realizada na cidade de Quebec em abril de 2001, os líderes de 34 países americanos concordaram que "Conseqüentemente, qualquer mudança inconstitucional ou interrupção da ordem democrática em um Estado do Hemisfério constitui um obstáculo insuperável à participação do Governo daquele Estado no processo da Cúpula das Américas". Isso significa que um país que deixa de ser democrático não pode tomar parte nas negociações contínuas do pacto de livre-comércio que a Cúpula planejou, nem receber apoio de importantes instituições internacionais como o Banco Interamericano de Desenvolvimento[69]. Em outras palavras, a democracia assume precedência sobre o livre-comércio, e os benefícios percebidos da participação no acordo de livre-comércio proposto fornecem um incentivo para que todas as nações das Américas mantenham instituições democráticas.

Embora a maioria dos líderes presentes à Cupula das Américas, entre os quais o presidente George W. Bush, sejam ardorosos defensores do livre-comércio e da OMC, há um conflito potencial entre a visão implícita em seu acordo de Quebec e a da OMC. Os líderes das nações americanas conce-

▼

69. Anthony DePalma, "Talks Tie Trade in the Americas to Democracy", *New York Times*, 23 de abril de 2001, p. A1.

bem uma espécie de clube de países democráticos que negociam entre si, ajudam-se mutuamente de várias maneiras e negam esses benefícios a forasteiros não-democráticos ou a democracias que venham a cair nas mãos de ditadores. Por outro lado, as regras da OMC não permitem que seus países-membros se recusem a negociar com outros membros devido ao fato de estes não serem democráticos. Se a OMC pusesse em prática sua concepção de uma área de livre-comércio global, os acordos regionais de livre-comércio se tornariam irrelevantes e as sanções comerciais não poderiam mais promover a democracia.

Na Europa, o atrativo da União Européia já promove a democracia e o apoio a direitos humanos básicos. Para os antigos países comunistas da Europa Central e do Leste Europeu, a condição de membro da União Européia é uma meta extremamente desejável, que promete trazer consigo a estabilidade e a prosperidade. A União Européia é uma área de livre-comércio, mas vai bem além disso. Tem critérios de admissão que incluem uma forma democrática de governo e garantias aos direitos humanos básicos[70]. De modo implícito, ao recusar-se a aceitar países que não estejam à altura desses padrões, a União Européia dá à democracia e aos direitos humanos a primazia com relação ao comércio. Por isso, os países da Europa Central e do Leste Europeu que são candidatos plausíveis à condição de membros da União Européia estão

▼

70. Quer dizer, não propriamente básicos – se propusessem a entrada na União Européia, os Estados Unidos teriam sua solicitação rejeitada, dado que a União Européia considera a pena de morte uma violação dos direitos humanos. A posição da União Européia sobre a pena de morte foi reafirmada no artigo 2 (2) da Carta sobre as Liberdades Fundamentais assinada em Nice em dezembro de 2000.

gradualmente adaptando suas leis aos padrões mínimos que esta exige.

As medidas destinadas a fortalecer e a promover a democracia não se restringem à Europa e às Américas. Os países africanos cada vez mais se dispõem a deixar que suas eleições sejam acompanhadas por observadores internacionais, e a Organização da Unidade Africana acompanhou até agora as eleições de 39 países[71]. Na reunião inaugural da Comunidade de Democracias, realizada em Varsóvia em junho de 2000, representantes dos governos de 106 países assinaram a *Declaração de Varsóvia,* reconhecendo "o caráter universal dos valores democráticos" e concordando em "colaborar em tudo o que diz respeito à democracia nas atuais instituições internacionais e regionais, formando coalizões e coligações destinadas a dar apoio a resoluções e a outras atividades internacionais voltadas para promover o governo democrático" a fim de "criar um ambiente externo propício ao desenvolvimento democrático"[72]. Também aqui a democracia é considerada como algo de grande valor a ser promovido por meio da colaboração internacional. Um pacto comercial entre democracias como o proposto para as Américas seria um meio excelente para se promover o valor da democracia. O mesmo ocorreria com uma

▼

71. Severine M. Rugumamu, "State Sovereignty and Intervention in Africa: Nurturing New Governance Norms". Texto para discussão apresentado à International Commission on Intervention and State Sovereignty [Comissão Internacional sobre Intervenção e Soberania dos Estados], Maputo, 10 de março de 2001, disponível em: http://web.gc.cuny.edu/icissresearch/maputu%20discussion%20paper%20nurturing%20new%20norms.htm#N_1_.
72. *Final Warsaw Declaration: Towards a Community of Democracies,* 27 de junho de 2000, distribuída pelo Secretariado da Organização das Nações Unidas sob o título de General Assembly Doc. A/55/328, disponível em: www.democracyconference.org/declaration.html.

lista negra de governos ilegítimos, sem o mínimo direito de governar e com os quais, por conseguinte, a ética proíbe que se façam negócios. Com isso, as empresas que não quisessem ser consideradas receptadoras de artigos roubados, mas cidadãs globais respeitáveis e defensoras da democracia, não fariam acordos com esses governos. Isso tiraria dos ditadores os recursos de que precisam para comprar armamentos, pagar seus partidários e se gabar de suas contas bancárias na Suíça. O poder obtido sem legitimidade perderia alguns de seus atrativos e reduzir-se-iam um pouco as perspectivas de permanência no poder de governos ilegítimos. Embora a diminuição das perspectivas de desenvolvimento pudesse impor-se não apenas aos governos ilegítimos, mas também ao povo do país, esse desenvolvimento seria na melhor das hipóteses uma faca de dois gumes, sendo com freqüência bastante prejudicial à população local. Por exemplo, a concessão de direitos de exploração de petróleo à Shell sob o regime do ex-ditador nigeriano general Sani Abacha prejudicou bastante o povo Ogoni, que vivia sobre as reservas de petróleo. Também se pode dizer que, no cômputo geral, o processo foi ruim para a Nigéria como um todo. Num estudo dos efeitos das indústrias de extração sobre os pobres, Michael Ross, cientista político da Universidade da Califórnia, Los Angeles, descobriu que os padrões de vida e a qualidade de vida da população em geral em países que dependem da venda de minerais e de petróleo são bem mais baixos do que é de esperar considerando-se a renda *per capita* desses países. Existe uma forte correlação entre dependência de minerais, de um lado, e um alto nível de pobreza, níveis incomumente elevados de corrupção, de governo autoritário, de despesas militares e de guerra civil, de outro. As descobertas de Ross estão de acordo com as de um influente estudo anterior de recursos naturais e crescimento econômico feito por Jeffrey Sachs e Andrew Warner[73].

A se ver nesses estudos, não é coincidência que, nos últimos 30 anos, a Nigéria tenha tido uma preponderância de governos militares, tenha sido um dos países mais corruptos do mundo e tenha tido uma enorme receita vinda da venda de petróleo. O controle de tão grande riqueza é uma constante tentação para generais e outros que disponham de meios para derrubar governos civis e desviar parte da riqueza para o próprio bolso. Se a derrubada do governo não trouxesse consigo o controle das receitas advindas do petróleo, a tentação de fazê-lo seria sobremodo reduzida[74].

A recusa a aceitar a autoridade de um governo ditatorial para dissipar os recursos do país que governa não é o mesmo que impor um boicote comercial total a esse país. Esses boicotes podem ser muito danosos aos cidadãos do país boicotado. Recursos renováveis, como produtos agrícolas e bens manufaturados, ainda poderiam ser negociados mediante acordos privados. Mas a empresa ou o país que aceitam o direito dos ditadores de vender os recursos naturais não renováveis de sua terra aceitam *ipso facto* a reivindicação dos ditadores de deter a autoridade legítima sobre esses recursos. Esse não é um ato neutro, mas uma ação que requer justificação ética. No raro caso em que o histórico da ditadura indica que o dinheiro é

▼

73. Michael Ross, *Extractive Sector and the Poor*, Oxfam America, Boston, 2001, disponível em: www.eireview.org/eir/eirhome.nsf/(DocLibrary)/6F177A935572B21 785256AE3005AD736/$FILE/Oxfam_EI_Report.pdf; Jeffrey Sachs e Andrew Warner, "Natural Resource Abundance and Economic Growth", National Bureau of Economic Research Working Paper 5398, 1995, disponível em: http://papers.nber.org/papers/W5398.
74. Ver Pogge, *World Poverty and Human Rights*, capítulo 4.

usado para beneficar todo o país, pode-se estar diante de uma justificativa apesar da ausência de democracia. Quando, no entanto, as empresas percebem claramente que o dinheiro que pagam pelos recursos naturais de um país vai ser usado primordialmente para enriquecer o ditador e permitir-lhe comprar mais armas para consolidar seu regime, não há justificativa ética para negociar com esse ditador. Deve-se deixar em paz as florestas seculares, o petróleo e os minerais, à espera de um governo com autoridade legítima para vendê-los.

CAPÍTULO 4

UM SÓ DIREITO

A NECESSIDADE DE INTERVENÇÃO

Como vimos, a crescente consciência de que todos nós dependemos da atmosfera comum e vulnerável de nosso planeta e o movimento rumo a uma economia mundial mais integrada têm exercido forte pressão sobre as idéias tradicionais de soberania do Estado. Há outra área em que a idéia tradicional de soberania do Estado se viu confrontada de modo mais direto – e sobrepujada. O apoio a uma efetiva proibição universal do genocídio e de crimes contra a humanidade mostra com mais nitidez do que qualquer outra coisa que a nossa concepção dos direitos soberanos dos Estados se alterou nos últimos 50 anos. Este capítulo examina por que isso aconteceu, os argumentos em favor da mudança e como ela se justifica.

O genocídio não é um fenômeno novo. Quem já leu a Bíblia sabe disso. O *Livro dos Números* fala de uma época em que os homens israelitas se rendiam aos encantos das mulheres de uma tribo vizinha, os madianitas. E, o que é pior, ao que parece essas mulheres conseguiram persuadir seus amantes israelitas a seguir a religião madianita:

O SENHOR disse a Moisés: "Executa a vingança dos filhos de Israel contra os madianitas." E Moisés disse ao povo: "Escolhei homens dentre vós, e armei-os para a guerra. Ide contra os madianitas e executai a vingança do SENHOR contra Madiã. Mil de cada tribo, de todas as tribos de Israel, enviareis à guerra. Assim saíram dos milhares de Israel mil de cada tribo, doze mil armados para a guerra... Guerrearam contra Madiã, conforme o SENHOR ordenara a Moisés, e mataram todos os homens... Os filhos de Israel levaram como prisioneiras as mulheres madianitas com suas crianças e saquearam todo o gado, rebanhos e bens. Incendiaram com fogo as cidades e todos os povoados em que residiam. E carregaram todos os despojos, homens e animais. E levaram os prisioneiros, o saque e os despojos para Moisés, o sacerdote Eleazar e toda a congregação dos filhos de Israel, que estava acampada na estepe de Moab, às margens do rio Jordão, na altura de Jericó. Moisés, o sacerdote Eleazar e todos os príncipes da congregação saíram para recebê-los fora do acampamento. E Moisés ficou furioso com os chefes da tropa, generais e capitães que voltavam da guerra, e lhes disse: "Por que deixastes as mulheres com vida? Foram elas que... fizeram os filhos de Israel trair o SENHOR...; por causa delas houve uma praga sobre toda a congregação do SENHOR. Agora, portanto, matai todas as crianças do sexo masculino e todas as mulheres que tiveram relações sexuais com homens, reservando para si as meninas que não tiveram relações sexuais com homens.[1]

Durante boa parte do século passado, disseminou-se a crença de que as pessoas cometem crimes de violência porque são pobres, ignorantes, oprimidas, maltratadas ou exploradas; ou, se nenhum desses adjetivos se aplica a elas na época em que cometem esses crimes, um ou mais deles se aplicou no período de formação de sua psique individual, na infância, por exemplo. Supunha-se isso não só das pessoas que cometem crimes

---

1. Números 31:1-18, Bíblia da Versão King James.

individuais, mas também daquelas que participam de crimes de escala mais ampla. Segue-se dessa concepção que a tentativa de evitar o crime por meio de um policiamento mais eficaz é um tratamento dos sintomas e não das causas. Para chegar à raiz do problema, temos de extinguir a injustiça e a exploração, melhorar e reformar a educação para que ensine a importância do respeito aos semelhantes – independentemente de raça, de religião ou de política –, evitar a corrupção do processo democrático pelos fabricantes de armamentos e outras pessoas que lucram com a guerra ou com o genocídio e assegurar que nenhuma criança cresça na pobreza ou na companhia de pais que a maltratem.

Todos nós, segundo penso, gostaríamos de pôr fim à injustiça e à exploração e evitar que qualquer criança viva na pobreza ou seja maltratada. Também não discordo de quem gostaria de ver nossas escolas fazer todo o possível para gerar nas crianças uma atitude de respeito pelas outras pessoas. Talvez isso reduza a violência, mas deveríamos fazê-lo mesmo que não reduzisse. No entanto, será que isso seria suficiente para acabar com a violência e tornar desnecessárias quaisquer outras medidas? Creio que não, e a passagem do *Livro dos Números* que acabo de citar indica três razões pelas quais isso não aconteceria.

Em primeiro lugar, esse texto – especialmente se lido ao lado de outras passagens bíblicas que descrevem outros morticínios não menos impiedosos[2] – mostra que as horríveis matanças em massa do século XX não foram um fenômeno novo, a não ser pelo fato de a tecnologia e as comunicações modernas terem permitido aos assassinos matar bem mais gente

▼

2. Ver, por exemplo, Deuteronômio 3:1-7, 7:1-26, 20:13-17; 1 Samuel 15:3; Josué 8:26-28; Ezequiel 9:5.

num período de tempo relativamente curto do que em qualquer ocasião anterior. Como mostrou Lawrence Keeley em *War Before Civilization*[3], a guerra sempre fez parte da existência da esmagadora maioria das culturas humanas, e de modo geral não se faziam prisioneiros homens, embora por vezes se conservassem as mulheres e as crianças. Os massacres de grupos inteiros não parecem ter sido incomuns. Os túmulos coletivos da Europa – valas de sepultamento com os corpos de pessoas de todas as idades que encontraram morte violenta – remontam a pelo menos 7 mil anos, ao túmulo neolítico de Talheim, na Alemanha. Em Crow Creek, na Dakota do Sul, mais de um século antes de Colombo partir para a América, um grupo de 500 homens, mulheres e crianças foi escalpelado e mutilado antes de ser jogado num buraco. É motivo de ponderação saber que em muitas sociedades tribais, apesar da ausência de armas pesadas e terríveis explosivos, a porcentagem da população morta anualmente em ações de guerra excede em muito a de qualquer sociedade moderna, incluindo a Alemanha e a Rússia no século XX.

Em segundo lugar, o texto mostra com clareza que a motivação israelita para varrer do mapa os madianitas nada tinha que ver com a pobreza nem com nenhuma injustiça que tivessem sofrido nas mãos do povo que atacaram. Na verdade, parece que os madianitas não cometeram crime algum exceto consentir em relações sexuais – que é de presumir que os homens israelitas também tenham aceito – e ter uma religião que era, ao menos para alguns israelitas, mais atraente do que a seguida por Moisés.

▼

3. Lawrence Keeley, *War Before Civilization*, Oxford University Press, Nova York, 1996. Ver especialmente o capítulo 6.

Em terceiro lugar, se o Senhor não tivesse falado de vingança, mas tivesse dado a Moisés um manual de genética moderna e lhe ordenasse fazer todo o possível para aumentar ao máximo o número de descendentes dos israelitas, Moisés poderia ter agido exatamente como se diz que agiu em *Números*. Como as mulheres só podem ter um número limitado de filhos e os homens israelitas eram capazes de lhes fornecer todo o esperma necessário para tal, os homens madianitas eram concorrentes em potencial e não tinham nenhuma utilidade genética para os israelitas. Por isso, Moisés eliminou impiedosamente a todos, tanto homens como meninos. A matança de todas as madianitas não virgens garantiu que não houvesse mulheres grávidas capazes de trazer filhos homens madianitas, sendo essa uma maneira eficaz de se garantir que na geração seguinte não houvesse ninguém de descendência madianita plena. A permissão para que os capitães conservassem para si as jovens madianitas aumentou o número de seus próprios descendentes.

Temos aí um exemplo de genocídio no qual a vantagem genética para os perpetradores é clara como cristal. Que significado tem isso para nós? Somos todos descendentes de homens que conseguiram transmitir seus genes às gerações subseqüentes, enquanto muitos outros não conseguiram. Matar machos rivais com quem não se partilham genes e acasalar com suas mulheres ou filhas é uma maneira pela qual os homens podem, quando as circunstâncias o permitem, aumentar sua possibilidade de transmitir genes para as gerações futuras. Não nos deixemos enganar pela idéia de que o assassinato de alguns seres humanos por outros não pode ser bom para a espécie. As espécies surgem e desaparecem com demasiada lentidão, de modo que não podem ser a unidade dominante da evolução. É melhor pensar esta última como uma competição entre genes, indivíduos e talvez pequenos grupos geneticamente relacionados, e não entre espécies. É de se presumir que isso tenha algum vínculo com o papel central que a guerra e o massacre desempenharam na pré-história e na história da humanidade. Na verdade, a capacidade de cometer massacres provavelmente remonta a uma etapa bem anterior ao surgimento do ser humano como um ser distinto. Os chimpanzés, que ao lado dos bonobos são nossos parentes não-humanos mais próximos, fazem incursões de agressão além das fronteiras de seu território nas quais procuram e matam deliberadamente – se duvida da propriedade dessa palavra, leia uma descrição de como eles fazem essas expedições – chimpanzés vulneráveis, de modo geral machos, de outro grupo. Num caso, os chimpanzés que Jane Goodall estava observando em Gombe destruíram por completo um grupo vizinho num período de três anos: mataram pelo menos quatro machos adultos e adolescentes e uma fêmea adulta e afugentaram todos os outros adultos, "reservando para si", se nos for dado usar aqui a expressão bíblica, as duas jovens filhas da fêmea adulta que tinham matado. Observou-se um comportamento semelhante em outros grupos de chimpanzés dispersos por um amplo território da África[4].

Seremos então, todos nós, potenciais perpetradores de genocídios? Isso é ir longe demais. Há inúmeras maneiras de se superar os outros na tarefa de deixar os próprios genes para as gerações futuras. Uma delas é a capacidade de formar relacio-

▼

4. Richard Wrangham e Dale Peterson, *Demonic Males: Apes and the Origins of Human Violence*, Houghton Mifflin, Boston, 1996, pp. 5-21; ver também Jane Goodall, *The Chimpanzees of Gombe*, Belknap Press of Harvard University Press, Cambridge, Massachusett, 1986, pp. 530-4.

namentos cooperativos mutuamente benéficos[5]. Surpreendentemente, é dado aos seres humanos fazê-lo mesmo quando, divididos em nações litigantes, são levados a trincheiras uma de frente para a outra, armados de espingardas e instruídos a matar os inimigos que se acham na outra trincheira[6]. As circunstâncias em que essa cooperação tem mais probabilidade de ser vantajosa são mais comuns do que aquelas em que é o genocídio que tem mais probabilidade de ser vantajoso. Podemos por isso dizer que somos todos cooperadores em potencial. É no entanto plausível, à luz das descobertas etnológicas, antropológicas e históricas, que um número considerável de machos humanos tenham o potencial de ser perpetradores de genocídio. É também plausível se crer que, apesar de ser mais provável que esse potencial se atualize na presença da pobreza, da injustiça, da exploração ou da carência educacional, sua atualização possa igualmente ocorrer na ausência desses fatores.

Se projetarmos nosso olhar dos tempos bíblicos para o século que vem de acabar, vemos uma terrível confirmação dessa sombria afirmação. De 1915 a 1917, os turcos massacraram em torno de 1,5 milhão de armênios. Nos anos 1930, Stálin mandou matar entre 7 e 10 milhões de pessoas. Costuma-se fixar em 6 milhões os mortos no genocídio praticado pelos nazistas contra os judeus. Vieram mais tarde as matanças no Camboja, em Ruanda e, quando o século se aproximava do fim, na Bósnia, em Kosovo e no Timor Leste. Alguns des-

▼
5. O texto clássico a esse respeito é R. L. Trivers, "The Evolution of Reciprocal Altruism", *Quarterly Review of Biology*, vol. 46, 1971, pp. 35-57; ver também Robert Axelrod, *The Evolution of Cooperation*, Basic Books, Nova York, 1984.
6. Tony Ashworth, *Trench Warfare, 1914-1918: The Live and Let Live Solution*, Holmes and Meier, Nova York, 1980.

ses assassínios em massa foram cometidos por pessoas pobres e não-educadas, mas outros não. A Alemanha figurava nos anos 1920 entre os países mais educados do mundo. A Iugoslávia se empenhara desde 1918 por educar os cidadãos a se pensar como iugoslavos, não como croatas, sérvios ou membros de outras nacionalidades ou grupos étnicos. Timothy Garton Ash, em sua *History of the Present*, pergunta o que aprendemos com os eventos ocorridos nessa região na última década do século XX. E responde: "Aprendemos que a natureza humana não se alterou. Que a Europa ao final do século XX é tão capaz de barbárie quanto o foi no Holocausto da metade do século."[7] Ele poderia igualmente ter dito: e nos milênios precedentes, e não só na Europa.

Por conseguinte, embora a superação da pobreza, a eliminação da injustiça e a melhora da educação possam tornar o genocídio menos provável, não podemos nos apoiar apenas nessas políticas para preveni-lo. Que mais se pode fazer? É importante desenvolver mecanismos de promoção da paz e redução do risco de guerra entre as nações, dado que a mentalidade da guerra supera inibições e torna os homens mais propensos a matar tanto não-combatentes como membros das forças armadas inimigas. Porém, no final, precisamos ser capazes de levar os potenciais perpetradores de genocídio a temer as conseqüências de suas ações. Assim como, dentro de um país, a última linha de defesa contra crimes individuais como o assassinato, o estupro e a agressão é a efetiva aplicação da lei, assim também, no nível global, a última linha de defesa contra o genocídio e outros crimes desse jaez tem de ser a efetiva aplica-

▼

7. Timothy Garton Ash, *History of the Present*, Allen Lane, Londres, 1999, p. 368.

ção da lei; e, quando outros métodos falham, o último recurso há de ser a intervenção militar.

O DESENVOLVIMENTO DA LEI CRIMINAL INTERNACIONAL

A Carta do Tribunal Criminal Internacional estabelecido pelos Aliados a fim de julgar os criminosos de guerra nazistas em Nuremberg conferiu-lhe jurisdição sobre três tipos de crime: crimes contra a paz, crimes de guerra e crimes contra a humanidade. Ao promulgar a Carta, os Aliados declaram ser "crimes contra a paz" iniciar guerras de agressão; "crimes de guerra", matar, maltratar ou deportar civis ou prisioneiros de guerra; e "crimes contra a humanidade", assassinar, exterminar, escravizar ou deportar populações civis, bem como persegui-las por razões políticas, raciais ou religiosas. Esses atos, afirma a Carta do Tribunal, são crimes "quer violem quer não a lei doméstica do país em que forem cometidos"[8].

Embora os Aliados tenham lançado mão de precedentes e convenções anteriores a fim de justificar sua alegação de que os crimes contra a humanidade já eram reconhecidos pelo direito internacional, o Tribunal de Nuremberg deu um novo ímpeto à idéia de que certos atos são tão hediondos que constituem crimes por si mesmos, sejam quais forem as leis vigentes no país e na época em que são perpetrados. Mais tarde, a Assembléia Geral da Organização das Nações Unidas pediu à Comissão de Direito Internacional que formulasse princípios

▼

8. *Charter of the International Military Tribunal*, artigo 6, disponível em: www.yale.edu/lawweb/avalon/imt/proc/imtconst.htm.

legais internacionais que previssem crimes como aqueles de que tratou o Tribunal de Nuremberg, e a Comissão recomendou se atribuísse responsabilidade criminal internacional por crimes contra a humanidade cometidos por instigação ou com a tolerância de autoridades de Estado. A Convenção contra a Tortura, de 1984, assinada por 110 Estados, acatou esse princípio. Essa Convenção teve papel central na decisão da Câmara dos Lordes acerca da extradição para a Espanha, pelo governo britânico, do senador Augusto Pinochet, para que fosse julgado pelos crimes que o acusavam de ter cometido no Chile. O Chile tinha ratificado a Convenção contra a Tortura, o que bastou para que os lordes da lei concordassem com a extradição de Pinochet[9]. Porém, esse caso levantou ainda a questão do que se chama de "jurisdição universal", ou seja, o direito de um país julgar uma pessoa que cometeu crimes contra a humanidade, quer o país em que foi cometido o crime seja signatário de uma convenção que preveja a responsabilidade criminal internacional no tocante a crime, quer não.

Na época do caso Pinochet a Anistia Internacional apresentou sólidos argumentos em favor da idéia de que o direito internacional reconhece a jurisdição universal por crimes contra a humanidade[10]. O julgamento de Adolf Eichmann em Israel costuma ser citado como precedente dessa concepção[11].

▼

9. *R. v Bow Street Stipendiary Magistrate and Others, #Ex. A. Pinochet Ugarte (N? 3)* [2000] 1 A.C. 147, [1999] 2 All E R 97, disponível em: www.parliament.the-stationery-office.co.uk/pa/ld199899/ldjudgmt/jd990324/pino2.htm.
10. Anistia Internacional, *The Pinochet Case – Universal Jurisdiction and the Absence of Immunity for Crimes Against Humanity*, Report-EUR 45/01/99, janeiro de 1999, Reino Unido, disponível em: www.amnesty.org/ailib/aipub/1999/EUR/44500199.htm.
11. *Attorney-General of Israel vs Eichmann* (1962) 36 Intl. L. R. 5, e ver, para um resumo, www.gwu.edu/jaysmith/Eichmann.html.

Eichmann, sob as ordens de Himmler e Heydrich, foi encarregado do assassinato de judeus europeus sob o regime nazista. Seqüestrado na Argentina e levado de avião para Israel, Eichmann foi julgado e depois executado. Embora o método pelo qual foi levado para Israel tenha sido de legalidade duvidosa, todos aceitaram a idéia de que Israel tinha o direito de atribuir a si a jurisdição sobre atos criminosos cometidos na Alemanha. Além disso, a Suprema Corte de Israel não reclamou para si essa jurisdição por ser Israel o representante das vítimas de Eichmann, mas em vista da jurisdição universal para crimes contra a humanidade. Os crimes de Eichmann contra ciganos, poloneses e outros não judeus também foram levados em conta nos procedimentos legais em Israel[12].

No caso de Pinochet, Lorde Phillips of Worth Matravers discutiu a questão da jurisdição universal e concluiu:

> Creio que ainda é uma questão a ser resolvida a de o direito internacional aceitar ou não a jurisdição universal no tocante a crimes internacionais – a questão do direito, sob as leis internacionais, de as cortes de qualquer Estado processarem pessoas por causa desses crimes independentemente do lugar em que ocorram. No tocante a crimes de guerra, essa jurisdição foi afirmada pelo Estado de Israel, notadamente no caso do processo de Adolf Eichmann, mas essa asserção de direito não reflete nenhuma prática geral dos Estados com relação a crimes internacionais. Em vez

▼
12. Ver a discussão feita por Lorde Millett in *R. v Bow Street Stipendiary Magistrate and Others, Ex P. Pinochet Ugarte (N? 3)*, disponível em: www.parliament.the-stationery-office.co.uk/pa/ld199899/ldjudgmt/jd990324/pino7.htm. Embora a Suprema Corte de Israel tenha apelado ao princípio de jurisdição universal, Israel também invocou um estatuto que se restringia de modo mais específico aos crimes nazistas contra os judeus. Ver Gary Bass, "The Eichmann Case", a ser publicado numa coletânea de artigos do The Princeton Project on Universal Jurisdiction, organizada por Stephen Macedo.

disso, os Estados têm revelado a tendência de concordar, ou tentar concordar, com a criação de tribunais internacionais para julgar crimes internacionais. Não obstante, em algumas ocasiões os Estados aceitaram, mediante convenções, que suas cortes nacionais gozassem de jurisdição para realizar procedimentos judiciais relativos a uma categoria particular de crimes internacionais, onde quer que estes ocorram.[13]

A Bélgica dispõe de diplomas legais que reconhecem o princípio da jurisdição universal, e essa legislação foi invocada no julgamento de quatro cidadãos de Ruanda acusados de envolvimento no genocídio ocorrido em 1994 nesse país. Em junho de 2001, um júri belga os considerou culpados. No mesmo ano, o presidente do Senegal atendeu a um pedido do secretário-geral da Organização das Nações Unidas, Kofi Annan, para que detivesse Hissène Habré, ex-ditador do Chade, acusado de dirigir um regime que promoveu a tortura sistemática e assassinou 40 mil pessoas suspeitas de oposição política. Depois que parentes das vítimas apresentaram queixas formais contra Habré à justiça belga, representantes do poder judiciário belga visitaram o Chade em fevereiro de 2002 para investigar se havia provas suficientes para apoiar um pedido de extradição de Habré para a Bélgica[14].

Em janeiro de 2001, por iniciativa da Comissão Internacional de Juristas, um grupo internacional formado por 30 es-

▼
13. *R. v Bow Street Stipendiary Magistrate and Others, #Ex. A. Pinochet Ugarte (N? 3)* [2000] 1 A.C. 147, [1999] 2 All E R 97, disponível em: www.parliament.the-stationery-office.co.uk/pa/ld199899/ldjudgmt/jd990324/pino9.htm.
14. "Belgian Judge Visits Chad to Probe Crimes of Ex-Dictator Hissène Habré", *Human Rights News*, fevereiro de 2002, disponível em: www.hrw.org/press/2002/02/habre0226.htm; ver também "The Case Against Hissène Habré", *Human Rights Watch Web*, disponível em: www.hrw.org/justice/habre/.

tudiosos e juristas reunidos na Universidade de Princeton tentou chegar a um consenso acerca do melhor rumo a se dar à idéia de jurisdição universal. O grupo chegou perto: os "Princípios de Princeton sobre a Jurisdição Universal" foram aprovados com um único voto contrário. Os princípios endossam a idéia de uma jurisdição criminal exercida por qualquer Estado, "tendo por única base a natureza do crime, sem levar em consideração onde ele foi cometido, a nacionalidade do perpetrador acusado ou condenado, a nacionalidade da vítima ou qualquer outro vínculo com o Estado que exerce essa jurisdição". Os crimes especificados são a pirataria, a escravidão, os crimes de guerra, os crimes contra a paz, os crimes contra a humanidade, o genocídio e a tortura. Os princípios subseqüentes exigem a adesão a normas processuais internacionais, rejeitam a idéia de imunidade para ocupantes de cargos oficiais como chefe de Estado e negam o valor legal de anistia concedida ao acusado por algum Estado[15]. Se obtiverem amplo apoio internacional, os Princípios de Princeton vão estabelecer uma jurisdição verdadeiramente global para os crimes que prevêem.

Mas seria errôneo deixar de lado os motivos pelos quais o único dissidente da reunião de Princeton, Lorde Browne-Wilkinson, não fez eco ao consenso. Tal como Lorde Phillips de Worth-Matravers, Lorde Browne-Wilkinson é juiz do supremo tribunal britânico, a Câmara dos Lordes. Foi o juiz-mor do caso Pinochet. Na sua declaração de dissensão, ele adverte que a jurisdição universal poderia levar Estados hostis a outros

▼

15. Princeton Project on Universal Jurisdiction, *The Princeton Principles of Universal Jurisdiction*, Program in Law and Public Affairs, Princeton University, Princeton, N.J., 2001.

Estados a prender funcionários destes últimos e encenar julgamentos de pretensos crimes internacionais. Como exemplos disso ele aventa a hipótese – e o fez antes de 11 de setembro de 2001 – de que Estados hostis às potências ocidentais poderiam submeter funcionários ocidentais a julgamento, assim como membros da linha dura do Ocidente poderiam processar extremistas islâmicos por supostas atividades terroristas. O Estado de que o acusado é cidadão poderia nesse caso recorrer à força a fim de proteger seus governados. O resultado "provavelmente geraria mais prejuízos do que lucro às oportunidades de paz internacional"[16].

No mesmo mês (julho de 2001) em que foram publicados os Princípios de Princeton, os temores que Lorde Browne-Wilkinson exprimira aproximaram-se mais de se tornar realidade. Ironicamente, em vista do papel que o caso Eichmann desempenhou para firmar o princípio da jurisdição universal, dessa vez foi o ministro israelense das Relações Exteriores que se mostrou temeroso com a possibilidade de representantes de seu país serem levados às barras dos tribunais. Aconselhou seus funcionários a tomar cuidado quando viajassem para o exterior, dado que alguns países poderiam acusá-los de violar os direitos humanos dos palestinos. A advertência se seguiu à apresentação de uma queixa-crime na Bélgica por sobreviventes do massacre de palestinos ocorrido em 1982 nos campos de refugiados de Sabra e Chatila, sendo acusado o primeiro-ministro israelense Ariel Sharon. Embora os executores do massacre tenham sido os aliados libaneses, cristãos de Israel, uma investigação oficial israelense atribuiu "responsabilidade indireta" a

▼

16. *The Princeton Principles of Universal Jurisdiction*, p. 49, n.º 20.

Sharon, então ministro da Defesa, por não ter tomado medidas para interromper a matança. Na Dinamarca, também se falou da possibilidade de deter o embaixador israelense, Carmi Gillon, ex-chefe do serviço secreto de Israel, que apoiara o uso de "pressão física moderada" durante o interrogatório policial de suspeitos de atividades terroristas[17]. Mas o fundamento dessas queixas foi demolido por uma decisão tomada em fevereiro de 2002 pela Corte Internacional de Justiça, de acordo com a qual uma ordem belga de prisão para o ministro das Relações Exteriores da República Democrática do Congo, acusado de violar os direitos humanos, constituía em si mesma uma violação do direito internacional, dado que um ministro em exercício tem imunidade com relação a esses julgamentos. A Corte não emitiu um juízo sobre a questão geral da jurisdição universal, embora observações feitas por diferentes juízes tenham dado a entender que a Corte teria ficado dividida caso tratasse dela diretamente[18]. (De acordo com a prática diplomática padrão, os Princípios de Princeton dão imunidade a diplomatas e funcionários que viajam a serviço do governo.)

Para reduzir o risco de uma proliferação de acusações feitas por países particulares que invoquem jurisdição universal, tanto Lorde Browne-Wilkinson como seu colega Lorde Phillips preferem usar os tribunais internacionais, a não ser que o país cujo cidadão seja acusado tenha assinado um tratado por meio do qual aceita a jurisdição universal para os crimes em

▼

17. Clyde Haberman, "Israel Is Wary of Long Reach in Rights Cases", *New York Times*, 28 de julho de 2001, p. A1.
18. Reuters, "Ruling Likely to End Sharon's War Crimes Case", *New York Times*, 15 de fevereiro de 2002, p. A8; Myint Zan, "Crimes against Humanity 'Immunity' vs 'Impunity'", *Korea Times*, 8 de março de 2002, disponível em: www.koreatimes.co.kr/kt_op/200203/t2002030817202048110.htm.

questão, como aconteceu com o Chile, que tinha assinado a Convenção contra a Tortura. Mesmo quem defende a jurisdição universal considera um tribunal internacional uma valiosa opção adicional. Se funcionasse suficientemente bem, um tal tribunal tornaria desnecessária a jurisdição universal. Tal como o Tribunal de Nuremberg, mais recentemente surgiram outros tribunais internacionais na esteira de eventos trágicos: as guerras que se seguiram à fragmentação da ex-Iugoslávia, o massacre dos hutus em Ruanda, os ataques sérvios aos habitantes albaneses de Kosovo e as matanças no Timor Leste, cometidas por milícias apoiadas pelas forças armadas indonésias. Fortalecendo a determinação de todas as pessoas decentes de não permitir que essas tragédias continuem, esses tribunais estão nos levando em direção a um sistema criminal global para esses crimes. Ao contrário do que ocorreu em Nuremberg, o julgamento de Slobodan Milosevic, ex-presidente da Iugoslávia, enviado pelo seu próprio governo para ser julgado pelo tribunal internacional de Haia, não é um exercício da justiça pelas forças de ocupação contra os líderes de uma nação sujeita à rendição incondicional. Eis um sinal do reconhecimento, ao menos na Europa, de que a soberania nacional não é defesa para uma acusação de crimes contra a humanidade.

Até o momento, esses tribunais internacionais têm sido estruturas estabelecidas numa dada conjuntura para julgar crimes específicos. (A Corte Internacional de Justiça, que existe há um bom tempo, trata apenas de disputas entre Estados, não de acusações feitas a indivíduos.) Para tornar o julgamento de crimes contra a humanidade uma característica permanente do direito internacional, representantes de 160 países reuniram-se em Roma no ano de 1998 e decidiram por ampla maioria estabelecer um Tribunal Criminal Internacional, associado com a Organização das Nações Unidas e sediado em Haia. O tribunal conta com um promotor que pode encarregar-se de acusações de genocídio, crimes contra a humanidade e crimes de guerra contra pessoas, desde que sejam cidadãs de um Estado que tenha ratificado o tratado, que o crime tenha sido cometido no território de um tal Estado ou que o Conselho de Segurança da ONU apresente ao tribunal uma causa específica. Esse tribunal foi criado em 2002; no ato, mais de 60 Estados aceitaram sua jurisdição, e outros vieram a aceitá-la mais tarde. Assim, pela primeira vez o mundo tem um organismo internacional permanente para garantir a aplicação do direito criminal internacional.

Os Estados Unidos não desempenharam um papel heróico nesse processo, pois propuseram emendas ao estatuto que isentassem dessa jurisdição internacional os soldados e os funcionários do governo norte-americano. (Nunca ficou esclarecido por que os Estados Unidos esperam que seus cidadãos sejam tratados de maneira diferente dos cidadãos de todos os outros países.) O presidente Clinton assinou o tratado, mas não se empenhou em vê-lo ratificado. O presidente Bush disse ser contrário ao Tribunal[19]. Os membros conservadores do Congresso dos Estados Unidos são tão hostis ao tratado que suspenderam o pagamento de contribuições devidas à Organização das Nações Unidas, num esforço para obter uma isenção para os funcionários civis e o pessoal militar dos Estados Unidos[20]. Ainda é muito cedo para dizer se o apoio norte-americano ao julgamento internacional de terroristas vai com

▼

19. "Bush Urged ro Support World Court", *New York Times*, 17 de julho de 2001.
20. Juliet Eilperin, "House Approves U.N. Payment Legislation Would Provide $582 Million for Back Dues", *Washington Post*, 25 de setembro de 2001, p. A01.

o tempo levar a uma mudança na atitude norte-americana em relação ao Tribunal Criminal Internacional. Se um país acusar outro de abrigar um terrorista e o país acusado tiver dúvidas sobre o grau de isenção segundo o qual o julgamento seria conduzido no país autor da acusação, uma corte internacional seria o foro óbvio para resolver a disputa. (O tratado que estabeleceu o Tribunal não lhe confere autoridade para julgar terroristas, pois a discussão se perdeu em disputas acerca de como melhor definir "terrorismo". Previu-se contudo a discussão ulterior sobre a elaboração de uma cláusula acerca do julgamento do terrorismo, uma vez que o Tribunal passe a funcionar.) Ainda que se recusem a contemplar a possibilidade de seus próprios cidadãos serem julgados por um tribunal internacional aberto, que respeita as regras processuais internacionais e descarta a aplicação da pena capital, os Estados Unidos, na esteira dos ataques de 11 de setembro de 2001, implantaram tribunais militares para o julgamento de suspeitos de terrorismo que não sejam cidadãos norte-americanos. Nesses tribunais, as provas não precisam ser apresentadas publicamente, e eles terão o poder de aplicar a pena de morte[21]. Também nesse caso, tal como ocorreu com a questão dos direitos de propriedade intelectual sobre remédios, discutida no capítulo anterior, os Estados Unidos usam dois pesos e duas medidas: um para seus próprios cidadãos e outro para os cidadãos de outros países.

▼

21. David Sanger, "President Defends Military Tribunals in Terrorist Cases", *New York Times*, 30 de novembro de 2001, p. A1; Neil Lewis, "The Military Tribunals: Rules on Tribunal Require Unanimity on Death Penalty", *New York Times*, 28 de dezembro de 2001, p. A1.

CRITÉRIOS PARA A INTERVENÇÃO HUMANITÁRIA

A punição dos criminosos, depois de ocorrida uma atrocidade, é algo que a maioria das pessoas aprovaria, pois vêem nisso uma exigência da justiça. Do ponto de vista utilitarista, espera-se que a punição de pessoas culpadas por crimes passados leve os potenciais autores de crimes semelhantes a perceber que não vão escapar à justiça e os impeça assim de cometer novos crimes. Mas, como o medo da punição nem sempre é suficiente para evitar que ocorram crimes, ainda fica pendente a questão da intervenção. Se se pode justificar a punição, pode-se igualmente justificar a intervenção para impedir que um crime venha a ocorrer ou para fazer cessar a ocorrência de crimes em andamento. Não haverá, talvez, não somente o direito de intervir quando estão sendo cometidas atrocidades, mas também, como sugeriu uma comissão internacional de alto nível no título de um relatório apresentado em 2001, uma "responsabilidade de proteger", mesmo que a única maneira de fazê-lo seja invadir outro país?[22] Se houver, em que circunstâncias devem os países agir em consonância com essa responsabilidade?

Faz tempo que os filósofos pensam nessa questão. Kant escreveu um "esboço filosófico" chamado *À paz perpétua*; nele, afirma que nenhum Estado deveria usar a força para interferir na constituição ou no governo de outro. Kant julga ainda que os Estados que se preparam para a guerra devem recorrer às

▼

22. International Commission on Intervention and State Sovereignty, *The Responsibility to Protect*, International Development Research Centre, Ottawa, 2001, disponível em: www.iciss-ciise.gc.ca.

opiniões dos filósofos no que se refere à possibilidade da paz[23]. John Stuart Mill disse que poucas são as questões que precisam de mais atenção dos filósofos do que esta: quando pode ir à guerra um Estado que não se acha sob ataque? A seu ver, os filósofos deveriam estabelecer "uma regra ou critério mediante o qual a justificabilidade da intervenção nos assuntos de outros países e (o que por vezes é igualmente questionável) a justificabilidade de deixar de intervir possam ser submetidas a uma prova definida e racional"[24].

Que regra ou critério forneceria a "prova definida e racional" de Mill no tocante às circunstâncias capazes de justificar ou não, e mesmo de tornar imperativa ou não, uma intervenção? Uma frase que se costuma ouvir nesse contexto é dita por Lassa Oppenheim na passagem a seguir, que está em seu influente tratado de direito internacional:

> Aceita-se de modo geral que, em virtude de sua supremacia pessoal e territorial, o Estado possa tratar ao seu alvitre os próprios cidadãos. Há no entanto um amplo acervo de opiniões e de práticas que sustenta a idéia de que há limites a esse alvitre; quando um Estado se torna culpado de cometer crueldades contra seus cidadãos e de persegui-los, a fim de recusar-lhes os direitos fundamentais e *chocar a consciência da humanidade*, é legalmente admissível a intervenção, em nome da humanidade[25].

▼

23. I. Kant, *Perpetual Peace: A Philosophic Sketch*, Second Supplement, disponível em: www.mtholyoke.edu/acad/intrel/kant/kant1.htm.
24. John Stuart Mill, "A Few Words on Non-Intervention". In John Stuart Mill, *Essays on Politics and Culture*, Gertrude Himmelfarb (org.), Anchor Books, Nova York, 1963, p. 377 (publicado pela primeira vez na *Fraser's Magazine*, dezembro de 1859). Para discussões mais detalhadas, ver Michael Doyle, "The New Interventionism", *Metaphilosophy*, v. 32, nº 1-2, janeiro de 2001.
25. L. Oppenheim, *International Law*, v. 1, Longmans, Green & Co., Nova York, 1948 (publicado pela primeira vez em 1905), p. 279; grifos meus.

Michael Walzer incorporou esse critério. Em *Guerras justas e injustas*, ele escreveu:

> A intervenção humanitária se justifica quando constitui uma reação (dotada de expectativas razoáveis de sucesso) a atos que chocam "a consciência da humanidade". Essa linguagem de outra época me parece em tudo e por tudo correta... Ela remete às convicções morais de homens e mulheres comuns, adquiridas no decurso de suas atividades cotidianas. E, uma vez que se podem fornecer argumentos persuasivos em favor dessas convicções, não creio haver nenhuma razão moral para adotar a posição passiva que se poderia denominar "esperando a ONU" (esperando o Estado universal, esperando o Messias...)[26].

Essas palavras datam de 1977. Embora os anos passados desde então não tenham testemunhado o advento do Messias, a Organização das Nações Unidas mostrou que pode agir, ainda que suas ações sejam sujeitas a sérias críticas e nem sempre tenham sido tão imediatas e eficazes como desejaríamos que fossem[27]. Mesmo assim, Walzer continuou favorável ao critério de "chocar a consciência", assinalando que, numa época em que "as equipes de televisão chegam antes do *rigor mortis*", os atos que de fato chocam a consciência da humanidade são mais chocantes do que costumavam ser, porque nossa ligação com eles é muito mais íntima[28]. Não obstante, Walzer insiste em manter uma forte reserva com respeito à intervenção. Ele rejeita de modo específico a idéia de que a violação dos direitos humanos

▼

26. Michael Walzer, *Just and Unjust Wars*, Penguin, Harmondsworth, 1980, p. 107. [Trad. bras., São Paulo, Martins Fontes, 2003.]
27. Parte das críticas está nas palestras de Michael Ignatieff e Tzvetan Todorov reproduzidas em Nicholas Owen (org.), *Human Rights, Human Wrongs-Oxford Amnesty Lectures 2001*, Oxford University Press, Oxford, 2002.
28. Michael Walzer, "The Argument about Humanitarian Intervention", *Dissent*, inverno de 2002, pp. 29-37.

constitua por si só justificativa suficiente para a intervenção ou de que seja legítimo intervir em defesa da democracia[29]. Por vezes justifica essa forte reserva invocando a importância de se proteger a soberania dos Estados em que essas pessoas podem ter uma vida comunitária e lutar pela liberdade à sua própria maneira, no âmbito de suas próprias estruturas comunitárias[30]. Outras vezes, seu argumento é mais pragmático: desde a época romana, lembra-nos ele, as potências imperiais têm buscado expandir seus impérios intervindo em guerras civis. A intervenção pode tornar-se com demasiada facilidade uma desculpa para a anexação, seja qual for a forma que esta tome. Walzer menciona, bem entendido, exemplos de intervenções que considera justificadas: a da Índia no que era então o Paquistão Oriental, hoje Bangladesh, em 1971; a da Tanzânia, em 1979, contra o regime de Idi Amin em Uganda; e a dos vietnamitas no Camboja nesse mesmo ano. No cômputo geral, contudo, ele julga que "se deve permitir que as pessoas resolvam suas dificuldades sem assistência imperial, entre elas mesmas"[31].

O problema do critério da "consciência da humanidade", evocado por Walzer, reside no fato de que a consciência, em diferentes épocas e lugares, sentiu-se chocada por coisas como o sexo inter-racial, o ateísmo e os banheiros mistos. Ironicamente, os próprios nazistas elevaram "a saudável sensibilidade do povo" ao status de norma legal, usando-a para suprimir o homossexualismo[32]. Sabemos que, ao falar de atos que cho-

▼

29. Michael Walzer, "The Politics of Rescue", *Dissent*, v. 42, inverno de 1995, p. 36; "The Argument about Humanitarian Intervention", p. 29.
30. Walzer, *Just and Unjust Wars*, pp. 53-4, 86, 89.
31. Walzer, "The Politics of Rescue", p. 36.
32. James D. Steakley, *The Homosexual Emancipation Movement in Germany*, Arno Press, Nova York, 1975, p. 110.

cam a consciência da humanidade, os advogados internacionais não se referem a coisas como *essas*; mas como especificar de modo preciso a que se referem? O secretário-geral da Organização das Nações Unidas, Kofi Annan, sugeriu que a intervenção se justifica "quando se infligem a morte e o sofrimento a um grande número de pessoas e o Estado nominalmente responsável não pode ou não quer intervir para pôr fim a esse estado de coisas". Ele defende essa sua concepção afirmando que o objetivo da Carta da Organização das Nações Unidas é "proteger os seres humanos individuais, e não aqueles que os maltratam"[33]. O critério de Annan tem a vantagem de ser mais específico que o de "chocar" a consciência da humanidade". Mas, para dar-lhe uma precisão ainda maior, deve-se substituir a referência a "sofrimento" por uma enumeração de violações mais específicas. Vários documentos legais o fazem, entre eles a Convenção para a Prevenção e a Repressão do Crime de Genocídio, de 1948, à qual se seguiu o Estatuto de Roma do Tribunal Criminal Internacional, de 1998. O artigo 2 da Convenção define o crime de genocídio nos seguintes termos:

> entende-se por genocídio qualquer dos seguintes atos cometidos com a intenção de destruir, no todo ou em parte, um grupo nacional, étnico, racial ou religioso, como o são:
> (a) matar membros do grupo;
> (b) causar lesão grave à integridade física ou mental de membros do grupo;
> (c) submeter intencionalmente o grupo a condições de existência capazes de ocasionar-lhe a destruição física total ou parcial;

▼

33. Kofi Annan, "Two Concepts of Sovereignty", *The Economist*, 18 de setembro de 1999, disponível em: www.un.org/Overview/SG/kaecon.htm.

(d) adotar medidas destinadas a impedir os nascimentos no seio do grupo;

(e) efetuar a transferência forçada de crianças do grupo para outro grupo.[34]

Embora todos esses atos devam ser considerados crimes, devendo-se perseguir e processar seus perpetradores sempre que possível, também se podem estabelecer distinções entre eles. Como a intervenção militar pode causar vítimas de modo indiscriminado, a imposição de medidas destinadas a evitar nascimentos no âmbito de determinados grupos ou a transferência forçada de crianças de um grupo para outro podem ser consideradas insuficientes em si mesmas para justificar uma tal intervenção. Claro que essas medidas são de modo geral acompanhadas de violência física; podem causar graves danos mentais a membros do grupo e permitir assim que a situação se inclua numa das outras cláusulas da definição de genocídio, a par de abrir o caminho para a possível justificação da intervenção. Além disso, o fato de os atos serem praticados contra um determinado grupo nacional, racial, étnico ou religioso específico serve apenas para identificar esses crimes como genocídio. Atos de violência que não visem a um grupo específico, mas praticado contra um número equivalente de pessoas inocentes, seriam crimes contra a humanidade do mesmo jeito e poderiam também oferecer um motivo para uma intervenção justificável.

A definição de "crime contra a humanidade" é menos bem estabelecida do que a de genocídio, mas o Estatuto de Roma do Tribunal Criminal Internacional usa a seguinte:

▼

---

34. Convention on the Prevention and Punishment of the Crime of Genocide, UN General Assembly 260A(III), 9 de dezembro de 1948, disponível em: www.unhchr.ch/html/menu3/b/p_genoci.htm.

"crime contra a humanidade" designa todo e qualquer dos atos seguintes, quando cometido como parte de um ataque maciço ou sistemático dirigido a toda e qualquer população civil e com conhecimento desse ataque:
(a) Assassinato;
(b) Extermínio;
(c) Escravidão;
(d) Deportação ou transferência forçada de populações;
(e) Prisão ou outra privação grave da liberdade física em violação das regras fundamentais do direito internacional;
(f) Tortura;
(g) Estupro, escravidão sexual, prostituição forçada, gravidez forçada, esterilização forçada ou qualquer outra forma de violência sexual de gravidade comparável;
(h) Perseguição a todo e qualquer grupo ou coletividade por razões políticas, raciais, nacionais, étnicas, culturais, religiosas e de sexo, tal como definidas no parágrafo 3, ou outras razões universalmente reconhecidas como não admissíveis sob o direito internacional, em conexão com todo ato referido neste parágrafo ou qualquer crime que caia sob a jurisdição do Tribunal;
(i) Desaparecimento de pessoas;
(j) O crime do *apartheid*;
(k) Outros atos desumanos de caráter semelhante que causem intencionalmente grande sofrimento ou sérios danos ao corpo ou à saúde mental ou física.[35]

Mais uma vez, se estamos em busca de motivos para uma intervenção militar, temos de encontrar exemplos comuns e flagrantes desses crimes.

Podemos agora recorrer às definições de genocídio e de crimes contra a humanidade, bem como aos critérios de Walzer e de Annan, para dizer:

▼

35. Rome Statute of the International Criminal Court, Article 7, disponível em: www.un.org/law/icc/statute/romefra.htm.

A intervenção humanitária se justifica quando é uma reação (com razoável expectativa de sucesso) a atos que matam ou infligem graves danos corporais ou mentais a um grande número de pessoas, ou que impõem deliberadamente a essas pessoas condições de vida calculadas para levar à sua destruição física, e quando o Estado nominalmente responsável é incapaz de interrompê-los ou não se dispõe a fazê-lo.

Certamente, essa definição levanta mais questões do que responde. Quantas pessoas constituem um "grande número"? Qual a gravidade dos danos corporais ou mentais? Quem vai decidir quando as condições de vida que levam à destruição física de um grande número de pessoas foram impostas deliberadamente? Se a intervenção humanitária se justifica quando esse critério é atendido, haverá também a obrigação de que outras nações intervenham? Poderia causar conscientemente, ou não se dispor a interromper, uma poluição ambiental que vai matar grandes números de pessoas ser considerado um ato que se enquadra nessa definição? Consideram-se somente os males infligidos a seres humanos? Será que, um dia, a extinção de dezenas de milhares de chimpanzés ou a destruição de um ecossistema ímpar, que provocasse a extinção de muitas espécies, não poderiam ser consideradas razões para intervir?

São interrogações difíceis, talvez difíceis demais para servir de base à ação política no futuro próximo. É melhor começar modestamente, como o fez a Comissão Internacional sobre Intervenção e Soberania dos Estados [International Comission on Intervention and State Sovereignty], formada pelo governo canadense em 2000, com seu relatório *A responsabilidade de proteger*. A comissão, co-dirigida por Gareth Evans, ex-ministro das Relações Exteriores da Austrália, e Mohamed Sahnoun, experiente diplomata argelino, e formada por doze destacados especialistas de vários países, teve a preocupação de fazer recomendações politicamente viáveis. Com esse fim, reduziu a apenas dois os critérios para uma ação militar justificada:

> A. *perda de vidas em larga escala*, real ou percebida, com ou sem intenção genocida, que seja o produto ou de ação deliberada do Estado ou de negligência ou incapacidade de agir deste, ou então de uma situação de colapso do Estado; ou
>
> B. *"limpeza étnica" em larga escala*, real ou percebida, realizada por meio da matança, da expulsão forçada, de atos de terror ou do estupro.

Quando esses critérios se verificam, apontou a comissão, há não apenas o direito de intervir como a responsabilidade internacional de proteger a população que é, ou corre o risco iminente de vir a ser, vítima desses atos[36]. Embora as condições sejam sob alguns aspectos mais restritas do que as abrangidas pela definição de crime contra a humanidade do Tribunal Criminal Internacional, podendo por conseguinte pecar por excesso de precaução e dificultar a autorização de uma intervenção, num importante aspecto o primeiro critério da comissão vai bem além da definição de crime contra a humanidade: as "perdas de vida em larga escala" passíveis de desencadear a intervenção não precisam decorrer da ação humana deliberada. A intervenção pode se justificar, disse a comissão, para evitar que pessoas morram de fome caso o Estado não seja capaz de assisti-las ou seja negligente no tocante a isso.

Esses critérios parecem ser ao menos um bom ponto de partida a ser usado pela comunidade internacional quando esta se vir diante de uma situação na qual a intervenção se imponha como uma alternativa. Voltemos então para outra dú-

▼

36. *The Responsibility to Protect*, pp. xi-xii e p. 32, § 4.19.

vida: Quem deve decidir quando os critérios (seja esse conjunto de critérios, seja algum outro) foram atendidos? Na prática, a resposta a essa pergunta tem tanta importância quanto os critérios. Existe um único organismo global capaz de desenvolver um procedimento dotado de autoridade para especificar quando a intervenção se justifica.

A AUTORIDADE DA ORGANIZAÇÃO DAS NAÇÕES UNIDAS

Num discurso proferido na Assembléia Geral das Nações Unidas em setembro de 1999, o secretário-geral Kofi Annan referiu-se ao genocídio em Ruanda como sinal das conseqüências da inação e à intervenção em Kosovo como exemplo de medida tomada por "uma organização regional [a Otan] sem um mandato da Organização das Nações Unidas". E, prosseguindo, apresentou um dilema:

> A quem julga que a maior ameaça ao futuro da ordem internacional é o uso da força na ausência de um mandato do Conselho de Segurança, poderíamos perguntar – não no contexto de Kosovo mas no de Ruanda: Se, naquelas horas e dias sombrios que levaram ao genocídio, uma coalizão de Estados estivesse pronta a agir em defesa da população tutsi mas não recebesse imediata autorização do Conselho, deveria uma tal coalizão manter-se alheia e permitir que ocorresse o horror?
> A quem julga que os eventos de Kosovo foram os arautos de uma nova era na qual Estados e grupos de Estados podem recorrer a ações militares que não façam parte dos mecanismos estabelecidos para fazer vigir o direito internacional, poderíamos perguntar: Não haverá o risco de essas intervenções solaparem o sistema de segurança, imperfeito mas sólido, criado depois da Segunda Guerra Mundial, bem como de estabelecerem um perigoso precedente

para futuras intervenções sem um critério claro para se decidir quem pode invocar esses precedentes e em que circunstâncias?[37]

Annan deixou clara sua própria posição, alegando que a soberania do Estado vem sendo redefinida pelas forças da globalização e da cooperação internacional: "O Estado é hoje amplamente entendido como servidor do povo, e não o contrário." Como vimos, em sua leitura da Carta das Nações Unidas, ele crê haver autorização para intervenções em defesa de seres humanos individuais, e não de quem lhes inflige maus-tratos. Nessa sua afirmação, Annan pode ter em mente o artigo 55(c) da Carta, que se refere à promoção do "respeito universal e efetivo dos direitos do homem e das liberdades fundamentais para todos", bem como o artigo 56, que diz: "Para a realização dos objetivos enumerados no artigo 55, todos os membros da Organização se comprometem a agir em cooperação com esta, em conjunto ou separadamente." O problema de interpretar esses artigos como uma autorização para intervenções humanitárias em defesa de seres humanos cujos direitos estejam sendo violados no âmbito de um Estado soberano é, contudo, o fato de a mesma Carta dizer no artigo 2(7):

> Nenhuma disposição da presente Carta autorizará as Nações Unidas a intervir em assuntos que caibam essencialmente à jurisdição interna de qualquer Estado, ou obrigará os Membros a submeter tais assuntos a uma solução, nos termos da presente Carta; este princípio, porém, não prejudicará a aplicação das medidas coercitivas constantes do capítulo VII.

▼
37. Press Release SG/SM/7136 GA/9596, Secretary-General Presents His Annual Report to General Assembly (20 de setembro de 1999), disponível em: http://srcho.un.org:8o/Docs/SG/index.html.

O capítulo VII não se refere a direitos humanos, mas apenas à "ameaça à paz, ruptura da paz ou ato de agressão". Se tomarmos isso literalmente, parece que a Organização das Nações Unidas não pode estabelecer procedimentos que autorizem a intervenção humanitária, porque, se o fizesse, estaria violando sua própria Carta.

Como reconciliar essas diferentes seções da Carta? A Carta apresenta aos membros da ONU dois conjuntos de obrigações: respeitar os direitos humanos e não interferir nos assuntos internos de outro Estado. Como diz Brad Roth: "a Organização e seus Membros se comprometem a observar e promover, mas estão obrigados a jamais impor, práticas internas saudáveis"[38]. A "Declaração de Princípios da Lei Internacional Aplicáveis às Relações Amistosas e à Cooperação entre Estados de acordo com a Carta das Nações Unidas", adotada pela Assembléia Geral por ocasião do 25º aniversário de fundação da Organização, dá algum apoio a essa idéia. Essa Declaração elabora o artigo 2(7) da Carta da seguinte maneira:

> A intervenção armada e todas as outras formas de interferência, ou as tentativas de ameaçar a personalidade do Estado ou seus elementos políticos, econômicos e culturais, constituem violações da lei internacional... Todo Estado tem o direito inalienável de escolher seus sistemas políticos, econômicos, sociais e culturais sem interferência, sob qualquer forma, de outro Estado.[39]

Isso significa que, pela Carta das Nações Unidas, a intervenção humanitária viola a aceitação do princípio de não-in-

▼

38. Brad Roth, *Governmental Illegitimacy in International Law*, Clarendon Press, Oxford, 1999, p. 324.
39. General Assembly Resolution 2625 (XXV), Annex, 25 UN GAOR, Supp., nº 28, UN DecA/5217 (1970), at 121, disponível em: www.fletcher.tufts.edu/pens/2625.htm; citado também por Roth, pp. 161-2.

tervenção nos assuntos internos de outros Estados soberanos? Poderíamos conciliar a Carta com a intervenção humanitária se pudéssemos provar pelo menos uma das seguintes alegações:

1. A violação dos direitos humanos, mesmo num único país, constitui ameaça intrínseca à paz internacional.
2. A existência da tirania constitui ameaça intrínseca à paz internacional.
3. Que os direitos de jurisdição interna conservados pelos Estados sob o artigo 2(7) não abarcam os crimes contra a humanidade nem a permissão para que sejam cometidos dentro da jurisdição de cada Estado.

Discutirei cada uma dessas alegações na seqüência apresentada.

1. A violação dos direitos humanos, mesmo num único país, constitui ameaça intrínseca à paz internacional.

O primeiro argumento é um dos apresentados pelo próprio Annan. Referindo-se à Carta das Nações Unidas em seu discurso de setembro de 1999, ele disse:

> Os Estados soberanos que elaboraram a Carta há cerca de meio século eram dedicados à paz, porém experientes na guerra.
> Conheciam o terror do conflito, mas sabiam igualmente que há momentos nos quais o uso da força pode ser legítimo na busca da paz. Eis por que as próprias palavras da Carta declaram que "a força armada só será usada no interesse comum". Mas o que é esse interesse comum? Quem vai defini-lo? Quem vai defendê-lo? Com que autoridade? E com que meios de intervenção? Essas são as questões monumentais que temos diante de nós ao entrar no novo século.

Tomando-se essas observações em seu contexto, podemos entender que Annan nos diz que o interesse comum deve ser definido de modo tal que possamos impedir que um tirano viole os direitos dos cidadãos do país que governa, ainda que o tirano não constitua uma ameaça para outras nações. Embora isso pareça inacreditável, várias decisões do Conselho de Segurança trazem em si as mesmas implicações. No tocante ao Iraque, o Conselho de Segurança resolveu em 1991 que as conseqüências da repressão à população civil, inclusive a das áreas povoadas pelos curdos, constituíam uma ameaça à paz e à segurança internacionais. Já que o Conselho mencionou o fluxo de refugiados para outros países, pode-se alegar que essa repressão tinha de fato algumas conseqüências que ultrapassavam as fronteiras do Iraque[40]. Mas, ao autorizar a intervenção na Somália, o Conselho de Segurança simplesmente determinou que "a magnitude da tragédia humana causada por esse conflito na Somália, exacerbada pelos obstáculos que vêm sendo criados à distribuição de ajuda humanitária, constitui uma ameaça à paz e à segurança internacionais"[41]. Não foram dadas maiores explicações, e, como o conflito era puramente civil, não é fácil imaginar como a paz internacional teria sido ameaçada caso se tivesse deixado que os somalis morressem de fome, por mais terrível que isso tivesse sido. Do mesmo modo, no Haiti, a derrubada do presidente democraticamente eleito Jean-Bertrand Aristide foi considerada uma ameaça "à paz e à segurança internacionais na região", justificando assim o uso dos poderes do capítulo VII[42].

▼

40. Security Council Resolution 688, 5 de abril de 1991, disponível em: http://srcho.un.org:8)/Docs/scres/1991/688e.pdf. Devo este e os dois próximos exemplos a Gregory Fox, "The Right to Political Participation in International Law". In Cecelia Lynch and Michael Loriaux (orgs.), *Law and Moral Action in World Politics*, University of Minnesota Press, Minneapolis, 1999, p. 91.
41. Security Council Resolution 794, 3 de dezembro de 1992, disponível em: http://srcho.un.org:80/documents/sc/res/1992/s92r794e.pdf.
42. Security Council Resolution 841, 16 de junho de 1993, disponível em: http://srcho.un.org:80/Docs/scres/1993/841e.pdf.

Dadas as tragédias humanas no Iraque, na Somália e no Haiti que o Conselho de Segurança estava tentando superar, é compreensível que ele estivesse disposto a esticar ao máximo a linguagem da Carta da ONU. Pode ser que uma ética que considere as conseqüências de nossas ações como o fator determinante do que é certo ou errado nos levasse a apoiar quaisquer estratagemas que oferecessem as melhores oportunidades de se evitar essas tragédias. Mas, adotando uma perspectiva de longo prazo, mesmo o conseqüencialista deveria apoiar a soberania da lei internacional, pois é ela que mais tem o potencial de reduzir a probabilidade da guerra. Uma ética conseqüencialista pode indicar mudanças desejáveis na lei internacional, mas vai lhe dar um apoio geral. Por conseguinte, cabe-nos rejeitar mentiras flagrantes, como a idéia de que a derrubada do presidente do Haiti constitui uma ameaça à paz internacional. Aceita esta idéia, tudo é possível, e de fato o Conselho de Segurança tem o poder irrestrito de interferir onde julgar necessário. A lei internacional não oferece nenhum fundamento para que se atribuam esses poderes ao Conselho de Segurança.

2. *A democracia é a melhor guardiã da paz.*

Uma segunda estratégia seria invocar o argumento de que nunca ocorreu uma guerra entre dois Estados democráticos[43]. Trata-se de uma tese controversa, que depende muito da defi-

▼

43. Essa tese remonta a *À paz perpétua*, de Kant, seção II, e foi defendida também por Joseph Schumpeter. Ver Michael Doyle, "Liberal Institutions and International Ethics". In Kenneth Kipnis e Diana Meyers (orgs.), *Political Realism and International Morality*, Westview, Boulder, Colorado, 1987, pp. 185-211; publicado inicialmente como "Liberalism and World Politics", *American Political Science Review*, n? 80:4, 1986, pp. 1152-69. Há muitas discussões dessa tese na Web, por exemplo, http://users.erols.com/mwhite28/demowar.htm.

nição de "guerra" e de "democracia". Se ainda não houve um contra-exemplo, não há dúvida de que haverá. Mas a existência de um ou dois contra-exemplos não refuta uma versão mais cautelosa da tese, a de que os Estados democráticos têm menos probabilidade de guerrear entre si do que os Estados não democráticos. Se assim for, pode-se alegar que o artigo 2 (7) não se opõe mais a nenhuma intervenção destinada a estabelecer ou restaurar a democracia, dado que essas intervenções de fato reduzem a "ameaça à paz" geral representada por regimes não democráticos. Mas será que uma ameaça tão vaga e indefinida pode ser razão suficiente para a intervenção militar? Mais uma vez, parece que temos aí um pretexto para encobrir intervenções que na verdade são motivadas por finalidades completamente diferentes.

3. Os direitos de jurisdição interna conservados pelos Estados sob o artigo 2(7) não abrangem o genocídio ou outros crimes contra a humanidade, nem a permissão para que sejam cometidos.

A terceira estratégia recorre ao conjunto de leis internacionais que, como sugere o caso Eichmann, proclamam uma jurisdição universal contra os culpados de genocídio ou outros crimes contra a humanidade. Segundo a idéia agora em tela, a Carta da Organização das Nações Unidas não pode ter pretendido, ao garantir a jurisdição interna dos Estados, descartar essa importante doutrina da lei internacional costumeira.

A idéia de que, segundo a Carta da Organização das Nações Unidas, a soberania interna dos países é limitada pela lei internacional contra o genocídio ou outros crimes contra a humanidade depara-se com um problema: a Comissão de Direito Internacional só recomendou a responsabilidade criminal internacional por crimes contra a humanidade em 1954, bem depois de a Carta ter sido escrita e aceita pelos Estados-membros originais da Organização das Nações Unidas. Assim, a Carta pode ter sido formulada e assinada na ausência de qualquer crença desse tipo. Por outro lado, mesmo hoje, nem todos os países aceitam limites à soberania. Em julho de 2001, a Rússia e a China assinaram um "Tratado sobre a Amizade e a Cooperação da Boa Vizinhança", segundo o qual, ao que parece, a soberania interna oferece imunidade contra a intervenção. O artigo XI do tratado afirma:

> As partes signatárias sustentam a estrita observância dos princípios e normas da lei internacional, geralmente reconhecidos, contra quaisquer ações destinadas a exercer pressão ou interferir, sob qualquer pretexto, nos assuntos internos dos Estados soberanos, e farão esforços ativos para solidificar a paz, a estabilidade, o desenvolvimento e a cooperação mundial.[44]

Apesar dessas dúvidas, a idéia de que a jurisdição interna aceita pela Carta da Organização das Nações Unidas não abrange a perpetração ativa ou passiva de atos de genocídio e crimes contra a humanidade é a mais plausível e promissora das três estratégias consideradas até agora. A Comissão Internacional sobre a Intervenção e a Soberania dos Estados chegou a uma conclusão semelhante, alegando que a soberania do Estado acarreta para este a responsabilidade de proteger seu povo. Quando um Estado não quer ou não pode corresponder a essa responsabilidade, sustentou a comissão, ela passa para a comunidade internacional e, mais especificamente, para o Conselho de Segurança, que, sob o artigo 24 da Carta da Organização das Nações Unidas, tem "a principal

▼

44. "In the Treaty's Words: 'International Stability'", *New York Times*, 17 de julho de 2001, página A8.

responsabilidade pela conservação da paz e da segurança internacionais".[45]

Ao contrário da primeira estratégia, pela qual a violação de direitos humanos constitui em si mesma uma ameaça à paz internacional, esta terceira abordagem não se baseia numa mentira, e, ao contrário da segunda, não está fundada numa teoria não comprovada sobre a relação entre democracia e paz. Além disso, ela impõe limites intrínsecos aos fundamentos de uma intervenção. Pode ser, então, que ela seja aquilo de que precisamos. Mesmo assim, antes de aceitar a limitação da jurisdição interna como a melhor justificativa da intervenção humanitária, farei uma breve menção a uma quarta estratégia, menos óbvia porém de maior alcance, que concilia a intervenção humanitária e o princípio da não-intervenção nos assuntos internos de outro Estado soberano.

Esta quarta estratégia tem como base o que dissemos no capítulo anterior quando questionamos a concepção padronizada do que é necessário para que um governo seja legítimo. Como vimos ali, embora os governos costumem ser aceitos como legítimos quando têm o controle efetivo do território que alegam governar, há uma concepção democrática alternativa de legitimidade, de acordo com a qual um regime que toma o poder pela força só é legítimo se obtiver do povo que governa uma indicação livremente expressa de apoio popular. Como vimos, essa concepção democrática pode ser defendida tanto por um argumento baseado no direito ao autogoverno quanto pela doutrina conseqüencialista. Se essa concepção fosse aceita, as propostas feitas no capítulo anterior quanto às

▼

45. *The Responsibility to Protect*, p. xi, pp. 12-13, §§ 2.7-2.15, e pp. 47-50, §§ 6.1-6.18.

restrições comerciais poderiam ter uma aplicação mais ampla. Se um governo que chegasse ao poder pela força das armas e nele permanecesse reprimindo toda oposição fosse por esse motivo considerado ilegítimo, esse governo não poderia ter lugar na Organização das Nações Unidas. Assim, se ele cometesse violência contra sua própria população, os dispositivos da Carta da Organização das Nações Unidas que restringem a intervenção dos países-membros nos assuntos internos de outros membros não seriam aplicados. Embora essa doutrina pudesse gerar mais guerras, deve-se contrapor a esse risco a perspectiva de se dar força à democracia e reduzir o número de governos que são pouco mais do que gangues de desordeiros que saqueiam um país dominado pelas armas. Claro que o costumeiro argumento conseqüencialista contra a guerra ainda se aplicaria. A guerra causa imensos sofrimentos e perda de vidas, e por isso sempre deve ser o último recurso: deve-se ir à guerra quando não houver outra maneira de evitar sofrimentos e perdas de vidas ainda maiores e quando houver boas perspectivas de sucesso.

A DISSEMINAÇÃO DA DEMOCRACIA VAI OFERECER PROTEÇÃO CONTRA O GENOCÍDIO?

Na primeira seção deste capítulo, afirmei que poderia haver uma base genética para a propensão que têm alguns seres humanos a massacrar quem não faz parte de seu grupo. Agora afirmei que quando um regime governa pela força, e não pela democracia, não há soberania legítima capaz de impedir uma intervenção da qual se possam esperar boas conseqüências – e que vá, se possível, estabelecer uma democracia.

Mas pode-se perguntar: que fé podemos ter na democracia como meio de se evitar o genocídio e não promovê-lo? Se os genes de violência estão presentes em muitos, por que é menos provável que estejam em dirigentes democraticamente eleitos do que em ditadores?[46]

Os piores genocídios do século XX foram levados a efeito por governos que estavam longe de ser democráticos: a Turquia otomana na época do genocídio armênio, a Alemanha nazista, a União Soviética sob Stálin, o Camboja sob o Khmer Vermelho. Mas Ruanda caminhava na direção de uma democracia multipartidária na época dos massacres, e, como 85 por cento da população era da etnia hutu, é possível que um grau maior de democracia não impedisse os massacres dos tútsis. Um exemplo ainda mais contrário à concepção que defendo é porém o governo de Slobodan Milosevic, que tem substancial responsabilidade pelos massacres da Bósnia e de Kosovo. Milosevic foi eleito duas vezes presidente da Sérvia por grandes maiorias e, mais tarde, também da Iugoslávia. Embora nem a Sérvia nem a Iugoslávia da época fossem sociedades inteiramente livres e abertas, os requisitos para a aceitação de um Estado como democrático não poderiam ser elaborados a ponto de as excluir; teria como resultado excluir também muitos outros Estados supostamente democráticos[47].

A democracia, no sentido de governo da maioria, não oferece garantias de respeito aos direitos humanos. Mas o processo democrático exige que as políticas do governo sejam publi-

▼

46. Essa objeção foi apresentada com veemência por John Broome quando apresentei uma versão anterior deste artigo na forma de Amnesty Lecture na Universidade de Oxford. Minha resposta reflete, em parte, os comentários feitos por Nir Eyal, que também estava presente nessa ocasião.

47. O parágrafo precedente deve muito aos sensatos comentários de Leif Wenar.

camente defendidas e justificadas. Não se pode simplesmente concretizá-las de cima para baixo. Embora alguns possam ter a capacidade de cometer crimes terríveis, muitos têm também um sentido moral, ou seja, a capacidade de refletir acerca do que há de certo e errado naquilo que fazem ou naquilo que nossos dirigentes fazem. Essa capacidade se manifesta na vida pública. Um pequeno grupo pode tramar um genocídio e inspirar ou obrigar pelo medo os seus seguidores a levá-lo a efeito; mas, se o genocídio tiver de ser defendido no horário nobre da televisão, vai se tornar de fato um evento muito raro. Os nazistas, mesmo depois de oito anos no poder, e usando todos os recursos de propaganda que Goebbels conseguia imaginar, não se atreveram a afirmar explicitamente o que faziam contra os judeus. Himmler disse a um grupo de líderes da SS que seu trabalho de extermínio dos judeus era "uma página gloriosa da nossa história, uma página não escrita e que nunca deverá ser escrita"[48]. Se cada página da história nazista tivesse sido escrita no momento em que ocorreu e oferecida para discussão ao povo alemão, é difícil crer que o Holocausto tivesse ocorrido. Quando os promotores do Tribunal de Nuremberg exibiram um filme feito por cinegrafistas militares aliados, no qual se retratavam campos de concentração nazistas, alguns dos acusados pareceram visivelmente chocados. Mesmo eles podem não ter percebido quais foram exatamente os resultados de suas políticas, quando vistas de perto. Procedimentos explícitos e o olhar do público podem não ser um antídoto perfeito contra o genocídio, mas com certeza ajudam.

▼

48. Discurso aos líderes da SS proferido em Posen no dia 4 de outubro de 1943, citado in Karl Dietrich Bracher, *The German Dictatorship*, Praeger Publishers, Nova York, 1971, p. 423.

SERÁ QUE A INTERVENÇÃO FAZ MAIS MAL DO QUE BEM?

O conceito democrático de governo legítimo implica que o conceito de soberania nacional não tem nenhum peso quando o governo se mantém apenas por meio da força. Ao que parece, a intervenção em países com governos desse tipo se justifica sem mais discussões. Mas, sendo facilmente justificada, a intervenção não vai ser usada com tanta freqüência que será objeto de abusos?

Essa objeção tem como base a ausência de distinção entre justificação legal e justificação ética. Mesmo que a intervenção contra um regime tirânico que comete crimes contra a humanidade não viole a lei internacional nem a Carta da Organização das Nações Unidas, ainda assim poderia ser errado intervir. Como diz Michael Doyle, "do ponto de vista moral, não se pode resgatar um lugarejo e desencadear a Terceira Guerra Mundial, nem destruir uma cidadezinha para salvá-la"[49]. Precisamos de regras e procedimentos que dificultem a justificação da intervenção, porque, como já observei, alguns países são capazes de enganar a si mesmos a ponto de crer que seu desejo de expandir sua influência no mundo é na verdade uma preocupação altruísta de defesa da democracia e dos direitos humanos. Mas, mesmo que essas regras e esses procedimentos sejam seguidos, a questão essencial sempre tem de ser: a intervenção faz mais mal ou mais bem?

▼

49. Michael Doyle, "Liberal Institutions and International Ethics". In Kipnis e Meyers, *Political Realism and International Morality*, p. 220. Ver esse artigo de modo geral para uma discussão, com muitos exemplos contemporâneos. De alguns dos aspectos conseqüencialistas da intervenção humanitária.

Tzvetan Todorov opina que o maior inimigo não é a tirania mas a anarquia. Apontando a queda dos antigos regimes comunistas no Leste Europeu, ele afirma que em alguns casos o colapso do país-Estado nacional levou a uma situação em que o poder está nas mãos de criminosos armados. A intervenção, mesmo com motivos humanitários, pode levar ao mesmo desfecho, dado que também destrói o Estado nacional[50]. Na mesma medida em que essa alegação é factualmente correta, a intervenção não deve ocorrer.

Está envolvida aqui uma importante questão ética que costuma levar a objeções errôneas à questão de saber quando é certo intervir nos assuntos domésticos de outro Estado. A objeção é: se foi justificável intervir contra a Sérvia em Kosovo, deveria sê-lo igualmente intervir contra a Rússia na Chechênia e contra a China no Tibete. O que essa objeção não leva em conta é que uma coisa é a existência de uma base legal, e mesmo de uma causa justa, para intervir, e outra bem distinta a justificação de intervenção, considerando-se todos os aspectos pertinentes. A distinção mostra que o motivo pelo qual a Otan estaria cometendo um erro se interviesse contra a Rússia na Chechênia e contra a China no Tibete não seria (ao menos segundo uma versão do que o país maior está fazendo contra o menor) a ausência de uma base legal ou de uma causa justa para intervir, mas o fato de que os custos humanos da guerra resultante tornavam errada a intervenção. Não se deve pensar que estejamos diante de um caso de "dois pesos, duas medidas". Há apenas um peso e uma medida: é certo fazer aquilo

▼

50. Tzvetan Todorov, "Right to Intervene or Duty to Assist?". In Nicholas Owen (org.), *Human Rights, Human Wrongs – Oxford Amnesty Lectures 2001*, Oxford University Press, Oxford, 2002.

que terá as melhores conseqüências, e esse peso e essa medida nos diz que não devemos intervir quando os custos da intervenção provavelmente serão maiores do que os benefícios alcançados.

EVITAR O IMPERIALISMO CULTURAL

Afirma-se por vezes que intervir em outros países para proteger os direitos humanos é uma forma de imperialismo cultural. Com que direito, perguntam os adeptos dessa idéia, o Ocidente impõe a outros povos nossa visão do tipo de sociedade que eles devem ter? Não estaremos repetindo os erros dos missionários ocidentais que navegaram para a África ou para as Ilhas dos Mares do Sul e disseram aos povos "primitivos" que ali encontraram que cobrissem sua nudez, praticassem a monogamia e só praticassem o sexo um de frente para o outro e com o homem por cima? Não aprendemos com essa experiência que a moral é relativa à sociedade de cada um e que a nossa moral não é em nada melhor do que a deles?

Essa é uma objeção confusa. Os relativistas morais imaginam que defendem o direito dos povos não-ocidentais de preservar seus próprios valores, mas, quando é de fato levado a sério, o relativismo moral solapa todos os argumentos éticos opostos ao imperialismo cultural. Isso porque, se a moral é sempre relativa à sociedade de cada um, então você, vindo da sua sociedade, tem seus valores morais, e eu, vindo da minha, tenho os meus. Segue-se disso que, quando critico seus padrões morais, apenas exprimo a moralidade da minha sociedade, mas também que, quando me condena por criticar os padrões morais de sua sociedade, você apenas exprime a moralidade da sua. Segundo essa concepção, é impossível abstrair a moralidade da nossa própria sociedade e exprimir um juízo moral transcultural ou objetivo sobre qualquer coisa, inclusive sobre o respeito à cultura dos diferentes povos. Assim, se por acaso vivemos numa sociedade que exalta os que dominam outras sociedades e suprimem a cultura delas – e as mesmas pessoas que defendem o relativismo moral dizem com freqüência que essa *é* a tradição ocidental –, essa é então nossa moralidade, e o relativismo não pode oferecer nenhuma razão coerente para que não devêssemos dar continuidade a ela.

O relativismo moral deve ser rejeitado. Pode-se formular um argumento bem mais sólido contra o imperialismo cultural a partir de um ponto de vista ético que admita a possibilidade de uma discussão ética que ultrapasse as fronteiras de nossa própria cultura. Nesse âmbito, podemos alegar que as diversas culturas representam modos de vida que se desenvolveram ao longo de inúmeras gerações; que a destruição desses modos de vida leva à perda da sabedoria que através deles se acumula; que todos nós nos enriquecemos ao conhecer e valorizar uma diversidade de culturas. Podemos reconhecer que o Ocidente não tem o monopólio da sabedoria, que aprendeu em várias ocasiões com outras culturas e ainda tem muito a aprender. Podemos incitar as pessoas a ter sensibilidade aos valores de outros povos e a compreender aquilo que lhes confere o respeito próprio e um sentido de identidade. Sobre esses fundamentos, podemos criticar os missionários do século XIX por sua insensibilidade às diferenças culturais e sua obsessão pelo comportamento sexual, área em que a sensibilidade humana toma uma ampla variedade de formas sem que nenhum padrão seja claramente superior aos outros. Podemos dizer ainda que deveríamos fazer muito mais para preservar as culturas distintas da nossa, especialmente as culturas nativas em vias de desaparecer. Mas, uma vez aceita a possibilidade de uma discussão racional na ética, independentemente das culturas particulares, também podemos perguntar se os valores que sustentamos são firmes, defensáveis e justificáveis. Embora os seres dotados de razão possam discordar acerca de muitas áreas da ética – e a cultura de cada um desempenha um papel nessas diferenças –, por vezes o que as pessoas dizem ser uma prática cultural distintiva só serve na verdade aos interesses de uma pequena minoria da população, e não ao povo como um todo. Ou talvez prejudique os interesses de alguns sem ser benéfica a ninguém, tendo sobrevivido por achar-se ligada a uma doutrina ou prática religiosa resistente à mudança. Atos como os perpetrados pelos nazistas contra os judeus, os ciganos e os homossexuais, pelo Khmer Vermelho contra os cambojanos que eles consideravam seus inimigos de classe, pelos hutus contra os tútsis em Ruanda e por culturas que praticam a mutilação genital feminina ou proíbem a educação das mulheres não são elementos de uma cultura específica, que vale a pena preservar, e não há imperialismo em dizer que lhes falta o elemento de consideração pelos outros que se exige de toda ética justificável[51].

Alguns aspectos da ética podem ser considerados universais, ou quase. A reciprocidade, pelo menos, parece ser comum aos sistemas éticos de todos os confins do mundo[52]. A noção de

▼

51. Para mais discussões sobre a base da ética, ver meu livro *Practical Ethics*, 2ª ed., Cambridge University Press, Cambridge, 1993, capítulo I; ou R. M. Hare, *Moral Thinking*, Oxford University Press, Oxford, 1981.
52. Ver Alvin Gouldner, "The Norm of Reciprocity", *American Sociological Review*, nº 25:2, 1960, p. 171.

reciprocidade pode ter constituído a base da "Regra de Ouro" – segundo a qual devemos tratar os outros como queremos que nos tratem –, que eleva e transforma a idéia de reciprocidade num princípio específico que não tem necessariamente relação com a maneira como cada qual foi concretamente tratado no passado. A Regra de Ouro está presente, com distintas formulações, numa ampla variedade de culturas e de ensinamentos religiosos, abrangendo, numa ordem mais ou menos cronológica, os de Zoroastro, Confúcio, Mahavira (fundador do jainismo), do Buda, do épico hindu *Mahabharata*, do *Levítico*, de Hillel, de Jesus, de Maomé e de Kant, entre tantos outros[53]. Fez-se na última década a tentativa de elaborar a "Declaração de uma Ética Global", uma declaração de princípios universalmente aceitos em todas as culturas. Esse projeto começou com uma reunião denominada "Parlamento Mundial das Religiões" – mais precisamente, o Segundo Parlamento Mundial das Religiões reunido em Chicago em 1993, um século depois do primeiro. Circulam hoje diferentes versões da Declaração. Uma delas, esboçada pelo teólogo Hans Küng e aprovada no Segundo Parlamento Mundial das Religiões, começa com a exigência fundamental de que "todo ser humano tem de ser tratado humanamente". Ao tornar mais precisa a exigência, essa versão se refere à Regra de Ouro como "a norma irrevogável e incondicional para todas as áreas da vida". Leonard Swidler, que dirige o Centro de Ética Global [Center of Global Ethics], publicou uma versão revisada que torna a Regra de Ouro a própria regra fundamental da ética[54].

▼

53. Para referências, ver Leonard Swidler (org.), *For All Life: Toward a Universal Declaration of a Global Ethic*, White Cloud Press, Ashland, Oregon, 1999, pp. 19-21.
54. Swidler (org), *For All Life...*, pp. 29-36.

Os ataques terroristas de setembro de 2001 aparentemente negaram a idéia de que existem padrões éticos supraculturais comuns, pois deram a entender que o islamismo recomendava ou até mesmo impunha que se matassem os civis "infiéis" de países considerados uma ameaça ao Islã. Mas a imensa maioria de doutores e estudiosos islâmicos repudia essa idéia. Embora os ataques e o apoio que obtiveram de alguns muçulmanos radicais dêem a entender que, mesmo o acordo sobre a proibição da matança intencional de civis não é inteiramente universal, ele é quase. Logo, a busca de uma ética global, ou seja, calcada em aspectos da ética comuns a todas ou virtualmente todas as sociedades humanas, ainda pode ter sucesso. (Claro que seria mais fácil concordar a respeito de princípios éticos comuns se pudéssemos primeiro chegar a um acordo sobre questões que não são éticas, mas factuais: se existe um deus, ou deuses, e, se de fato existem, se exprimiu ou exprimiram sua vontade em algum dos vários textos que os adeptos de diferentes religiões alegam ser divinamente inspirados. Por infelicidade, no tocante a isso parecemos estar ainda mais longe do acordo do que quanto a princípios éticos essenciais.) Se queremos chegar a um consenso sobre a ética comum, é improvável que obtenhamos mais do que uns poucos princípios bem gerais. Assim, pode-se dizer que esses padrões éticos universalmente aceitos, caso existam, não vão poder ser usados pelos líderes políticos para mostrar a justeza de sua intervenção nos assuntos internos de outro Estado.

Consideremos, por exemplo, um país com uma população conservadora e devotamente religiosa que apóie uma monarquia hereditária que governa de acordo com as leis da religião dominante. Suponhamos que os cidadãos sejam a favor da Regra de Ouro, dado que sua religião a endossa, mas se oponham à idéia de democracia. Qual o fundamento para que os outros digam a esse país que ele deve tornar-se uma democracia?

O primeiro comentário sobre isso já foi feito. O fato de um regime não ser democrático não é justificativa para que ocorra uma forma qualquer de intervenção. Se esse regime não pratica o genocídio ou outros crimes contra a humanidade, a questão da intervenção não vem à baila. É razoável distinguir entre os dirigentes que exercem uma autoridade tradicional e os que obtêm e mantêm o poder por meio da supremacia militar e de medidas repressivas. Em segundo lugar, contudo, se as pessoas que vivem sob a monarquia hereditária preferem sua forma de governo à democracia, essa preferência deve ser comprovável. Logo, é possível conceber que um país opte, num referendo livre e aberto, por não realizar eleições para cargos políticos. Essa mesma demonstração poderia ser uma forma de conferir legitimidade a um regime não-democrático.

Não obstante, a questão última da relação entre democracia e soberania não foi resolvida. E se a monarquia, embora exprima a confiança no apoio de seu povo, não quiser fazer um referendo acerca de sua própria existência? Que razões poderemos apresentar, independentes de nossa cultura, em favor da idéia de que a legitimidade requer apoio popular, e não se apóia em, digamos, leis religiosas? De nada adiantará esforçar-se por defender a idéia da separação entre a Igreja e o Estado, pois temos aí uma petição de princípio contrária aos defensores da religião que rejeita a separação. No final, não se pode enfrentar esse desafio sem entrar em confronto com a base da crença na religião. Mas não se pode alegar que a fé religiosa das pessoas de uma cultura diferente da nossa é falsa ao mesmo tempo que se sustenta uma fé religiosa cujos fundamentos não são mais sólidos. Isso realmente seria uma manifestação de imperialismo cultural. Em última análise, ao menos no que se refere às práticas baseadas na proposição da existência de um ou mais deuses e na autenticidade do que se alegam ser escrituras divinamente inspiradas, a solução universal é nossa capacidade de raciocinar. Mas essa questão não pode ser desenvolvida aqui.

REFORMAR A ORGANIZAÇÃO DAS NAÇÕES UNIDAS

Insisti em que a ONU deveria, dentro de suas capacidades, autorizar intervenções destinadas a impedir crimes contra a humanidade, sempre que se possa ter a esperança razoável de fazer isso sem causar mais danos do que impede. Isso indica não apenas um direito, mas também, nas circunstâncias apropriadas, um dever de intervir. Para tanto, a Organização das Nações Unidas precisa dispor de força militar suficiente para tornar eficaz a intervenção. Na situação ideal, a ONU teria receitas suficientes para manter suas próprias forças militares disponíveis para o fim de defender civis de todas as partes do mundo sob ameaça de genocídio ou de crimes de larga escala contra a humanidade.

Também opinei que há razões para que venhamos a adotar uma idéia democrática de soberania, que facilite a justificativa de uma intervenção contra um governo que não seja minimamente democrático. A combinação dessas duas sugestões não deixa de trazer consigo uma ironia: por que a própria Organização das Nações Unidas não é um modelo de democracia. Ela foi estabelecida depois da Segunda Guerra e os Aliados se asseguraram de manter um firme controle sobre ela. Isso é bem evidente no Conselho de Segurança, o organismo encarregado de decidir sobre questões de segurança, o que inclui a intervenção numa disputa, seja militarmente, seja por meio de sanções. O Conselho de Segurança tem cinco membros permanentes – os Estados Unidos, o Reino Unido, a França, a China e a Rússia –, que eram as principais potências vitoriosas em 1945. A Assembléia Geral elege dez outras nações para o Conselho de Segurança, com mandatos de dois anos, mas não se tomam decisões substantivas contra a oposição declarada de um único membro permanente. O poder de veto dos membros permanentes, usado com freqüência tanto pela União Soviética como pelos Estados Unidos na época da Guerra Fria, explica por que, nas décadas de 1960 e 1970, o Conselho de Segurança pôde ignorar por completo o principal conflito da época, a Guerra do Vietnã.

Não pode haver justificativa hoje para se conferir um status especial a Estados que eram grandes potências em 1945, mas já não o são. Por que deveriam a França ou o Reino Unido ter direito de veto, e não a Alemanha ou – por que não? – o Brasil? Por que a China é um membro permanente, e não a Índia ou o Japão? Por que quatro dos cinco membros permanentes são Estados europeus, ou de origem européia, e não há um único membro permanente da África, da América Latina, do Sul e do Sudeste asiáticos ou de uma latitude qualquer do hemisfério sul? Será desejável, se de fato estamos diante de um possível "choque de civilizações", que quatro dos cinco membros permanentes sejam Estados com raízes cristãs e que nenhum deles seja um país islâmico?[55]

▼

55. Ver Samuel Huntington, *The Clash of Civilizations and the Remaking of World Order*, Simon & Schuster, Nova York, 1996.

O que se deve então fazer? O aumento do número de membros permanentes com direito de veto pode tornar inadministrável o Conselho de Segurança. Seria melhor substituir o veto pela exigência de que decisões substantivas fossem tomadas por uma maioria especial, dois terços ou três quartos, de um Conselho de Segurança reconstituído. Pode-se objetar a isso que o atual Conselho de Segurança funciona razoavelmente bem; não se sabe se o Conselho funcionaria melhor caso o mudássemos para torná-lo mais justo. Porém, se é importante e desejável caminhar rumo a uma governabilidade global maior em diversos setores da existência – o comércio e o meio ambiente, por exemplo, bem como a paz e a defesa dos direitos humanos –, a estrutura do Conselho de Segurança vai dificultar as coisas, por constituir um constante lembrete de que as instituições da governabilidade global são dominadas pelos Estados mais abastados e poderosos. A longo prazo, é difícil pensar que a concessão de privilégios especiais a um pequeno grupo de Estados seja a melhor maneira de manter a autoridade da Organização das Nações Unidas ou a paz mundial.

Uma segunda objeção à reforma do Conselho de Segurança é que isso é simplesmente impensável e seria arriscado, porque poderia com o tempo surgir uma situação em que o Conselho de Segurança tivesse de tomar medidas militares com a implacável oposição dos Estados Unidos ou de qualquer outra superpotência militar que viesse a surgir. Logo, o realismo político requer a concessão do poder de veto a essas superpotências. Essa alegação pode ser verdadeira; mas, se é, o direito de veto das superpotências deve ser tomado pelo que é na realidade: o exercício da força, não do direito.

Em comparação com o Conselho de Segurança, a Assembléia Geral da Organização das Nações Unidas, que congrega todos os

189 Estados-membros, parece bem mais democrática. Ela por certo não é dominada pelo mesmo pequeno círculo de países que dominam o Conselho de Segurança. Mas a Assembléia Geral só pode agir em circunstâncias extremamente limitadas. Além disso, sua aparência de igualitarismo é enganosa. Trata-se de uma assembléia de Estados, e não dos povos do mundo. Alguns desses Estados não são democráticos, mas, mesmo que fizéssemos vista grossa a isso, há – tal como no caso da OMC – o problema de o governo da Índia ter o mesmo poder de voto que o da Islândia. Na verdade, se os 95 Estados menos populosos se opusessem aos 94 mais populosos, seria possível que uma resolução da Assembléia Geral fosse apoiada por apenas 198,5 milhões de pessoas, do outro lado, os 94 Estados mais populosos derrotados na votação representariam 5,7 bilhões. Estados que representam menos de 4 por cento da população total dos Estados-membros poderiam ganhar o dia na Assembléia Geral.

Há uma solução óbvia para esse problema, e não é uma idéia nova. No final da Segunda Guerra Mundial, quando a Câmara dos Comuns britânica debateu o plano de uma nova Organização das Nações Unidas, Ernest Bevin, ministro do Exterior, pediu que se "completasse" o projeto da Organização das Nações Unidas com "uma assembléia mundial eleita diretamente pelos povos perante os quais são responsáveis os governos que formam a Organização das Nações Unidas"[56]. No

▼

56. Citado de Erskine Childers, "Empowering the People in Their United Nations", conferência feita num simpósio sobre "The United Nations at Fifty: Creating a More Democratic and Effective UN", Hesburgh Centre for International Studies, University of Notre Dame, 2 de dezembro de 1994, disponível em: www.globalpolicy.org/resource/pubs/childer1.htm. Para uma defesa contemporânea da mesma idéia, ver George Monbiot, "Let the People Rule the World", *The Guardian*, 17 de julho de 2001, disponível sob o título "Globalisation" em: www.monbiot.com.

tocante a isso, a União Européia, com seu parlamento eleito diretamente pelos povos, poderia oferecer um modelo para uma Organização das Nações Unidas futura e mais democrática. O Parlamento Europeu, até agora, tem poderes muito limitados. O plano é contudo expandi-los à medida que os povos e governos da Europa se acostumem com a idéia de o Parlamento ter um papel mais amplo. Há naturalmente grandes diferenças entre a União Européia e a Organização das Nações Unidas. O mais importante com relação ao que nos interessa aqui é que, como vimos, a União Européia tem condições de estabelecer padrões mínimos de admissão, dos quais fazem parte uma forma democrática de governo e garantias de direitos humanos básicos. Se a ONU seguisse um caminho semelhante, deixando de reconhecer governos não democráticos como elegíveis para a participação da Organização, poderia transformar sua Assembléia Geral numa Assembléia Mundial como a concebida por Bevin. Mas é possível alegar que uma Organização das Nações Unidas que negasse voz à China, à Arábia Saudita e a muitos outros Estados seria menos eficaz para manter a paz no mundo do que uma mais abrangente.

Uma posição intermediária entre o sistema atual e um sistema que excluísse governos não democráticos é algo que vale a pena considerar. A Organização das Nações Unidas poderia permanecer aberta a todos os governos, independentemente do regime político ou da observância dos direitos humanos, mas poderia substituir a atual Assembléia Geral por uma Assembléia Mundial formada por delegados de seus Estados-membros em número proporcional às respectivas populações. Nesse caso, a ONU supervisionaria eleições democráticas, em cada país-membro, para eleger essa delegação. O país que se recusasse a permitir que a Organização das Nações Unidas supervisionasse a eleição de sua delegação ficaria com apenas um delegado, qualquer que fosse o tamanho de sua população. Esse sistema ofereceria experiências de democracia aos cidadãos da maioria dos países, mas conservaria a abrangência, que é uma importante característica da Organização das Nações Unidas.

PARA RESUMIR: SOBERANIA NACIONAL E ÉTICA GLOBAL

Uma ética global não deve parar nas fronteiras nacionais nem atribuir grande importância a elas. A soberania nacional não tem nenhum peso moral *intrínseco*. Seu peso vem do papel que desempenha um princípio internacional que requer o respeito à soberania nacional, em circunstâncias normais, na promoção de relações pacíficas entre Estados. Trata-se de um princípio secundário, de um macete que resume a experiência duramente obtida de muitas gerações na atividade de evitar a guerra. O respeito à lei internacional é essencial, mas os dispositivos desta relativos aos limites da soberania nacional também estão evoluindo na direção de uma comunidade global mais forte. Como vimos, a Comissão Internacional sobre Intervenção e Soberania dos Estados tentou reformular o debate antes em função da "responsabilidade de proteger" do que do "direito de intervir". Ao fazer isso, a comissão quer dizer que a soberania já não é uma questão do poder do Estado de controlar o que acontece no interior de suas fronteiras. Os limites da capacidade e da vontade política do Estado de proteger seu povo determinam os limites de sua soberania. O mundo viu as terríveis conseqüências da incapacidade de Estados como o

Camboja, a ex-Iugoslávia, a Somália, Ruanda e a Indonésia de proteger seus cidadãos. Há hoje um amplo consenso com relação à idéia de que, se houver alguma possibilidade de evitar essas atrocidades, elas devem ser evitadas. Só a Organização das Nações Unidas deve assumir essa responsabilidade de proteger. Caso contrário, os interesses nacionais vão mais uma vez entrar em choque e mergulhar o mundo no conflito internacional. Se, no entanto, os países mais poderosos do mundo puderem aceitar a autoridade das Nações Unidas como "protetor de último recurso" de pessoas cujos Estados descumprem flagrantemente o dever de protegê-las, e se esses países também fornecerem à ONU os meios de cumprir essa responsabilidade, o mundo terá dado um passo importantíssimo para se tornar uma comunidade ética global.

CAPÍTULO 5

UMA SÓ COMUNIDADE

**IGUALDADE HUMANA:
TEORIA E PRÁTICA**

Uma "avalanche", um "dilúvio" – esses foram os termos usados para descrever a reação do público aos apelos por contribuições em favor das vítimas dos ataques terroristas de 11 de setembro de 2001. Três meses depois do desastre, o total de contribuições alcançava 1,3 bilhão de dólares. Desse montante, segundo uma pesquisa do *New York Times*, 353 milhões foram levantados apenas para as famílias dos cerca de 400 policiais, bombeiros e outros colaboradores uniformizados que morreram tentando salvar outras pessoas. Isso equivale a 880 mil dólares para cada família. As famílias dos bombeiros mortos estariam adequadamente amparadas mesmo que não houvesse doações. Seus cônjuges vão receber pensões do Estado de Nova York iguais aos salários perdidos e seus filhos terão bolsas de estudo completas nas universidades do Estado. O governo federal está concedendo 250 mil dólares adicionais às famílias de policiais e bombeiros mortos no cumprimento do dever[1]. O fato de as famílias receberem perto de 1 milhão de dólares em dinheiro pode muito bem nos fazer pensar que alguma coisa saiu do controle. Mas o processo não pára por aí. Depois de ser inicialmente atacada por ter planejado, com toda sensatez, reservar parte do dinheiro para necessidades futuras, a Cruz Vermelha Norte-Americana foi para o extremo oposto e deixou de lado todo esforço para examinar as necessidades concretas dos potenciais beneficiários. Simplesmente traçou uma linha na Baixa Manhattan e ofereceu a todos os que viviam abaixo dela o equivalente a três meses de aluguel (ou, quando proprietários, três meses de pagamento do financiamento e da manutenção), além de dinheiro para a compra de pequenas necessidades e víveres, desde que alegassem ter sido afetados pela destruição do World Trade Center. A maioria dos residentes da área abaixo dessa linha não tinha sido transferida nem evacuada, mas mesmo assim recebeu a oferta de ajuda para pagar o financiamento ou o aluguel. Disseram a uma senhora que ela poderia receber o reembolso das despesas de tratamento psiquiátrico, mesmo tendo ela dito que já ia ao psiquiatra antes de 11 de setembro. Voluntários da Cruz Vermelha montaram mesas dobráveis na entrada de caros condomínios em Tribeca, onde moram analistas financeiros, advogados e astros do rock, para informar os residentes da oferta. Quanto maior o aluguel que pagavam, tanto mais as pessoas recebiam, chegando algumas a receber 10 mil dólares. A Cruz Vermelha reconheceu que as doações em dinheiro estavam sendo entregues a pessoas que não precisavam. De acordo

▼

1. David Barstow e Diana B. Henriques, "Gifts for Rescuers Divide Terror Victims' Families", *New York Times*, 2 de dezembro de 2001.

com um porta-voz: "Num programa deste tipo, não vamos julgar as necessidades das pessoas."[2]

Quando os terroristas estavam planejando o ataque, o Fundo das Nações Unidas para a Infância preparava-se para apresentar seu relatório de 2002, *Situação das crianças no mundo*[3]. De acordo com o relatório do Unicef, divulgado em 13 de setembro de 2001, mais de 10 milhões de crianças com menos de cinco anos de idade morrem todo ano devido a causas evitáveis como a subnutrição, a falta de água potável e a carência quase total de assistência médica. Como 11 de setembro de 2001 foi provavelmente apenas outro dia para a maioria das pessoas desesperadamente pobres do mundo, podemos esperar que cerca de 30 mil crianças com menos de cinco anos tenham morrido dessas causas naquele dia – cerca de 10 vezes o número de vítimas dos ataques terroristas. Não houve uma "avalanche" de dinheiro para o Unicef depois da publicação desses números.

Vivem hoje no mundo em pobreza absoluta mais de 1 bilhão de pessoas. No ano 2000, os norte-americanos fizeram doações particulares para a ajuda externa de todos os tipos num total de cerca de 4 dólares por pessoa que passa necessidade, mais ou menos 20 dólares por família. Os nova-iorquinos, abastados ou não, que viviam na Baixa Manhattan no dia 11 de setembro de 2001 receberam uma média de 5.300 dóla-

▼

2. Joyce Purnick, "Take the Cash. You're Making Us Look Bad", *New York Times*, 11 de fevereiro de 2002, p. B1; Nick Paumgarten, "Free Money: Trumpery Below Canal", *The New Yorker*, 18 e 25 de fevereiro de 2002, p. 58; Joyce Purnick, "For Red Cross, a New Round of Complaints", *New York Times*, 21 de fevereiro de 2002, p. B1.
3. Ver um resumo na página www.unicef.org/media/sowc02presskit, em que também se tem acesso ao relatório completo.

res por família[4]. A diferença entre esses montantes simboliza o modo pelo qual, para muitas pessoas, o círculo de preocupação com os outros pára nas fronteiras de seus próprios países – se é que vai tão longe. "A caridade começa em casa", dizem as pessoas, e, mais explicitamente, "temos de cuidar da pobreza em nosso próprio país antes de cuidar dela lá fora". Elas têm por certo que as fronteiras nacionais têm um peso moral e que é pior deixar um de nossos concidadãos em necessidade do que deixar nesse estado alguém de outro país. Este é outro aspecto das atitudes descritas no capítulo 1. Colocamos os interesses de nossos concidadãos bem acima dos interesses de cidadãos de outras nações, seja para não prejudicar os interesses econômicos norte-americanos (pagando o preço de levar inundações ao povo de Bangladesh), seja para não pôr em risco a vida de soldados da Otan (à custa de mais vítimas inocentes em Kosovo), seja então para ajudar os necessitados internos em vez dos externos. Enquanto fazemos todas essas coisas, a maioria de nós apóia, sem questionar, declarações que proclamam que todos os seres humanos têm certos direitos e que todas as vidas humanas têm o mesmo valor. Condenamos quem diz que a vida de alguém de outra raça ou nacionalidade vale menos que a de uma pessoa da nossa própria raça ou nação. É possível conciliar essas atitudes? Se o pessoal "da casa" a quem favorecemos caritativamente já consegue atender a suas necessidades básicas e só parece pobre diante de nosso alto padrão de vida, será que o fato de serem nossos compatriotas basta para que lhes demos prioridade em detrimento de outras pessoas mais necessitadas? Fazer essas perguntas nos

▼

4. Purnick, "Take the Cash. You're Making Us Look Bad", p. B1.

leva a examinar até que ponto podemos ou devemos de fato transformar o lema "um só mundo" num padrão moral que transcende o Estado nacional.

UMA PREFERÊNCIA PELOS "NOSSOS"

A idéia popular de que seria admissível, ou mesmo aconselhável, favorecer os "nossos" esconde um profundo desacordo acerca de quem são os "nossos". Há um século, Henry Sidgwick, professor de filosofia moral na Universidade de Cambridge, descreveu da seguinte maneira a perspectiva moral de sua Inglaterra vitoriana:

> Todos devemos concordar que cada um de nós tem o dever de demonstrar bondade para com os pais, o cônjuge e os filhos, e para com outros parentes em menor grau: e com quem nos prestou serviços, e quaisquer outros que tenhamos admitido em nossa intimidade e chamado de amigos: e com os vizinhos e compatriotas mais do que com os outros: e, talvez possamos dizer, mais com os de nossa própria raça do que com os homens negros e amarelos, e, de modo geral, com os seres humanos, na proporção de sua afinidade com cada um de nós.[5]

Quando leio essa enumeração para os alunos, eles concordam com os vários círculos de preocupação moral que Sidgwick menciona, até que chego à idéia de que devemos dar preferência à nossa própria raça do que aos "homens negros e amarelos". Nesse ponto, sua reação é de choque.

Aproximando-nos um pouco mais de nossa própria época, podemos encontrar defensores de uma forma bem mais extrema de parcialidade:

▼

5. Henry Sidgwick, *The Methods of Ethics*, 7ª ed., Macmillan, Londres, 1907, p. 246.

... temos de nos mostrar honestos, decentes, leais e amigáveis para com as pessoas do nosso sangue e com ninguém mais. O que acontece com os russos, o que acontece com os checos, é algo que me deixa perfeitamente indiferente. O bom sangue da nossa raça que possa haver entre as nações devemos conseguir para nós, se necessário tomando posse das crianças e fazendo-as crescer entre nós. A possibilidade de as outras raças viverem no conforto ou perecerem de fome só me interessa na medida em que precisamos delas como escravos de nossa cultura; afora isso, ela em nada me interessa. Se 10 mil mulheres russas caírem de exaustão enquanto cavam uma trincheira, isso só me interessa porque a trincheira vai ficar pronta para a Alemanha.[6]

Essa citação é de um discurso de Heinrich Himmler a líderes da SS na Polônia, proferido em 1943. Por que cito sentimentos tão tenebrosos? Porque há muitos que julgam evidente por si mesmo que temos obrigações especiais para com as pessoas mais próximas de nós, quais sejam, nossos filhos, cônjuges, amantes, amigos e compatriotas. A reflexão sobre o que Sidgwick e Himmler disseram sobre a preferência pelos "nossos" deveria subverter a crença de que esse tipo de "evidência intrínseca" seja base suficiente para aceitar como correta essa idéia. O que é evidente por si mesmo para alguns nada tem para outros. Em vez disso, precisamos verificar outra vez se temos obrigações especiais para com as pessoas mais próximas de nós, como é o caso de nossos compatriotas.

▼

6. Heinrich Himmler, discurso aos líderes da SS em Poznan, Polônia, 4 de outubro de 1943, disponível em: www.historyplace.com/worldwar2/timeline/Poznan.htm.

ÉTICA E IMPARCIALIDADE

Como saber se temos obrigações especiais para com os "nossos"? E, se tivermos, quem são os "nossos"? Voltemos por um momento ao ideal oposto: de algum modo, e num sentido muito profundo, nem a raça nem a nacionalidade determinam o valor da vida e das experiências dos seres humanos. Eu diria que esse ideal se fundamenta no elemento de imparcialidade que constitui o alicerce de toda concepção moral, tal como os pensadores mais importantes que disso se ocuparam vieram a compreender. R. M. Hare, filósofo de Oxford do século XX, afirmou que, para que possam ser considerados juízos morais, os juízos têm de ser universalizados, ou seja, o locutor tem de estar preparado para prescrever que eles se apliquem a todas as situações reais e hipotéticas, o que inclui não apenas aquelas em que o locutor se beneficia desses juízos, como também aquelas nas quais está entre os prejudicados[7]. Em linha de continuidade com a abordagem de Hare, um dos modos de se decidir se temos deveres especiais para com os "nossos" é perguntar se a aceitação dessa idéia pode se justificar a partir de um ponto de vista imparcial.

Ao propor que os deveres especiais precisam ser justificados de modo imparcial, estou ressuscitando um debate que se travou há 200 anos, remontando a William Godwin, cujo *Political Justice* chocou a sociedade britânica na época da Revolução Francesa. Na mais famosa passagem do livro, Godwin imaginou uma situação na qual, num palácio em chamas, duas pessoas estão presas. Uma delas é um grande benfeitor da

▼

7. R. M. Hare, *Freedom and Reason*, Clarendon Press, Oxford, 1963; *Moral Thinking*, Clarendon Press, Oxford, 1981.

humanidade – Godwin escolheu como exemplo o arcebispo Fénelon, "no momento em que concebia o projeto de seu imortal *Telêmaco*". A outra pessoa presa no palácio é a camareira do arcebispo. A escolha de Fénelon parece estranha atualmente, dado que, hoje, sua obra "imortal" só é lida por eruditos; mas suponhamos que partilhemos do alto apreço que tem Godwin por Fénelon. A quem deveríamos salvar? Godwin diz que deveríamos salvar Fénelon, porque, assim agindo, ajudaríamos milhares de pessoas, aquelas que foram curadas do "erro, do vício e da conseqüente infelicidade" mediante a leitura do *Telêmaco*. E Godwin faz em seguida sua afirmação mais controversa:

> Supondo que eu mesmo fosse a camareira, deveria preferir morrer a deixar que Fénelon morresse. A vida de Fénelon era de fato preferível à da camareira. Mas o entendimento é a faculdade que percebe a verdade desta proposição e de outras semelhantes; e a justiça é o princípio que norteia minha conduta de acordo com a verdade percebida. Teria sido justo que a camareira preferisse o arcebispo a si mesma. Agir de outra maneira teria sido uma violação da justiça.
>
> Supondo que a camareira fosse minha esposa, minha mãe ou minha benfeitora, a verdade da proposição não se alteraria. A vida de Fénelon ainda seria mais valiosa do que a da camareira; e a justiça – a justiça pura e imaculada – ainda teria preferido aquela de maior valor. A justiça me teria instruído a salvar a vida de Fénelon a expensas da outra. Que magia haverá no pronome "minha" para se sobrepor às decisões da verdade sempiterna? Minha esposa ou minha mãe poderiam ser néscias ou prostitutas, maliciosas, mentirosas ou desonestas. Se o fossem, isso acaso mudaria pelo fato de serem minhas?[8]

▼

8. William Godwin, *An Enquiry Concerning Political Justice and Its Influence on General Virtue and Happiness*, 1ª ed., publicado inicialmente em 1793, organizado e condensado por Raymond Preston, Knopf, Nova York, 1926, pp. 41-2.

Em 1971, época em que vários milhões de bengaleses estavam prestes a morrer de inanição, vivendo em campos de refugiados na Índia para escapar aos massacres que o exército paquistanês estava levando a efeito no que era então o Paquistão Oriental, usei outro exemplo para afirmar que temos a obrigação de ajudar pessoas estranhas em terras distantes. Pedi ao leitor que imaginasse que, a caminho do local onde iria fazer uma palestra, eu passo por um lago raso. Nesse momento, vejo uma criancinha cair nele e percebo que se acha em risco de afogar-se. Posso facilmente entrar no lago e retirar a criança dali, mas com isso molharia e sujaria minhas calças e sapatos. Teria de voltar para casa e pôr outra roupa, teria de cancelar a palestra e talvez perdesse os sapatos. Mesmo assim, seria grotesco deixar que considerações tão ínfimas se sobrepusessem ao bem que é salvar a vida de uma criança. Salvar a criança é meu dever, e se continuar a caminho do local da palestra, por mais limpo, seco e pontual que esteja, terei praticado um ato gravemente errado.

Fazendo uma generalização a partir dessa situação, afirmei então que estávamos todos, no tocante aos refugiados bengaleses, na mesma situação de quem pode, gastando pouco, salvar a vida de uma criança. Porque a vasta maioria dos habitantes dos países desenvolvidos têm renda de sobra para gastar com frivolidades e supérfluos, coisas que não têm mais importância do que não molhar e não sujar os sapatos e as calças. Se agimos dessa maneira quando há pessoas correndo o risco de morrer de inanição e existem órgãos que podem, com razoável eficiência, transformar nossas módicas doações de dinheiro em alimentos e remédios básicos capazes de salvar vidas, como podemos nos considerar melhores do que a pessoa que vê uma criança cair no lago e segue seu caminho? Não obstante, era essa a situação na época: o montante doado pelas nações ricas não alcançava nem 1/6 do necessário para manter os refugiados. A Inglaterra tinha dado bem mais que os outros países, mas a quantia equivalia a 1/30 do que estava disposta a gastar, sem expectativa de retorno, com o avião supersônico Concorde.

Examinei várias diferenças possíveis que as pessoas poderiam identificar entre as duas situações e aleguei que não eram particularmente significativas, em termos morais, para evitar o juízo segundo o qual, deixando de fazer doações em favor dos refugiados bengaleses, estávamos tomando uma atitude gravemente errada. Escrevi especificamente que:

> ... não há diferença moral se a pessoa a quem ajudo é um filho do vizinho que mora a 10 metros de minha casa ou um bengalês cujo nome jamais vou saber e que vive a 10 mil quilômetros de distância de mim.[9]

Pelo que sei, ninguém discutiu essa alegação no tocante à distância *per se* – ou seja, à diferença entre 10 metros e 10 mil quilômetros. Claro que o grau de certeza que podemos ter de que nossa ajuda vai chegar à pessoa certa, e de quanto vai realmente ajudá-la pode ser afetado pela distância – e isso pode alterar o que devemos fazer, mas este é outro assunto, que depende das circunstâncias específicas nas quais nos encontramos. O que as pessoas *de fato* discutiram foi a idéia de que a obrigação de ajudar um estranho em outro país seja igual à de ajudar nossos vizinhos ou compatriotas. Afirmam que, com toda certeza, temos para com nossos vizinhos e conterrâneos –

▼

9. "Famine, Affluence and Morality", *Philosophy and Public Affairs*, nº 1:2, 1972, pp. 231-2.

e com nossa família e nossos amigos – obrigações especiais que não temos para com estranhos em outro país[10].

Godwin viu-se diante de objeções semelhantes. Samuel Parr, um conhecido clérigo liberal da época, fez um sermão, mais tarde publicado, que constituía uma crítica fundamentada à "filantropia universal" de Godwin[11]. O texto que Parr escolheu para o sermão foi uma injunção da Carta aos Gálatas em que Paulo oferece outra variante da definição de "os nossos": "Portanto, enquanto temos tempo, façamos o bem a todos, especialmente aos que pertencem à nossa família na fé."[12] Parr vê nas palavras de Paulo um texto cristão que rejeita o igual interesse por todos e que, em vez disso, nos conclama a ter mais interesse por aqueles com quem temos uma ligação especial. Parr, em defesa de Paulo, diz que incitar os seres humanos a mostrar um interesse imparcial por todos é exigir deles algo que em geral, e na maioria das vezes, não podem dar. "As obrigações morais dos homens", escreve ele, "não

▼

10. Ver, por exemplo, Raymond D. Gastil, "Beyond a Theory of Justice", *Ethics*, n.º 85:3, 1975, p. 185; Samuel Schemer, "Relationships and Responsibilities", *Philosophy and Public Affairs*, n.º 26:3, 1997, pp. 189-209, reproduzido em Samuel Scheffler, *Boundaries and Allegiances*, Oxford University Press, Oxford, 2001, pp. 97-110; Samuel Scheffler, "Conceptions of Cosmopolitanism", *Utilitas*, 11:3,1999, pp. 255-76, reproduzido em *Boundaries and Allegiances*, pp. 111-30. Observe-se contudo que, embora argumente contra o que chama de "cosmopolitismo extremo", insistindo em que temos "responsabilidades sociais básicas" com as pessoas próximas sob vários aspectos, Scheffler não toma partido sobre a questão de saber se temos com nossos compatriotas obrigações especiais que não temos com pessoas de outros países. (Ver *Boundaries and Allegiances*, p. 124.) Para uma excelente discussão da ampla literatura sobre esse assunto, ver Darrel Moellendorf, *Cosmopolitan Justice*, Westview, Boulder, Colorado, 2002, caps. 3-4.
11. Samuel Parr, *A Spital Sermon*, sermão de terça-feira pregado na Christ Church em 15 de abril de 1800, publicado com o acréscimo de notas. J. Mawman, Londres, 1801.
12. Gálatas, 6:10.

podem ser estendidas além de suas faculdades físicas."[13] Nossos reais desejos, nossas paixões mais intensas e duradouras, não estão voltadas para o bem da nossa espécie como um todo, porém, na melhor das hipóteses, para o bem dos que nos são próximos.

Os críticos modernos do imparcialismo alegam que os defensores de uma ética imparcial seriam mais pais, cônjuges e amigos, dado que a própria idéia dessas relações pessoais envolve uma parcialidade com respeito à pessoa com quem se tem um relacionamento. Isso se traduz em dar mais atenção aos interesses de seu filho, companheiro, cônjuge ou amigo do que aos de um estranho; e, do ponto de vista de um sistema ético imparcialista, isso parece errado. As filósofas feministas em particular tendem a acentuar a importância das relações pessoais e acusam os filósofos morais homens de esquecê-las. Nel Noddings, autora de um livro chamado *Caring*, limita nossa obrigação a cuidar das pessoas com as quais temos algum tipo de relacionamento. Em conseqüência, diz ela, não "temos a obrigação de cuidar de crianças famintas na África"[14].

Quem favorece uma ética imparcial costuma responder a essas objeções negando a sua necessidade de ser imparciais em todos os aspectos da vida. O próprio Godwin escreveu (em um livro em memória de Mary Wollstonecroft, que morreu depois de dar à luz o primeiro filho do casal):

> Uma moralidade íntegra requer *que não encaremos com indiferença nada do que é humano*; é porém impossível não sentirmos o

▼

13. Parr, *A Spital Sermon*, p. 4.
14. Nel Noddings, *Caring: A Feminine Approach to Ethics and Moral Education*, University of California Press, Berkeley, 1986, p. 86; para uma passagem relacionada, ver também p. 112.

mais forte interesse pelas pessoas que conhecemos mais intimamente, e por aqueles cujo bem-estar e cujas simpatias estão unidos aos nossos. A verdadeira sabedoria recomenda-nos os vínculos individuais; porque, com eles, nossa mente se mantém mais viva e ativa do que estaria se privada deles, e é melhor que o homem seja um ser vivo do que um toco de pau ou uma pedra. A verdadeira virtude sanciona essa recomendação, pois o objeto da virtude é gerar a felicidade; e o homem que vive em meio a relações domésticas tem muitas oportunidades de proporcionar prazer, minucioso no detalhe mas não trivial no montante, sem obstar a finalidade da benevolência geral. Mais ainda, essas relações despertam sua sensibilidade e deixam sua alma em harmonia; se esse homem for dotado de um espírito liberal e másculo, é de esperar que elas o tornem mais pronto a servir aos estrangeiros e ao público em geral.[15]

Sob a influência de seu próprio pesar pela perda da amada esposa, de quem fora separado em circunstâncias tão trágicas, Godwin descobriu uma justificativa imparcial para os afetos parciais. Em nossa época, a versão em dois níveis do utilitarismo proposta por Hare leva à mesma conclusão. Hare afirma que, na vida cotidiana, muitas vezes é difícil avaliar as conseqüências de todas as decisões que tomamos e, quando o tentamos, corremos o risco de errar devido ao nosso envolvimento pessoal e às pressões da situação. Para orientar nosso comporta-

▼
15. William Godwin, *Memoirs of the Author of a Vindication of the Rights of Women*, cap. vi, p. 90, 2ª ed., citado em William Godwin, *Thoughts Occasioned by the Perusal of Dr Parr's Spital Sermon*, Taylor and Wilks, Londres, 1801; repoduzido em J. Marken e B. Pollin (orgs.), *Uncollected Writings (1785-1822) by William Godwin*, Gainesville, Flórida: Scholars' Facsimiles & Reprints, 1968, pp. 314-5. Como observa K. Codell Carter (op cit., p. 320, nf), a passagem em itálico no original é de Terêncio (*Heautontimorumenos*, I. 77) e costuma ser traduzida como "nada do que é humano me é estranho". A argumentação de Godwin em favor da importância dos "vínculos individuais" lembra a discussão que faz Aristóteles sobre a necessidade da amizade na *Ética a Nicômaco*, Livro IX, sec. 9.

mento cotidiano, precisamos de um conjunto de princípios a que possamos recorrer sem muita reflexão. Esses princípios formam o nível intuitivo, ou diário, da moralidade. Num momento mais calmo e mais filosófico, por outro lado, podemos refletir acerca da natureza de nossas intuições morais e perguntar se desenvolvemos intuições corretas, ou seja, passíveis de levar ao maior bem, considerado de um ponto de vista imparcial. Quando nos dedicamos a essa reflexão, passamos ao nível crítico da moralidade, aquele que molda nosso pensamento a respeito de que princípios devemos seguir no nível cotidiano. Logo, o nível crítico serve de campo de provas para as intuições morais[16]. Podemos usá-lo para pôr à prova a relação de obrigações especiais sugeridas pelo senso comum moral da Inglaterra vitoriana, tal como o descreve Henry Sidgwick: com relação aos pais, ao cônjuge, aos filhos, a outras pessoas próximas, a pessoas que nos prestaram serviços, amigos, vizinhos, compatriotas, pessoas "de nossa própria raça ... e, de modo geral, com os seres humanos, na proporção de sua afinidade com cada um de nós". Acaso alguma dessas obrigações resiste à exigência de uma justificação imparcial? Quais delas são capazes de resistir?

UMA AVALIAÇÃO DAS PREFERÊNCIAS PARCIAIS

O primeiro conjunto de preferências mencionado por Sidgwick – a família, os amigos e quem nos prestou serviços – resiste bem à exigência. O amor dos pais pelos filhos e o desejo dos

▼

16. R. M. Hare, *Moral Thinking: Its Levels, Method and Point*, Clarendon Press, Oxford, 1981, Parte I.

pais de preferir os próprios filhos aos filhos de estranhos têm raízes profundas. Talvez as raízes dessas coisas estejam em nossa natureza de mamíferos sociais; nossos filhotes precisam de nossa ajuda durante um longo período de dependência, no decurso do qual não podem cuidar de si mesmos. É possível que os filhos de pais que não cuidam deles tenham menos oportunidades de sobreviver e, portanto, os pais que não cuidam não passaram tantos genes às gerações futuras quanto os pais que cuidam. As ligações entre pais e filhos (e especialmente entre mães e filhos, já que, em períodos anteriores, um bebê não alimentado com leite materno tinha poucas chances de sobrevivência) estão portanto presentes em todas as culturas humanas.

Dizer que um certo tipo de comportamento é universal e se fundamenta na história evolutiva da espécie não significa necessariamente que esse comportamento não possa se alterar, nem que não o deva. Não obstante, nesse caso específico, a história dos experimentos sociais utópicos tem mostrado que o desejo que os pais têm de cuidar dos filhos não muda facilmente. Nos primeiros dias dos *kibbutzim*, os mais radicais dentre esses coletivos agrícolas socialistas empenharam-se por tornar igualitária a criação dos filhos, oferecendo a todas as crianças nascidas de membros do *kibbutz* uma criação coletiva numa casa especial a elas destinada. Os pais que mostrassem amor e afeto particulares pelos próprios filhos eram objeto de censura. Mesmo assim, as mães costumavam se esgueirar à noite até as acomodações coletivas para beijar e tomar nos braços os filhos adormecidos. É de se pensar que, se partilhavam dos valores do *kibbutz*, elas se sentiam culpadas por isso[17].

▼

17. Ver Yonina Talmon, *Family and Community in the Kibbutz*, Harvard University Press, Cambridge, Massachusetts, 1972, pp. 3-34.

Mesmo que, como os fundadores dessas comunidades coletivistas, chegássemos à conclusão de que é indesejável que os pais favoreçam os próprios filhos, seria dificílimo erradicar esse favoritismo. Todo esforço nesse sentido teria um custo alto e exigiria uma supervisão ou coerção constantes. A menos que a nossa intenção de suprimir a preferência dos pais pelos filhos seja tão forte que estejamos dispostos a fazer uma campanha maciça de intensa pressão moral apoiada em medidas coercitivas e sanções draconianas, estamos fadados a constatar que a maioria dos pais favorece constantemente os próprios filhos, e de uma maneira tal que não se pode justificar diretamente por igual consideração de interesses. Se levássemos a efeito uma tal campanha, poderíamos gerar culpa e ansiedade nos pais que gostariam de fazer pelos filhos coisas que a sociedade teria passado a condenar. Essa culpa seria por si só uma fonte de muita infelicidade. Será que os ganhos advindos da redução da parcialidade em favor dos próprios filhos compensariam essa infelicidade? Parece que não, pois o amor de pais amorosos e parciais pode ser melhor do que os cuidados ministrados por pais imparciais ou funcionários comunitários remunerados. Temos provas, também, de que as crianças têm mais probabilidade de sofrer maus-tratos quando criadas por pessoas que não são seus pais biológicos[18]. Dadas as inevitáveis restrições da natureza humana e a importância de se criar filhos em lares amorosos, temos uma justificativa imparcial para aprovar as práticas sociais que pressupõem um certo grau de parcialidade dos pais em relação aos filhos.

▼

18. Ver Martin Daly e Margo Wilson, *The Truth About Cinderella: A Darwinian View of Parental Love*, Yale University Press, New Haven, 1999.

É ainda mais fácil descobrir uma razão imparcial para aceitar o amor e a amizade. Embora sejam necessariamente parciais, as relações amorosas e as de amizade constituem também, para a maioria das pessoas, o cerne daquilo que se pode considerar uma vida boa. Poucos seres humanos podem levar uma vida feliz e plena sem uma ligação com outros seres humanos específicos. A supressão dessas afeições parciais destruiria algo de grande valor, não podendo pois justificar-se a partir de um ponto de vista imparcial.

Bernard Williams alegou que essa defesa do amor e da amizade requer "um pensamento a mais".[19] Deveríamos, diz ele, visitar nosso amigo doente no hospital por ser ele nosso amigo e encontrar-se no hospital, não por ter calculado que visitar amigos doentes é uma maneira mais eficiente de obter a máxima utilidade do que qualquer outra coisa que possamos fazer com o nosso tempo. Essa objeção pode ter alguma força se aplicada a quem afirma que devemos pensar na justificativa imparcial do amor e da amizade quando decidimos se vamos ou não visitar nosso amigo doente; mas a intenção do utilitarismo de dois níveis é precisamente explicar por que *temos* de ter um pensamento a mais quando nossa reflexão está no nível crítico, e não no nível das decisões morais cotidianas.

Examinemos a idéia, proposta em vários graus nas passagens de Sidgwick e Himmler que citei, segundo a qual devemos priorizar e cuidar mais dos interesses de outras pessoas brancas, ou que os "arianos" devem dar prioridade aos interesses de pessoas "do seu sangue". Essas idéias, em sua época, tinham um apelo intuitivo bem semelhante ao que se aplica

▼

19. Bernard Williams, "Persons, Character and Morality". In Bernard Williams, *Moral Luck*, Cambridge, Cambridge University Press, 1981, p. 18.

hoje à idéia de que temos a obrigação de favorecer a família e os amigos. Mas as concepções racistas contribuíram para muitos crimes gravíssimos do nosso século, e não é fácil descobrir que bem possam ter feito – certamente não fizeram um bem capaz de compensar as desgraças a que levaram. Além disso, embora seja difícil, a supressão do racismo não é impossível, como o demonstram a existência de sociedades genuinamente multirraciais e mesmo a história da dessegregação no sul dos Estados Unidos. Os brancos do Sul já não pensam duas vezes antes de ocupar um assento no ônibus ao lado de um afro-americano, e mesmo os que lutaram em defesa da segregação vieram em larga medida a aceitar que estavam errados. A perspectiva imparcial revela que a parcialidade racial é algo a que podemos e devemos nos opor, porque nossa oposição pode evitar que sejam infligidos grandes danos a pessoas inocentes.

Podemos assim voltar o aforismo de Williams contra ele mesmo: os filósofos que seguem sua concepção têm um pensamento a menos. Não há dúvida de que pensar *sempre* como filósofos exigiria que, em nossos papéis de pais, cônjuges, namorados e amigos, de fato tivéssemos sempre um pensamento a mais. Mas, se *somos* filósofos, tem de haver momentos nos quais refletimos criticamente acerca de nossas intuições – na verdade, não somente os filósofos, mas todas as pessoas ponderadas deveriam fazer isso. Se simplesmente aceitássemos nossos sentimentos sem exercer esse tipo de reflexão adicional que estamos fazendo agora, não poderíamos decidir quais das nossas inclinações intuitivas endossar e apoiar e a quais se opor. Como indicam as citações de Sidgwick e Himmler, o fato de certas reações intuitivas serem endossadas por muitos não prova que elas se justificam. Elas não são percepções racionais da verdade moral. Algumas – grosso modo, aquelas que temos em comum com os outros membros da nossa espécie, independentemente do substrato cultural – são reações que, durante a maior parte da nossa história evolutiva, mostraram ser as mais adequadas à sobrevivência e à reprodução de seres como nós. Outras reações intuitivas – grosso modo, aquelas que não temos em comum com os seres humanos de outras culturas – decorrem de nossa história cultural particular. Nem a base biológica nem a base cultural de nossas reações intuitivas nos proporcionam razões sólidas para torná-las fundamento da moralidade.

Voltemos à questão da parcialidade em favor da família, dos seres amados e dos amigos. Vimos que há razões imparciais para aceitar nesses casos um certo grau de parcialidade. Mas que grau? Em grandes linhas, tanto quanto for necessário para promover os bens acima mencionados, mas não mais do que isso. Assim, a parcialidade dos pais em favor dos filhos deve prover às suas necessidades de sobrevivência e aos seus desejos mais importantes, permitindo que se sintam amados e protegidos; mas não é necessário satisfazer a todos os desejos que a criança exprimir, e há muitas razões pelas quais não deveríamos fazê-lo. Numa sociedade como a dos Estados Unidos, deveríamos criar nossos filhos para que soubessem que outras pessoas têm necessidades muito maiores e para ter consciência da possibilidade de ajudar essas pessoas, desde que se reduzam as despesas desnecessárias. Nossos filhos deveriam também aprender a pensar criticamente acerca das forças que geram o consumismo e estar atentos aos custos ambientais desse modo de viver. No caso dos entes queridos e dos amigos, aplica-se algo semelhante: os relacionamentos requerem parcialidade, porém são mais fortes quando há valores partilhados ou ao menos respeito pelos valores que cada um sustenta.

Quando um dos valores partilhados é a preocupação pelo bem-estar dos outros, independentemente de serem eles amigos ou estranhos, a parcialidade requerida pela amizade ou pelo amor não será grande o bastante para interferir de maneira profunda na capacidade de ajudar quem tem muita necessidade.

Que dizer das outras categorias, segundo Sidgwick, de pessoas às quais temos especial obrigação de ser bons: os pais, outros parentes, "quem nos prestou serviços", "vizinhos" e "compatriotas"? Podem todas essas categorias ser justificadas a partir de um ponto de vista imparcial? A categoria de "quem nos prestou serviços" é vista pelos adeptos da ética intucionista como um caso evidente em que temos o dever da gratidão[20]. Porém o ponto de vista da ética de dois níveis, a intuição de um dever de gratidão não é a percepção de uma verdade moral independente, mas algo desejável porque ajuda a estimular a reciprocidade, valor que torna possível a cooperação e todos os seus benefícios. Como vimos no capítulo 4, também aqui a teoria evolutiva pode nos ajudar a ver por que surgiu a reciprocidade e, com ela, o sentido de gratidão, e por que ela é, numa ou noutra forma, uma norma universal de todas as sociedades humanas[21]. (Mas essa explicação evolutiva nada diz sobre as motivações das pessoas quando se comportam de maneira cooperativa, assim como a explicação do comportamento sexual pela reprodução não significa que as pessoas sejam motivadas à relação sexual porque querem ter filhos.)

Uma vez reconhecido um dever de gratidão, é impossível excluir os pais do círculo daqueles com quem temos um dever

▼

20. Ver, por exemplo, W. D. Ross, *The Right and the Good*, Clarendon Press, Oxford, 1930, p. 21.
21. Ver a p. 111 acima.

especial de bondade. Como os pais em geral prestam inúmeros serviços aos filhos, não poderíamos aceitar um princípio geral de gratidão sem reconhecer o dever dos filhos para com os pais. A exceção se aplicaria a filhos que foram maltratados ou abandonados pelos pais – e é a exceção que prova a regra, visto mostrar que a obrigação é de gratidão, e não de consangüinidade.

Outra categoria de Sidgwick, a dos vizinhos, pode ser abordada da mesma maneira. A proximidade geográfica não tem em si significação moral, mas pode nos oferecer mais oportunidades de constituir relações de amizade e de reciprocidade mutuamente benéficas. Claro que a crescente mobilidade e o desenvolvimento das comunicações, nos últimos cem anos, fizeram diminuir a importância dos vizinhos. Quando ficamos sem açúcar, não vamos à casa ao lado pedir um pouco emprestado, porque o supermercado no fim da rua tem um grande estoque. Passamos pelos vizinhos, mal acenando, enquanto falamos no celular com amigos de outras cidades. Nessas circunstâncias, torna-se duvidosa a idéia de que temos algum dever especial de gentileza para com nossos vizinhos, afora talvez o de fazer as coisas que só os vizinhos podem fazer, como alimentar o gato quando o vizinho sai de férias.

"Outros parentes" é, na relação de Sidgwick, uma expressão que abarca desde o irmão com quem você brincou quando criança e com quem mais tarde pode dividir a tarefa de cuidar dos pais até o primo distante de quem você não ouve falar há décadas. O grau de obrigação especial para com outros parentes deverá variar de acordo com isso. As redes de parentesco podem ser importantes fontes de amor, de amizade e de apoio mútuo, gerando assim razões imparcialmente justificáveis em favor da promoção desses bens. Mas, se o primo distante de quem você não ouve falar há décadas pede de repente um empréstimo para comprar uma casa nova, terá você algum fundamento imparcial para crer que tem mais obrigação de ajudá-lo do que a um conhecido igualmente distante que não é seu parente? À primeira vista, não, mas talvez seja melhor dizer que tudo depende da existência ou não de um sistema reconhecido de cooperação entre parentes. Nas áreas rurais da Índia, por exemplo, os relacionamentos entre parentes podem ter um importante papel no fornecimento de ajuda quando isso é necessário e, conseqüentemente, na diminuição dos problemas quando algo sai do controle[22]. Nessas circunstâncias, há uma razão imparcial para reconhecer e apoiar essa prática. Na ausência de um sistema desse tipo, essa razão não existe. (Em outras culturas, a política impessoal de seguridade social tem o mesmo papel de diminuição dos problemas, reduzindo a necessidade de um sistema de obrigações especiais para com os parentes, sem dúvida com efeitos bons e ruins.)

A SIGNIFICAÇÃO ÉTICA DO ESTADO NACIONAL

OS COMPATRIOTAS COMO FAMÍLIA AMPLIADA

Por fim, então, que razões imparciais pode haver para preferir os compatriotas aos estrangeiros? Segundo algumas concepções de nacionalidade, ser membro da mesma nação é como ser membro da mesma grande família. Michael Walzer

▼

22. M. Rosenzweig, "Risk, Implicit Contracts and the Family in Rural Areas of Low-Income Countries", *Economic Journal*, nº 98, 1988, pp. 1148-70; M. Rosenzweig e O. Stark, "Consumption Smoothing, Migration and Marriage: Evidence from Rural India", *Journal of Political Economy*, nº 97:4, 1989, pp. 905-26. Sou grato a Thomas Pogge por essa informação.

exprime essa visão quando, ao discutir a política de imigração, escreve:

> Está claro que os cidadãos com freqüência acreditam-se moralmente obrigados a abrir as portas de seu país – talvez não a todos os que queiram entrar, mas a um grupo particular de forasteiros reconhecidos como "parentes" nacionais ou étnicos. Nesse sentido, o Estado se parece mais com uma família do que com um clube, pois é uma característica das famílias o vínculo moral dos membros com pessoas que eles não escolheram e que vivem fora do lar.[23]

A antiga lei de cidadania da Alemanha personificava o sentido de nacionalidade que Walzer tem em mente. A constituição alemã confere aos descendentes dos agricultores e artesãos alemães que se estabeleceram na Europa oriental no século XVIII o direito de "voltar" à Alemanha e tornar-se cidadãos, embora a maioria deles não fale alemão e descenda de famílias cujos membros não põem os pés no país há gerações. Por outro lado, antes da nova lei de cidadania entrar em efeito no ano 2000, os trabalhadores estrangeiros que residiam no país podiam viver na Alemanha durante décadas sem ter direito à cidadania, o que também se aplicava a seus filhos, embora tivessem estes nascido na Alemanha, sido educados em escolas alemãs e jamais tivessem vivido em nenhum outro lugar. Embora as leis pré-2000 da Alemanha sejam um caso extremo de preferência racial ou étnica, a maioria dos outros países usou, em boa parte de sua história, critérios racistas para selecionar imigrantes e, portanto, cidadãos. Mesmo em 1970, quando imigrantes de descendência européia estavam sendo ativa-

▼
23. Michael Walzer, *Spheres of Justice*, Basic Books, Nova York, 1983, p. 12. [Trad. bras. *Esferas da justiça*, São Paulo, Martins Fontes, 2003.]

mente estimulados a se tornar cidadãos australianos, a política da "Austrália Branca" impedia que imigrantes não-europeus se instalassem no país.

Se rejeitamos a idéia de dar preferência a membros de nossa própria raça, ou "do nosso sangue", é difícil defender a intuição de que devemos favorecer nossos compatriotas, e isso na mesma medida em que a cidadania é vista como uma espécie de parentesco ampliado, porque todos os cidadãos são da mesma etnia ou raça. As duas coisas estão simplesmente demasiado próximas entre si.

UMA COMUNIDADE DE RECIPROCIDADE

E se eliminássemos todos os elementos racistas da idéia de "compatriotas"? Poderíamos sustentar que temos uma obrigação especial com nossos compatriotas porque todos fazemos parte de um mesmo empreendimento coletivo. Eamonn Callan afirma que ser cidadão de um Estado é estar envolvido numa comunidade de reciprocidade:

> Na medida em que os cidadãos concebem a justiça como elemento fundamental de uma comunidade política particular a que dão importância, comunidade na qual sua própria realização e a de seus compatriotas estão interligadas num destino comum, os sacrifícios e as concessões que a justiça requer não podem ser pura perda na busca de nosso próprio bem.[24]

Walter Feinberg segue uma perspectiva semelhante:

▼

24. Eamonn Callan, *Creating Citizens: Political Education and Liberal Democracy*, Clarendon Press, Oxford, 1997, p. 96. Esta passagem e a seguinte são citadas de Melissa Williams, "Citizenship as Identity, Citizenship as Shared Fate, and the Functions of Multicultural Education", a publicar in Walter Feinberg e Kevin McDonough (orgs.), *Collective Identities and Cosmopolitan Values*, Oxford University Press, Oxford, 2002.

A fonte da identidade nacional está... ligada a uma rede de ajuda mútua que vem do passado e cria obrigações e expectativas futuras.[25]

O dilúvio de ajuda que os norte-americanos deram às famílias das vítimas de 11 de setembro foi um exemplo marcante dessa rede de ajuda mútua, tendo por base a visão de que os norte-americanos ajudam uns aos outros em momentos de crise. Em épocas mais normais, eles ainda podem sentir que, por meio de seus impostos, contribuem para o oferecimento de serviços que beneficiam seus compatriotas, fornecendo-lhes seguridade social e assistência médica quando se aposentam ou se vêem incapacitados; há ainda os que combatem o crime, defendem a nação de ataques, protegem o meio ambiente, conservam os parques nacionais, educam as crianças e vão ao resgate em caso de inundações, terremotos ou outros desastres naturais. Se forem homens, e com idade suficiente, podem ter servido nas Forças Armadas em época de guerra, e se forem mais jovens, podem vir a fazê-lo no futuro.

É possível, assim, encarar a obrigação de ajudar primeiro os nossos compatriotas e só depois os cidadãos de outros países como uma obrigação de reciprocidade, ainda que atenuada pelo tamanho da comunidade e pela falta de contato direto entre seus membros, ou mesmo pelo fato de estes mal terem uma vaga idéia da existência uns dos outros. Porém, será essa uma razão suficiente para favorecer os compatriotas antes dos cidadãos de outros países cujas necessidades sejam bem mais prementes? A maioria dos cidadãos nasce no país e muitos

▼

25. Walter Feinberg, *Common Schools/Uncommon Identities: National Unity and Cultural Difference*, Yale University Press, New Haven, 1998, p. 119.

pouco se importam com os valores e as tradições dele. Alguns chegam a rejeitá-los. Fora dos países ricos, há milhões de refugiados que anseiam pela oportunidade de vir a fazer parte dessas comunidades nacionais. Não há motivo para julgar que, caso os acolhêssemos, eles se mostrassem menos dispostos do que os cidadãos nativos a retribuir os benefícios que recebem da comunidade. Se negamos a entrada desses refugiados, não é justo que venhamos a discriminá-los quando tomamos decisões acerca de quem vamos ajudar, com base na idéia de que não são membros de nossa comunidade e não têm relações recíprocas conosco.

A COMUNIDADE IMAGINADA

Se a reciprocidade por si só não basta para mostrar por que nossa obrigação para com nossos compatriotas é bem maior do que com quaisquer outras pessoas, poderíamos tentar suplementar essa idéia recorrendo à descrição que Benedict Anderson fornece de uma nação como "comunidade política imaginada", comunidade que só existe na mente dos que se vêem como cidadãos da mesma nação[26]. Embora os cidadãos nunca encontrem a maioria dos outros membros da nação, sua imagem de si é que partilham de uma adesão a instituições e valores comuns a todos os membros, como uma constituição, procedimentos democráticos, princípios de tolerância, separação entre a Igreja e o Estado e governo fundado na lei. A comunidade imaginada compensa a falta de uma comunidade real, de contato direto, na qual haveria ligações pessoais e obrigações

▼

26. Benedict Anderson, *Imagined Communities: Reflections on the Origin and Spread of Nationalism*, Verso, Londres, ed. rev., 1991, p. 6.

de reciprocidade mais concretas. Nesses termos, o reconhecimento de obrigações especiais para com outros membros da nação pode ser visto como um dos elementos necessários para se formar e se manter essa comunidade imaginada.

A concepção de nacionalismo de Anderson é uma explicação de como a idéia de pertencer a uma nação se arraigou no mundo moderno. Por ser uma descrição, e não uma prescrição, ela não pode servir de base a um argumento moral em favor da importância da conservação das comunidades imaginadas que ele descreve. Trata-se ainda assim de uma explicação esclarecedora, precisamente por mostrar que a idéia moderna de que devemos uma lealdade especial à nossa comunidade nacional não se baseia numa comunidade que exista independentemente do modo como concebemos a nós mesmos. Se Anderson está certo e a idéia moderna da nação efetivamente se apóia numa comunidade de que imaginamos ser parte, e não numa comunidade da qual de fato fazemos parte, também nos é possível imaginar-nos como membros de outra comunidade. Isso é bem compatível com a idéia de que o complexo conjunto de modificações que designamos pelo termo globalização deveria nos levar a reconsiderar a significação moral que hoje atribuímos às fronteiras nacionais. Precisamos nos perguntar se, a longo prazo, vai ser melhor continuarmos a viver nas comunidades imaginadas que conhecemos como Estados nacionais, ou se devemos começar a nos considerar membros de uma comunidade imaginada que abarca o mundo inteiro. Já apresentei vários argumentos em favor desta última concepção. Nossos problemas se acham hoje demasiado interligados para ser resolvidos num sistema formado por Estados nacionais cujos cidadãos são primordial e quase exclusivamente leais ao seu próprio Estado nacional, e não à comunidade global mais ampla – e esse sistema não gerou uma vontade suficientemente grande de atender às necessidades prementes de quem vive na pobreza extrema. Imaginar-nos como parte de uma comunidade nacional parece bom quando o concebemos como algo que amplia nossas preocupações para além da limitada lealdade tribal, mas é menos atraente quando o concebemos como algo que levanta uma muralha e nos separa do resto do mundo.

A EFICIÊNCIA DAS NAÇÕES

Robert Goodin defende um sistema de obrigações especiais para com nossos compatriotas "como um recurso administrativo para nos desincumbirmos de nossos deveres gerais com mais eficiência"[27]. Se você está doente e no hospital, alega Goodin, é melhor ter um médico específico responsável pelos seus cuidados do que deixar essa tarefa aos médicos do hospital em geral. Do mesmo modo, afirma ele, é melhor ter um Estado claramente responsável pela proteção e promoção dos interesses de cada indivíduo que habita em seu território. Há sem dúvida algo de verdade aí, mas trata-se de um argumento de aplicação bem limitada no mundo real. Seja como for, uma coisa é a eficiência na administração de uma unidade, e outra coisa bem diferente é a distribuição de recursos entre unidades. Goodin reconhece isso, dizendo:

▼

27. Robert Goodin, "What Is So Special about Our Fellow Countrymen?", *Ethics*, nº 98, 1988, p. 685; reproduzido em Robert Goodin, *Utilitarianism as a Public Philosophy*, Cambridge University Press, Cambridge, 1995, p. 286. Quem me trouxe essa passagem à memória foi Christopher Wellman, "Relational Facts in Liberal Political Theory: Is There Magic in the Pronoun 'My'", *Ethics*, nº 110:3, 2000, pp. 537-62.

Se houve alguma espécie de alocação errônea, de tal modo que alguns Estados ficaram encarregados de cuidar de um número maior de pessoas do que seus recursos possibilitam, é necessária uma realocação.[28]

Mesmo que, mantidas as mesmas condições, seja mais eficiente que os Estados se encarreguem do cuidado dos próprios cidadãos, isso já não acontece quando a riqueza é distribuída de maneira tão desigual que um casal abastado típico de um país gasta para ir ao teatro uma quantia com a qual, em outros países, outros casais poderiam viver o ano inteiro. Nessas circunstâncias, o argumento fundado na eficiência – entendida como a obtenção do máximo de utilidade por dólar disponível – está longe de ser uma defesa de deveres especiais com relação aos nossos compatriotas, constituindo antes uma base para sustentar que esses deveres são sobrepujados pelo bem muito maior que podemos fazer no exterior.

A JUSTIÇA NO ÂMBITO DOS ESTADOS E ENTRE ESTADOS

Christopher Wellman sugeriu três outras razões imparciais para se pensar que pode ser particularmente importante evitar que a desigualdade econômica se torne demasiado pronunciada *no interior* de uma sociedade, e não *entre* sociedades. A primeira é que a igualdade política no interior de uma sociedade pode ser adversamente afetada por desigualdades econômicas dentro dela, mas não pela desigualdade econômica entre sociedades. A segunda é que a desigualdade não é

▼

28. Goodin, *Utilitarianism as a Public Philosophy*, p. 286.

má em si mesma, mas somente na medida em que gera relações opressivas, concluindo-se disso que agimos com acerto ao nos preocupar mais com a desigualdade entre pessoas de um mesmo país do que entre pessoas de países diferentes que não estejam envolvidas em relações importantes entre si. E a terceira se refere à natureza relativa das categorias riqueza e pobreza[29].

As duas primeiras razões apresentadas por Wellman são respondidas ao menos em parte pelo fenômeno que está por trás da maioria dos argumentos deste livro: vemo-nos cada vez mais diante de problemas que afetam todo o planeta. Seja qual for o valor que atribuímos à igualdade política, que inclui a oportunidade de participar das decisões que nos afetam, a globalização significa que devemos valorizar a igualdade entre sociedades, no nível global, pelo menos tanto quanto valorizamos a igualdade política no âmbito de uma mesma sociedade. A globalização também significa que pode haver relações opressivas tanto na escala global como no interior de uma sociedade.

Marx forneceu a formulação clássica da terceira razão apontada por Wellman:

> Uma casa pode ser grande ou pequena; desde que as casas circunvizinhas sejam igualmente pequenas, ela atende a todas as exigências sociais de uma habitação. Mas permita-se construir um palácio ao lado da casinha, e esta passa de casinha a casebre... por mais que possa elevar-se no curso da civilização, se o palácio vizinho crescer em igual ou maior medida, o ocupante da casa relati-

▼

29. Wellman, "Relational Facts in Liberal Political Theory", pp. 545-9; esse terceiro motivo também é apontado por David Miller, *Principles of Social Justice*, Harvard University Press, Cambridge, Massachusetts, 1999, p. 18.

vamente pequena vai sentir-se cada vez mais incomodado, insatisfeito e preso dentro de suas quatro paredes.[30]

Mas em nossos dias é um erro julgar que as pessoas se comparam apenas com seus compatriotas (ou com todos os seus compatriotas). Os moradores da zona rural do Mississipi, por exemplo, provavelmente não costumam comparar-se com os nova-iorquinos, ao menos no que se refere à renda. Seu estilo de vida é tão diferente que a renda é apenas um elemento de todo um conjunto. Por outro lado, muitos mexicanos olham ansiosamente para o lado norte da fronteira, pensando em como estariam melhor financeiramente se pudessem morar nos Estados Unidos. Eles revelam seus pensamentos ao tentar cruzar a fronteira. E o mesmo se aplica a pessoas que não estão em estreita proximidade geográfica, como vemos pelas tentativas desesperadas de chineses de ir ilegalmente para os Estados Unidos, a Europa e a Austrália, não por estarem sendo perseguidos politicamente, mas porque já formaram uma idéia suficiente da vida nesses países distantes para ter o desejo de viver neles.

Apesar da paisagem distinta que a globalização nos mostra, vamos admitir que temos alguns motivos para pensar que o melhor é dar maior prioridade a se evitar uma desigualdade econômica pronunciada no interior de uma dada sociedade do que entre todos os habitantes do planeta. As três razões de Wellman têm certo peso quando contrapostas à alegação forte de que *não* é menos desejável eliminar a desigualdade econômica pronunciada entre os habitantes do mundo inteiro do

▼

30. Karl Marx, *Wage Labour and Capital*, in David McLellan (org.), *Karl Marx: Selected Writings*, Oxford University Press, Oxford, 1977, p. 259.

que no interior de uma única sociedade. Mas o peso que lhes devemos dar é limitado e varia de acordo com as circunstâncias particulares. De modo específico, a questão de saber se se deve buscar reduzir a desigualdade no interior das sociedades ou entre sociedades só vem à tona se não pudermos fazer as duas coisas ao mesmo tempo. Às vezes isso é possível. Podemos aumentar os impostos pagos pelos habitantes de países ricos que têm rendas mais elevadas ou que deixam grandes somas para seus herdeiros, e usar a receita assim obtida para ajudar os habitantes dos países mais pobres do mundo que têm rendas bem abaixo da média mesmo para os padrões da sociedade em que vivem. Isso reduziria a desigualdade tanto nos países pobres como entre países.

Claro que, se vivemos num país rico, poderíamos reduzir ainda mais a desigualdade em nossa própria sociedade se usássemos a renda gerada pelos impostos pagos pelas pessoas mais ricas para ajudar os que se acham em pior situação nessa mesma sociedade. Mas, ainda que aceitemos os argumentos de Wellman, essa seria a opção errada. Porque, nesse caso, estaríamos preferindo reduzir a desigualdade somente no interior do nosso país, em vez de reduzi-la tanto nos países pobres como de país para país. Wellman apresentou razões pelas quais pode ser mais importante combater a desigualdade no interior de um país do que entre os países, mas isso não equivale a dar prioridade à superação da desigualdade no interior da *nossa própria* sociedade. Se, vivendo nos Estados Unidos, posso fazer mais para reduzir a desigualdade em, digamos, Bangladesh do que em meu próprio país, Wellman não dá nenhuma justificativa para que eu prefira reduzir a desigualdade nos Estados Unidos – e, se o dinheiro dado a quem está nos degraus mais baixos da escala social de Bangladesh vai reduzir tanto a desigualdade nesse país como entre os países, isso parece ser o melhor a fazer. Wellman não conseguiu identificar nenhuma magia no pronome "meu".

De qualquer forma, na situação atual, temos deveres para com os estrangeiros que se sobrepõem aos deveres que temos com nossos concidadãos. Porque mesmo que muitas vezes a desigualdade seja relativa, a condição de pobreza absoluta já descrita não o é em relação à riqueza de outras pessoas. A redução do número de seres humanos que vivem na pobreza absoluta é sem dúvida uma prioridade mais urgente do que a redução da pobreza relativa causada pelo fato de alguns viverem em palácios enquanto outros ocupam habitações pequenas mas adequadas. Com isso concorda o relato feito por Sidgwick da consciência moral intuitiva de sua época. Tendo fornecido a relação de obrigações especiais que citei acima, ele prossegue:

> E, com respeito a todos os homens com quem venhamos a nos relacionar, exige-se de nós a obrigação de prestar esses pequenos serviços, que podem ser prestados sem nos causar inconvenientes; mas aqueles que se acham em desespero ou em premente necessidade têm o direito de ser tratados por nós com especial bondade.

RAWLS E O DIREITO DOS POVOS

Já fiz referência ao fato notável de que a mais influente obra sobre a justiça escrita no século XX nos Estados Unidos, *Uma teoria da justiça*, não aborda a questão da justiça entre sociedades. Mas, com a publicação mais recente de *O direito dos povos*, Rawls finalmente tratou da questão da justiça para além das fronteiras de nossa própria sociedade. Ele crê que as sociedades privilegiadas têm fortes obrigações para com as sociedades que passam por dificuldades, mas não trata especificamente das obrigações com indivíduos pobres de outros países. O livro, afinal, chama-se *O direito dos povos*, e não, por exemplo, *Uma teoria da justiça global*.

Eis um exemplo de como o livro que Rawls escreveu é diferente do livro que ele poderia ter escrito. Ele nos pede que pensemos num mundo em que há duas sociedades, ambas as quais atendem, dentro de seus territórios, aos dois princípios de justiça de *Uma teoria da justiça*. Nesse mundo, a pessoa que se encontra em pior situação na primeira sociedade está pior do que a pessoa que se encontra em pior situação na segunda. Rawls supõe então que seja possível organizar uma redistribuição global que melhore a condição da pessoa em pior situação na primeira sociedade, ao mesmo tempo que permite que as duas sociedades atendam internamente aos seus dois princípios de justiça. Em outras palavras, ele nos pede que pensemos em duas sociedades igualmente justas se restringirmos nossa consideração às suas próprias fronteiras; numa delas, porém, existem pessoas que estão em pior situação do que quaisquer membros da outra. Deveríamos preferir uma redistribuição que reduzisse a distância entre as pessoas mais pobres das duas sociedades? Segundo Rawls, não: "O Direito dos Povos não vê diferença entre as duas distribuições."[31]

Em *Uma teoria da justiça*, Rawls defende um sistema de justiça em que, "na escolha de princípios, ninguém é privilegiado nem desprivilegiado pelo acaso natural nem pelas contingências das circunstâncias sociais"[32]. Ora, ainda assim ele

▼

31. John Rawls, *The Law of Peoples*, Harvard University Press, Cambridge, Massachusetts, p. 120.
32. John Rawls, *A Theory of Justice*, Oxford University Press, Londres, 1971, p. 12; ver também p. 100.

declara que sua teoria *é indiferente* às conseqüências de um fato bem contingente: de que lado da fronteira você vive. Não há como conciliar essas duas posições. Em *O direito dos povos*, Rawls usa uma abordagem bem diferente da de *Uma teoria da justiça*. Ainda que ambos os livros se refiram a uma "posição original", na obra mais antiga as partes que deliberam a posição original avaliam princípios alternativos de justiça, como o utilitarismo clássico e o perfeccionismo moral, e escolhem um deles. Na "posição original" de *O direito dos povos*, por outro lado, as partes que deliberam – cuja tarefa agora consiste em formular um corpo de princípios para as relações internacionais – nem sequer consideram o utilitarismo clássico como possível princípio por meio do qual se pudesse regular o modo de comportamento dos povos uns com relação aos outros. Segundo Rawls, isso ocorre porque

> ... um princípio utilitarista clássico, ou eqüitativo, não seria aceito pelos povos, dado que nenhum povo organizado por seu governo tem disposição de considerar, *como primeiro princípio*, que os benefícios prestados a outros povos se sobreponham às dificuldades impostas a si.[33]

Essa alegação, que parece uma estranha antecipação da afirmação do presidente Bush, "Em primeiro lugar vem o povo da América", é por certo verdadeira no nível da descrição sociológica dos povos organizados como governos nas sociedades existentes. Mas, como isso justifica o fato de Rawls usar essa descrição como fundamento conclusivo para descartar por completo a possibilidade de os povos *preferirem* aceitar esse princípio, dado que sua escolha é feita na posição origi-

▼

33. Rawls, *The Law of Peoples*, p. 40.

nal, na qual eles não sabem em que sociedade irão viver? Por que considerar o que os governos têm condições de aceitar *neste momento* como determinante para o que *aceitariam* se fizessem uma escolha imparcial?

Outro aspecto estranho de *O direito dos povos* é que Rawls se disponha a invocar, contra a idéia da redistribuição econômica entre nações, argumentos que poderiam ser facilmente apresentados – e de fato o têm sido – contra a redistribuição econômica entre indivíduos ou famílias *no âmbito* de uma mesma nação. Assim, ele nos convida a considerar o exemplo de dois países que se acham no mesmo nível de riqueza e com igual número de habitantes. O primeiro resolve industrializar-se, enquanto o segundo dá preferência a uma sociedade mais pastoral e tranqüila e não se industrializa. Décadas mais tarde, o primeiro tem o dobro das riquezas do segundo. Supondo que essas duas sociedades tenham tomado suas decisões livremente, Rawls pergunta se a sociedade industrial deveria pagar impostos para fornecer recursos à pastoral. Isso, diz ele, "parece inaceitável"[34]. Mas, se julga isso inaceitável, como pode ele responder aos críticos de sua posição em *Uma teoria da justiça* que julgam inaceitável que uma pessoa que trabalhou com afinco e acumulou riquezas pague impostos para sustentar alguém que levou uma vida mais relaxada e agora encontra-se, no que diz respeito aos recursos, entre os membros mais pobres da sociedade? Ambas as situações apresentam um problema para todo aquele que apóia a redistribuição de riqueza, e, se o problema pode ser resolvido pela redistribuição no interior de uma sociedade, não vejo por que não o possa pela redistribuição entre sociedades.

▼

34. Rawls, *The Law of Peoples*, p. 117.

É verdade que Rawls defende, em *O direito dos povos*, a idéia de que "os povos bem organizados têm o *dever* de assistir as sociedades sobrecarregadas", ou seja, aquelas a que "faltam as tradições culturais e políticas, o capital, o conhecimento e, com freqüência, os recursos materiais e tecnológicos necessários à boa organização"[35]. Esse dever abrange apenas a ajuda destinada a auxiliar as sociedades a se tornarem "bem organizadas", expressão por meio da qual Rawls designa sociedades projetadas para promover o bem de seus membros e eficazmente reguladas por uma concepção pública de justiça[36]. Ao pensar no que pode ajudar uma sociedade a se tornar bem organizada, Rawls enfatiza a necessidade de as sociedades desenvolverem uma cultura adequada, pois conjetura que "não há sociedade em parte alguma do mundo – exceção feita a casos marginais – com tamanha escassez de recursos que não pudesse, caso fosse organizada e governada razoável e racionalmente, vir a ser bem organizada"[37]. Essa conjetura pode estar correta ou não, mas a saliência dada à necessidade de mudar a cultura não leva em conta a deplorável situação de indivíduos que morrem de inanição, desnutrição ou doenças de fácil prevenção, *neste exato momento*, em países aos quais falta atualmente a capacidade de prover as necessidades de todos os seus cidadãos.

Enquanto discuto as concepções contrárias de justiça internacional apresentadas por Charles Beitz e Thomas Pogge, Rawls afirma que tem em comum com eles as metas "de promover a criação de instituições liberais ou respeitáveis, garantir os direitos humanos e atender às necessidades básicas", e

▼

35. Rawls, *The Law of Peoples*, p. 106.
36. Para mais detalhes, ver Rawls, *A Theory of Justice*, pp. 4 s., 453 s.
37. Rawls, *The Law of Peoples*, p. 108.

crê que essas metas se acham "abrangidas pelo dever de assistência"[38]. Mas, se isso significa que as sociedades ricas têm o dever de ajudar indivíduos que estão morrendo de inanição ou são de algum modo incapazes de atender às próprias "necessidades básicas", a formulação não recebe a ênfase que merece. Em vez disso, Rawls fala do dever de assistência sempre como parte de um projeto bem mais amplo de ajudar os *povos* a constituir instituições liberais ou respeitáveis. Como disse Leif Wenar de *O direito dos povos*: "Nessa obra, Rawls se preocupa mais com a legitimidade da coerção global do que com a arbitrariedade do destino de cidadãos em diversos países."[39] Por isso, as situações econômicas dos indivíduos não afetam as leis que Rawls apresenta para regular as relações internacionais. Na ausência de fome epidêmica ou de abusos dos direitos humanos, os princípios de justiça internacional de Rawls não se estendem à ajuda a indivíduos. Não obstante, no estado atual do mundo, milhões de seres humanos vão morrer de desnutrição e doenças associadas com a pobreza antes de seus países criarem instituições liberais ou respeitáveis e se tornarem "bem organizados". Para muitos, a começar pelo secretário-geral da Organização das Nações Unidas, a questão de como os países ricos e seus cidadãos podem atender às necessidades de mais de um bilhão de pessoas desesperadamente pobres tem uma premência que se sobrepõe à meta mais distante de mudar a cultura de sociedades que não são eficazmente reguladas por uma concepção pública de justiça. Mas em ne-

▼

38. Rawls, *The Law of Peoples*, p. 116; para referências à obra de Beitz e Pogge, ver cap. 1, n.º 13 acima.
39. Leif Wenar, "The Legitimacy of Peoples", in P. de Greiff e C. Cronin (orgs.), *Global Politics and Transnational Justice*, MIT Press, Cambridge, Massachusetts, 2002, p. 53.

nhum momento o autor de *Uma teoria da justiça* deu a esse problema a atenção que merece.

A REALIDADE

Quando fazemos a prova da avaliação imparcial, desfazem-se os motivos sólidos para que demos preferência aos interesses de nossos próprios compatriotas, e nenhum deles é capaz de sobrepujar a obrigação que surge sempre que podemos, sem pagar um preço alto demais, alterar de modo absolutamente crucial o bem-estar de uma pessoa que passa por reais necessidades. Em conseqüência, a questão da ajuda externa deve ser objeto de preocupação dos cidadãos de todo país do mundo desenvolvido. Os cidadãos dos Estados Unidos deveriam sentir-se particularmente perturbados com a contribuição de seu país. Entre as nações desenvolvidas, classificadas de acordo com a parcela do Produto Interno Bruto (PIB) que empregam como ajuda ao desenvolvimento, os Estados Unidos vêm absoluta e indiscutivelmente em último lugar.

Há muitos anos, a Organização das Nações Unidas estabeleceu como meta da ajuda ao desenvolvimento o valor de 0,7 por cento do Produto Interno Bruto. Alguns países desenvolvidos – a Dinamarca, a Holanda, a Noruega e a Suécia – alcançam ou ultrapassam essa meta tão modesta de dar aos países em desenvolvimento 70 centavos de dólar de cada 100 dólares que sua economia produz. A maioria fica aquém. O Japão, por exemplo, dá 0,27 por cento. No cômputo geral, entre as nações abastadas, a assistência oficial ao desenvolvimento caiu de 0,33 por cento dos PIBs somados em 1985 para 0,22 por cento em 2000. Mas, entre esses países, nenhum se encontra tão flagrantemente longe da meta das Nações Unidas como os Estados Unidos, que em 2000, o último ano para o qual há dados disponíveis, deram 0,10 por cento do PIB, ou meros 10 centavos de dólar de cada 100 dólares que sua economia produz, um sétimo da meta da ONU. Trata-se de um montante, *em dólares americanos reais*, inferior ao do Japão – cerca de 10 bilhões no caso dos Estados Unidos para 13,5 bilhões no do Japão. E mesmo essa soma desprezível ainda exagera a ajuda norte-americana aos mais necessitados, pois boa parte dela é dirigida estrategicamente à consecução de propósitos políticos. O maior beneficiário da assistência oficial ao desenvolvimento dos Estados Unidos é o Egito. (A Rússia e Israel obtêm uma ajuda ainda maior dos Estados Unidos, mas esta não é classificada como assistência ao desenvolvimento.) A pequena Bósnia-Herzegovina obtém bem mais recursos norte-americanos do que a Índia. O Japão, por outro lado, dá dinheiro à Indonésia, à China, à Tailândia, à Índia, às Filipinas e ao Vietnã, nessa ordem. A Índia, por exemplo, obtém mais de cinco vezes mais ajuda do Japão do que dos Estados Unidos. Só um quarto da ajuda norte-americana, em comparação com mais da metade da japonesa, vai para países de baixa renda[40].

Quando falo disso para platéias norte-americanas, alguns objetam que é enganoso concentrar-se na ajuda oficial. Dizem que os Estados Unidos são um país que não acredita em dei-

▼
40. Todos os dados são da Organização para a Cooperação e o Desenvolvimento Econômico. Os dados sobre a queda geral da ajuda oferecida pelos países desenvolvidos vêm do 2001 Development Co-operation Report, Statistical Annex, tabela 14; os dados referentes a países específicos vêm de gráficos organizados sob o título "Aid at a Glance by Donor". Essas tabelas e gráficos estão disponíveis em: www.oecd.org.

xar tudo a cargo do governo, ao contrário de outras nações. Caso se computasse também a ajuda dada por fontes privadas, ficaria claro que os Estados Unidos são extraordinariamente generosos para com os outros países. Por isso verifiquei também a ajuda privada[41]. De fato, a parcela não-governamental da ajuda total dada pelos Estados Unidos é maior do que a de outros países. Mas em toda parte a ajuda não-governamental fica abaixo da governamental, o que ocorre igualmente com os Estados Unidos, em que aquela equivale a 4 bilhões, ou cerca de 40 por cento da ajuda governamental[42]. Logo, o acréscimo da ajuda não-governamental norte-americana eleva o total de ajuda norte-americana de 0,10 por cento para apenas 0,14 por cento do Produto Interno Bruto. Isso dá somente um quinto da módica meta da Organização das Nações Unidas e não basta para tirar os Estados Unidos da rabeira da escada. Enquanto o país dá 14 bilhões de dólares em ajuda oficial e privada por ano, os gastos internos com álcool chegam a 34 bilhões; com tabaco, a 32; com bebidas não-alcoólicas, a 26; e, com diversões em geral, a quase 50 bilhões[43]. Considerando os gastos governamentais e não as despesas gerais de consumo, o governo Bush propôs um orçamento militar de 379 bilhões para o ano fiscal de 2003, um aumento de 48 bi-

▼
41. Banco Mundial, *World Development Indicator 2001* [Índice Mundial de Desenvolvimento], tabela 6.8, disponível em: www.worldbank.org/data/wdi2001/pdfs/tab6_8.pdf.
42. ORGANIZATION FOR ECONOMIC COOPERATION AND DEVELOPMENT (OECD), Documentation, Statistical Annex of 2001 DCR, Tabela 13, disponível em: webnet1.oecd.org/EN/document/0,,EN-document-59–2-no-1–2674–o, FF.html.
43. Ver Bureau of Labor Statistics, U.S. Department of Labor, *Consumer Expenditure Survey 1999*, Current Aggregate Expenditure Shares Tables, for example Table 57, disponível em: www.bls.gov/cex/1999/Aggregate/age.pdf.

lhões com relação ao montante do ano anterior[44]. Só esse aumento é mais de quatro vezes superior à quantia que o governo gasta com a ajuda externa. (Embora o presidente Bush também tenha indicado que gostaria de aumentar a ajuda externa em 5 bilhões no período de três anos, esse aumento só vai entrar em vigor em 2004, sendo superado pelo aumento proposto de despesas militares[45].) Por outro lado, em cada um dos 12 anos que se seguiram ao colapso da União Soviética, em 1989, o governo dos Estados Unidos obteve um "dividendo da paz" que lhe poupou, em despesas militares, pelo menos seis vezes – e em alguns anos bem mais – o montante total distribuído como ajuda externa[46]. Mesmo com o aumento proposto para 2003, o governo norte-americano ainda vai economizar, em comparação com as despesas militares dos últimos anos do governo Reagan, uma quantia maior do que o volume total de recursos para a ajuda externa. Nenhuma parcela desse "dividendo da paz" foi usada para promover a ajuda externa.

Esses fatos comprovam a alegação com que se iniciou este capítulo: apesar do apoio verbal que a maioria das pessoas dá à igualdade entre os seres humanos, seu círculo de preocupação não vai além das fronteiras de seus países. Mas nem todos os fatos apontam para esse sombrio veredicto. Em 1995, o Program on International Policy Attitudes [Programa sobre Atitudes em Política Internacional], ou Pipa, da Universidade

▼

44. Vernon Loeb e Bradley Graham, "Tough Choices Skirted? Pentagon Critics Say Bush's Proposed Increase Blunts Drive to Reform the Military", *Washington Post*, 10 de fevereiro de 2002, p. A06.
45. Elizabeth Bumiller, "Bush Plans To Raise Foreign Aid and Tie It To Reforms", *New York Times*, 15 de março de 2002, p. A8.
46. Rowan Scarborough, "'Peace Dividend' Apparently Paying Off", *Washington Times*, 9 de março de 1998, p. A4.

de Maryland, perguntou aos norte-americanos o que pensavam sobre o montante que o país gastava com ajuda externa. A grande maioria dos entrevistados julgou que os Estados Unidos gastava demais em ajuda externa e que esta devia sofrer cortes. Essa resposta parece corroborar a opinião dos cínicos a respeito do altruísmo humano; mas, quando pediram aos entrevistados que avaliassem que parcela do orçamento federal (não do PIB) era dedicada à ajuda externa, a estimativa mediana – ou seja, a média das respostas dadas – foi de 15 por cento. A resposta correta é: menos de 1 por cento. E a resposta média dos entrevistados sobre que porcentagem seria correta foi 5 por cento – um aumento que ultrapassa os sonhos mais loucos dos defensores da ajuda externa no Capitólio. Meses depois, o *Washington Post* decidiu fazer sua própria pesquisa para ver se os resultados se confirmavam. O jornal obteve uma estimativa mediana superior, segundo a qual 20 por cento do orçamento federal era gasto em ajuda externa, e uma "parcela correta" média de 10 por cento. Alguns céticos julgaram que o número poderia ser explicado pelo fato de as pessoas estarem incluindo gastos militares feitos para a defesa de outros países, mas pesquisas adicionais mostraram que isso não acontecera.

Em 2000, o Pipa fez as mesmas perguntas a outro conjunto de entrevistados. A diferença mais marcante foi que a grande maioria (64 por cento) que em 1995 desejava que a ajuda externa dos Estados Unidos fosse cortada se reduzira a 40 por cento. Mas, quando interrogado sobre a parcela do orçamento federal que vai para a ajuda externa, o público não se mostrou mais informado do que antes. A estimativa mediana foi de 20 por cento, a mesma obtida pela pesquisa do *Washington Post* em 1995. Só 1 em cada 20 entrevistados ofereceu uma estimativa de 1 por cento ou menos. Mesmo entre pessoas com pós-graduação, a estimativa mediana foi de 8 por cento. Quanto à porcentagem apropriada, a resposta mediana confirmou a que o *Washington Post* obtivera na pesquisa anterior: 10 por cento.

As idéias errôneas do público norte-americano acerca da ajuda externa foram confirmadas em outros estudos. Numa pesquisa de 1997, patrocinada pelo *Washington Post*, a Kaiser Family Foundation e a Universidade Harvard relacionaram cinco programas e perguntou-se em quais deles a administração federal mais gastava. A ajuda externa veio em primeiro lugar, seguida pela defesa e a seguridade social. Na verdade, estas duas áreas somam juntas mais de um terço do orçamento federal; em comparação, a ajuda externa é insignificante. No mesmo ano, uma pesquisa Pew mostrou que 63 por cento dos norte-americanos achavam que o governo federal gasta mais em ajuda externa do que no programa [de assistência médica] Medicare, que na verdade tem despesas dez vezes superiores à ajuda externa[47].

A pesquisa do Pipa de 2000 foi feita logo depois da Cúpula do Milênio promovida pela Organização das Nações Unidas, em que as nações do mundo determinaram para si uma série de metas: reduzir pela metade a parcela de pessoas que passam fome, ou que vivem com menos de 1 dólar por dia; garantir a educação elementar a todas as crianças; reduzir em dois terços a taxa de mortalidade de crianças com menos de cinco anos; reduzir pela metade a parcela de pessoas que não

▼

47. Program on International Policy Attitudes, *Americans on Foreign Aid and World Hunger: A Survey of U.S. Public Attitudes*, 2 de fevereiro de 2001, disponível em: www.pipa.org.

têm acesso a água potável; e combater o HIV/Aids, a malária e outras doenças. A pesquisa mostrou grande apoio a essas metas: 83 por cento das entidades disseram-se favoráveis à participação dos Estados Unidos num esforço internacional voltado para reduzir a fome pela metade até 2015, e 75 afirmaram que se dispunham a pagar mais 50 dólares anuais para manter um tal programa. O Banco Mundial estimou que a realização das metas de desenvolvimento da Cúpula do Milênio custaria entre 40 e 60 bilhões anuais em ajuda adicional pelos próximos 15 anos[48]. Se 75 por cento dos norte-americanos com mais de 18 anos de idade contribuíssem com 50 dólares, seriam arrecadados mais de 7,5 bilhões por ano – o que não chega a suprir o que falta para os Estados Unidos alcançarem sua parcela da quantia adicional necessária, mas já é um bom começo[49]. Seria naturalmente mais justo que os norte-americanos de renda alta contribuíssem com mais de 50 dólares, e que os de renda baixa dessem menos ou não contribuíssem; mas aqui apenas observo o que as pessoas disseram sobre sua vontade de ajudar a quem precisa fora das fronteiras do país.

Deve-se sempre tratar com cautela os resultados de pesquisas, em especial quando investigam atitudes sobre assuntos

▼

48. Banco Mundial, News Release 2002/212/S, 21 de fevereiro de 2002, "World Bank Estimates Cost of Reaching the Millennium Development Goals at $40-60 Billion Annually in Additional Aid", disponível em: http://lnweb18.worldbank.org/news/pressrelease.nsf/673fa6c5a2d50a67852565e200692a79/81e7fb4c3d8bba3f8 5256b660067b411?OpenDocument; ver também "The Costs of Attaining the Millennium Development Goals", resumo do Relatório de Trabalho em Pesquisa Política do Banco Mundial elaborado por Shantayanan Devarajan, Margaret J. Miller e Edward G. Swanson, disponível em: www.worldbank.org/html/extdr/mdgassessment.pdf.

49. O censo demográfico norte-americano de 2000 estimou que havia 209 milhões de americanos com mais de 18 anos. Ver U.S. Census Bureau, *2000 Census of Population and Housing, Profiles of General Demographic Characteristics*, maio de 2001, tabela DP-1, disponível em: www.census.gov.

com respeito aos quais as pessoas podem querer mostrar-se mais generosas do que de fato são, mas é difícil descartar a descoberta comprovada de que os norte-americanos são deploravelmente ignorantes a respeito do lamentável histórico de ajuda externa do país. O que as pessoas gostariam de fazer de fato, quando descobrissem a verdade, isso não sabemos. Não lhes foi dada a oportunidade de votar a esse respeito. Nenhum presidente norte-americano recente, nenhum candidato com perspectivas realistas de sucesso, jamais tentou fazer da ajuda externa uma importante questão política. O fracasso dos Estados Unidos no combate à pobreza não se deve, portanto, apenas à ignorância do público norte-americano, mas também às falhas morais de seus líderes políticos.

UM DESAFIO ÉTICO

Se os líderes dos Estados Unidos continuarem a dar uma atenção ínfima às necessidades de todos os que não são norte-americanos (e se os líderes de outros países ricos continuarem a se sair somente um pouco melhor), o que devem fazer os cidadãos desses países ricos? Não estamos impossibilitados de agir por nossa conta. Podemos dar passos concretos para levar nossas preocupações a ultrapassar as fronteiras nacionais por meio da ajuda a organizações dedicadas a ajudar os necessitados, onde quer que estejam. Mas quanto se deve dar?

Há mais de 700 anos, Tomás de Aquino, mais tarde canonizado pela Igreja Católica, enfrentou esse problema sem pestanejar. Ele escreveu que os bens materiais existem para satisfazer às necessidades humanas e não devem ser distribuídos de maneira que contrarie esse objetivo. Disso ele extraiu uma conclusão lógica: "As coisas que possuímos em superabundância são devidas por direito natural ao sustento dos pobres."* Embora Tomás de Aquino tenha tido grande influência sobre o pensamento da Igreja Católica – a tal ponto que o "tomismo" foi declarado a doutrina oficial da Igreja –, ela decidiu não salientar esse aspecto específico de seus ensinamentos. Mas não é tão fácil justificar a idéia de que devemos conservar o que temos em "superabundância" quando outras pessoas morrem de fome.

Em seu livro *Living High and Letting Die*, o filósofo nova-iorquino Peter Unger apresenta uma engenhosa série de exemplos imaginários destinados a pôr à prova nossas intuições acerca do que há de errado em viver bem sem dar uma quantia substancial de dinheiro para ajudar as pessoas famintas, desnutridas ou que morrem de doenças facilmente tratáveis como a diarréia. Eis minha paráfrase de um desses exemplos:

> Bob está prestes a se aposentar. Ele investiu a maior parte de suas economias num carro antigo, raro e valioso, um Bugatti, para o qual não conseguiu fazer seguro. O Bugatti é seu orgulho e sua alegria. Além do prazer que obtém de dirigir e cuidar de seu carro, Bob sabe que seu valor de mercado cresce continuamente, de modo que, se isso for necessário, vai poder vendê-lo e viver confortavelmente depois de aposentar-se. Um dia, Bob sai para dar uma volta, estaciona o Bugatti perto do final de um trecho abandonado de via férrea e vai dar uma caminhada ao longo desta. Ao fazê-lo, vê um trem desgovernado, sem ninguém a bordo, descendo pela estrada de ferro. Olhando para um ponto adiante na linha, ele percebe a pequena figura de uma criança brincando num túnel, criança que muito provavelmente vai ser morta pelo trem desgovernado. Ele não pode fazer o trem parar e a criança está longe demais para que

▼

* Tomás de Aquino, *Summa Theologica*, II-II, Q 66 A 7. (N. do T.)

ele a alerte do perigo; mas ele pode mover uma alavanca que desviaria o trem da linha em que está para o trecho em que seu Bugatti se acha estacionado. Se ele o fizer, não haverá mortes – mas como a barreira ao final do trecho está danificada, o trem vai destruir seu Bugatti. Pensando na alegria que lhe dá a posse do carro e na segurança financeira que representa, Bob decide não mover a alavanca. A criança é morta. Mas durante muitos anos Bob aproveita a posse de seu Bugatti e a segurança financeira que ele representa[50].

A maioria das pessoas dirá imediatamente que o comportamento de Bob foi gravemente errado. Unger concorda com isso. Mas nos recorda de que também nós temos oportunidades de salvar a vida de crianças. Podemos fazer doações a organizações como o Unicef ou a Oxfam América. Quanto devemos doar a essas organizações para ter a oportunidade de salvar a vida de uma criança ameaçada por doenças facilmente evitáveis?

Em seus prospectos para levantamento de fundos, o Comitê Norte-Americano do Unicef diz que a doação de 17 dólares proporciona imunização "para proteger uma criança, por toda a vida, das seis doenças que mais matam crianças e as tornam deficientes: a rubéola, a pólio, a difteria, a coqueluche, o tétano e a tuberculose", ao passo que uma doação de 25 dólares oferece "mais de 400 pacotes de sais de reidratação oral para ajudar a salvar a vida de crianças que sofrem de desidratação causada por diarréia". Mas esses números não nos dizem quantas vidas são salvas pela imunização nem pelos sais de reidratação e não incluem o custo de arrecadação de fundos, as despesas administrativas e o envio de ajuda aos locais onde ela é mais necessária. Unger convidou alguns especialistas para

▼

50. Peter Unger, *Living High and Letting Die*, Oxford University Press, Nova York, 1996, pp. 136-9.

fazer uma estimativa aproximada dos custos e do número de vidas salvas e chegou a um número em torno de 200 dólares por criança salva. Supondo que essa estimativa não esteja demasiado fora da realidade, se ainda pensa que Bob errou muito quando não moveu a alavanca que teria desviado o trem e salvo a vida da criança, é difícil entender como você poderia negar que também é bastante errado não doar ao menos 200 dólares a uma das organizações mencionadas. A não ser, naturalmente, que haja alguma diferença moral importante entre as duas situações. Qual poderia ser? Serão as incertezas práticas, a dificuldade de saber se a ajuda de fato vai chegar a quem dela precisa? Ninguém que conheça o mundo da ajuda fora do país pode duvidar da existência dessas incertezas. Mas os 200 dólares a que Unger chegou como quantia capaz de salvar a vida de uma criança foram calculados a partir de pressupostos pessimistas sobre a proporção de dinheiro doado que efetivamente alcança seu alvo. A verdadeira diferença entre Bob e quem pode doar dinheiro a organizações que ajudam pessoas fora dos Estados Unidos e não o faz é que só Bob pode salvar a criança no túnel, ao passo que há centenas de milhões de pessoas que podem dar 200 dólares a essas organizações. O problema é que a maioria delas não o faz. Isso acaso significa que está certo agir assim?

Suponha que houvesse mais proprietários de caríssimos carros fora de série – Carol, David, Fred etc., até Ziggy –, todos exatamente na mesma situação de Bob, com seu próprio trecho de estrada de ferro e sua própria alavanca, todos sacrificando a criança para preservar seu próprio carro adorado. Isso tornaria correta a atitude de Bob? Dizer sim é endossar a ética de seguir a multidão – o tipo de ética que levou os alemães a dar de ombros enquanto eram cometidas as atrocidades nazistas. O fato de outras pessoas não estarem se comportando melhor do que eles não é desculpa.

Parece que carecemos de um fundamento sólido para traçar uma linha moral clara entre a situação de Bob e a de quem dispõe de 200 dólares sobrando para doar a uma organização que atua no exterior. Essas pessoas parecem estar agindo quase tão mal quanto Bob, que prefere que o trem se precipite sobre a criança desavisada. Na verdade, elas dão a impressão de agir pior do que ele, porque, para a maioria dos norte-americanos, doar 200 dólares é um sacrifício bem menor do que Bob precisaria fazer para salvar a criança. Logo, parece que estamos cometendo um grave erro se não nos dispomos a doar 200 dólares ao Unicef ou à Oxfam América para reduzir a pobreza que causa tantas mortes prematuras. Como, porém, há no mundo um número enorme de crianças muito necessitadas, essa ação não esgota nossas obrigações morais. Sempre vai haver outra criança cuja vida você pode salvar com mais 200 dólares. Estaremos então obrigados a doar até que nada nos reste? Em que ponto podemos parar?

Pensemos na situação de Bob. Até que ponto ele deve ir, depois de perder o Bugatti? Imaginemos que ele esteja com o pé preso nos trilhos da via férrea, e que, desviando o trem, ele tenha o dedão amputado antes de o trem ir chocar-se com seu carro. Ainda assim deveria mover a alavanca? E se tivesse o pé inteiro amputado? E a perna? É só quando o sacrifício atinge um nível considerável que a maioria das pessoas poderia dizer que Bob não agiu errado ao deixar de mover a alavanca. Claro que a maioria das pessoas poderia se enganar; não podemos tomar decisões sobre problemas morais fazendo pesquisas de opinião. Mas pense por si mesmo que grau de sacrifício você exigiria de Bob, e descubra que quantia teria de dar para fazer um sacrifício próximo do que exige dele. É por certo mais, bem mais, do que 200 dólares. Para muitos norte-americanos de classe média, poderia facilmente ser 200 mil dólares. Quando se viu naquele dilema perto da alavanca da estrada de ferro, Bob deve ter pensado em sua extraordinária falta de sorte por se ver numa situação em que tinha de escolher entre a vida de uma criança inocente e o sacrifício da maior parte de suas economias. Mas ele nada tinha de azarado. Estamos todos nessa mesma situação.

Alguns críticos questionaram os pressupostos factuais que estão por trás desses argumentos. Há, insistem eles, uma questão empírica a ser respondida: "Quanto cada dólar adicional de ajuda, dado por mim ou por meu governo, vai contribuir para o bem-estar de longo prazo dos habitantes do local que vai receber a ajuda?" Não basta calcular o preço do envio de um pacote de sais de reidratação oral a uma criança que, sem ele, vai morrer de diarréia. Temos de ir além do ato de salvar a vida; temos de determinar como vai ser levada a vida salva, para verificar se há alguma razão para crer que a salvação da criança irá além da simples perpetuação de um ciclo de pobreza, sofrimentos e grande mortalidade infantil[51].

Um estudo do Banco Mundial, *Avaliando a ajuda*, assinala que a ajuda externa tem sido ao mesmo tempo um "sucesso espetacular" e um "fracasso retumbante". Quanto ao sucesso,

> programas patrocinados e coordenados por organizações internacionais têm reduzido drasticamente a incidência de doenças como a on-

▼

51. Essa questão é levantada por Leif Wenar, "What We Owe to Distant Others", apresentado na Global Justice Conference, Center for Law and Philosophy, Columbia Law School, Nova York, 31 de março-1º de abril de 2001. Ver também David Crocker, "Hunger, Capability and Development". In: William Aiken e Hugh LaFollette (orgs.), *World Hunger and Morality*, 2ª ed., Upper Saddle River, N.J., Prentice Hall, 1996, pp. 211-30.

cocercose ocular e ampliado em muito a imunização contra as principais doenças infantis. Centenas de milhões de pessoas tiveram sua vida tocada, senão transformada, pelo acesso a escola, a água potável, ao saneamento, à luz elétrica, a clínicas de saúde, a estradas e à irrigação – tudo isso financiado pela ajuda externa.[52]

Entre os fracassos está a ajuda concedida ao Zaire, hoje República Democrática do Congo, sob a ditadura Mobutu. A corrupção, a incompetência e políticas errôneas tiraram-lhe todo o possível impacto. A ampla atividade de construção de estradas na Tanzânia não melhorou a malha viária, dado que as estradas ficaram sem manutenção. O estudo do Banco Mundial assinala no entanto que hoje se tem mais conhecimentos sobre o que funciona e o que não funciona. Segundo os dados do estudo, quando um país pobre com boa administração recebe uma ajuda equivalente a 1 por cento de seu Produto Interno Bruto, a pobreza e a mortalidade infantil sofrem uma queda de 1 por cento[53]. Um estudo mais recente do Banco Mundial confirma que a eficácia da ajuda tem melhorado. Em 1990, 1 bilhão de dólares de ajuda foi suficiente para tirar cerca de 105 mil pessoas da pobreza; entre 1997 e 1998, essa mesma quantia tirava aproximadamente 284 mil pessoas da pobreza[54]. A tragédia consiste, como assinala Jo-

▼

52. World Bank, *Assessing Aid: What Works, What Doesn't, and Why*, Oxford University Press, Oxford, 1998, p. 1, disponível em: www.worldbank.org/research/aid/aidpub.htm.
53. World Bank, *Assessing Aid: What Works, What Doesn't, and Why*, p. 14.
54. World Bank, News Release 2002/228/S, 11 de março de 2002, "Now More Than Ever, Aid Is a Catalyst for Change: New Study Shows Effects of Development Assistance over Last 50 Years", disponível em: http://lnweb18.worldbank.org/news/pressrelease.nsf/673fa6c5a2d50a67852565e200692a79/865e6e90a8a6f97f85256b790050c57c?OpenDocument#paper. Um "resumo executivo" do relatório de pesquisa, "The Role and Effectiveness of Development Assistance", está disponível nesse mesmo endereço.

seph Stiglitz (então economista-chefe do Banco Mundial) em seu prefácio ao estudo, no fato de que "na mesma medida em que a ajuda se aproxima do seu maior nível de eficácia, o volume de ajuda diminui, encontrando-se agora em seu nível mais baixo"[55].

É verdade que, no passado, a ajuda externa governamental não foi tão eficaz para reduzir a pobreza como era de esperar. Isso ocorria em larga medida porque essa ajuda não se destinava a reduzir a pobreza. Num estudo intitulado "Quem dá ajuda externa a quem e por quê?", Alberto Alesina e David Dollar descobriram que três dos maiores doadores – os Estados Unidos, a França e o Japão – dirigem sua ajuda não aos países em que ela seria mais eficaz para promover o crescimento e reduzir a pobreza, mas àqueles em que ela vai promover seus próprios interesses culturais e estratégicos. Os Estados Unidos dão boa parte de sua ajuda externa a seus amigos do Oriente Médio, Israel e Egito. O Japão favorece os países que acompanham seu voto em foros internacionais como a Organização das Nações Unidas. A França dá ajuda externa preponderantemente às suas ex-colônias. Os países nórdicos são a exceção mais notável a esse padrão – dão ajuda externa a países pobres que tenham governos razoavelmente bons para não dar uso errôneo aos recursos[56]. É só quando os maiores doadores seguirem o exemplo dos países nórdicos que poderemos dizer que grau de eficácia a ajuda externa governamental pode alcançar. As organizações não-governamentais experientes, como os vá-

▼

55. World Bank, *Assessing Aid: What Works, What Doesn't, and Why*, p. 10.
56. Alberto Alesina e David Dollar, "Who Gives Foreign Aid to Whom and Why?", NBER Working Paper 6612, pp. 22-3, disponível em: www.nber.org/papers/w6612.

rios membros nacionais do grupo Oxfam International, oferecem outro modelo. Eles têm 50 anos de experiência no campo e têm capacidade de aprender com os próprios erros. Há sempre mais a aprender, mas não há dúvida de que pessoas bem-intencionadas, com uma boa dotação orçamentária e experiência no contexto cultural em que trabalham, podem favorecer muito quem vive na pobreza extrema[57].

Há uma outra objeção ao argumento que Unger e eu temos apresentado: a de que não convém defender uma moralidade que a maioria das pessoas não é capaz de seguir. Se viermos a crer que é errado não fazer um verdadeiro sacrifício em favor dos estrangeiros, nossa reação poderá ser não a de dar mais, mas a de relaxar na observância das outras regras morais que antes seguíamos. A imposição de exigências morais tão rigorosas pode pôr em descrédito a moralidade como um todo. Os partidários dessa objeção admitem que deveríamos fazer bem mais do que estamos fazendo, mas negam que a defesa explícita disso leve de fato os pobres a obter mais ajuda. A pergunta passa então a ser: Que política vai gerar as melhores conseqüências? Se é verdade que a pregação de uma moral altamente exigente vai levar a conseqüências piores do que a defesa de uma moral que exija menos, então de fato devemos defender uma moralidade menos exigente. Podemos fazer isso sem perder de vista que, no nível do pensamento crítico, uma perspectiva imparcial tem fundamento. Aqui, a concepção de Sidgwick se sustenta: há uma distinção entre "o que é certo fazer e recomendar privadamente" e "o que não seria certo de-

▼

57. Ver, por exemplo, Arthur van Diesen, *The Quality of Aid: Towards an Agenda for More Effective International Development Co-operation*, Christian Aid, Londres, 2000; disponível em: www.christian-aid.org.uk/indepth/0004qual/quality1.htm.

fender publicamente"[58]. Podemos, em nosso próprio círculo de amigos, sentir-nos no dever de renunciar a toda "superabundância" a fim de ajudar quem não consegue atender às necessidades mínimas de subsistência, ao passo que, em público, podemos pedir uma doação específica qualquer que acreditemos vá gerar o maior grau de assistência sem com isso levar as pessoas a descartar liminarmente a moralidade por sentirem que ela é demasiado exigente. Se, ao pedir-se que as pessoas doem 50 dólares por ano – apenas 1 dólar por semana – para ajudar as pessoas mais pobres do mundo, se conseguisse de fato obter doações dos 75 por cento de norte-americanos que, segundo a pesquisa de 2000 do Pipa, estariam dispostos a doar essa soma, então essa meta de 50 dólares mereceria uma campanha. Se fosse possível obter 100 dólares anuais de, digamos, 60 por cento dos norte-americanos, melhor ainda, especialmente se os 15 por cento que se dispõem a dar 50 mas não 100 dólares dessem seus 50. A questão está em determinar como meta o valor que permita que se levante o maior montante de recursos. Pois é preciso que essa meta faça sentido para as pessoas.

O quanto poderíamos sugerir que as pessoas dessem? Para responder a essa pergunta, suponhamos que a tarefa de eliminar a pobreza no mundo se distribuísse entre os 900 milhões de pessoas que habitam os países endinheirados. Quanto cada uma dessas pessoas teria de dar? Como vimos, o Banco Mundial estima entre 40 e 60 bilhões por ano a ajuda adicional capaz de realizar as metas de desenvolvimento estabelecidas pela Cúpula do Milênio da Organização das Nações Unidas.

▼

58. Sidgwick, *The Methods of Ethics*, pp. 489-90.

Essas metas, que pretendem reduzir pela metade a pobreza e a fome por volta de 2015, são mais modestas do que a de eliminação da pobreza. Elas podem deixar intocada a situação dos mais pobres entre os pobres, em países onde os custos da assistência aos pobres sejam mais elevados do que em países com melhor infra-estrutura. Mas são ao menos um passo firme rumo a uma vitória completa sobre a pobreza, o que nos permite perguntar quanto seria necessário arrecadar por pessoa para levantar essa soma. Há cerca de 900 milhões de pessoas no mundo desenvolvido, sendo cerca de 600 milhões adultas. Logo, uma doação anual de 100 dólares por ano nos próximos 15 anos poderia fazer alcançar as metas da Cúpula do Milênio, mesmo que se pense no valor mais alto estimado pelo Banco Mundial, 60 bilhões. Para quem ganha 27.500 dólares por ano, a renda média do mundo desenvolvido, esse valor é inferior a 0,4 por cento da renda anual, ou menos de 1 centavo a cada 2 dólares ganhos.

Há muitas complexidades que todos esses números ignoram, mas elas se compensam mutuamente. Nem todos os residentes dos países ricos têm renda excedente depois de atendidas suas necessidades básicas; por outro lado, há centenas de milhões de pessoas ricas que vivem em países pobres, e elas também podem e devem doar. Poderíamos por conseguinte propor que todas as pessoas com renda excedente, depois de atendidas as necessidades básicas da família, deveriam contribuir com um mínimo de 0,4 por cento de sua renda bruta em organizações cujo trabalho é ajudar as pessoas mais pobres do mundo. No entanto, essa meta é demasiado baixa, dado que seriam precisos 15 anos para só reduzir pela metade a pobreza e a fome. No decurso desse período, dezenas de milhares de crianças vão continuar a morrer todos os dias por motivos associados à pobreza. O objetivo de eliminar a pobreza tem de ser encarado com urgência. Além disso, nada há de particularmente memorável no valor de 0,4 por cento da renda bruta de cada pessoa. Um por cento seria um número simbólico mais útil e um valor que de fato se aproximaria do montante necessário para se eliminar por completo a pobreza global, e não simplesmente reduzi-la à metade.

Poderíamos assim propor, como política pública passível de gerar boas conseqüências, que todo aquele que tiver dinheiro bastante para gastar em itens supérfluos e dispensáveis, tão comuns em sociedades abastadas, deveria dar ao menos 1 centavo de cada dólar de sua renda a quem tem problemas para conseguir o que comer, água potável para beber, abrigo do sol e da chuva e assistência médica básica. Devemos pensar que os que não atendem a esse padrão mínimo não assumem sua parcela razoável de responsabilidade global, e portanto cometem um ato gravemente errôneo do ponto de vista moral. Essa é a doação mínima, não a ideal. Quem pensar cuidadosamente sobre suas obrigações éticas vai perceber que – como nem todos vão dar sequer 1 por cento – deveria fazer muito mais. Todavia, para mudar os padrões de nossa sociedade de modo realista e propor um mínimo indispensável que podemos esperar que todos façam, há algo a dizer em favor da idéia de que a doação de 1 por cento da renda anual para superar a pobreza global é o mínimo que todos têm de fazer para levar uma vida moralmente decente. Dar esse montante não requer heroísmo moral. Deixar de dá-lo é sinal de indiferença para com a continuidade indefinida da pobreza e das mortes evitáveis com ela vinculadas.

À luz desses cálculos da quantidade de ajuda necessária, o fato de as metas estabelecidas pelos líderes mundiais na Cúpula do Milênio costumarem ser consideradas "ambiciosas" tem muito a dizer acerca do atual clima pessimista da opinião sobre a ajuda[59]. Claro que os que encaram essas metas com ceticismo podem ter razão; não há dúvida de que o dinheiro dado ou prometido até agora está bem longe do necessário. O aumento de 5 bilhões na ajuda externa dos Estados Unidos em três anos, prometido pelo presidente George W. Bush em março de 2002, embora seja melhor do que nada, não tem nenhum ponto em comum com a duplicação da ajuda externa dada por países ricos, que o presidente do Banco Mundial, James D. Wolfensohn, pretende alcançar. O filantropo George Soros, com alguma razão, considerou esse aumento "um gesto simbólico e não algo capaz de ter efeitos positivos sobre a maioria dos países pobres"[60]. Em contrapartida, tudo o que seria necessário para pôr o mundo nos trilhos da eliminação da pobreza global com rapidez bem maior do que as metas da Cúpula do Milênio seria o módico valor de 1 por cento da renda anual – se todos os que podem dar o fizessem. Isso, como muitas outras coisas, nos mostra o quanto estamos longe de uma ética que se baseie não nas fronteiras nacionais, mas na idéia de um só mundo.

▼

59. Ver, por exemplo, John Cassidy, "Helping Hands: How Foreign Aid Could Benefit Everyone", *The New Yorker*, 18 de março de 2002, p. 60
60. Elizabeth Bumiller, "Bush Plans To Raise Foreign Aid and Tie It To Reforms", *New York Times*, 15 de março de 2002, p. A8.

CAPÍTULO 6

UM MUNDO MELHOR?

No século V antes da era cristã, o filósofo chinês Mozi, estupefato com os danos que a guerra causara em sua época, perguntou: "Qual o caminho para o amor universal e o benefício mútuo?" Ele responde à sua própria pergunta: "Considerar os países de outros povos como nossos."[1] Diz-se que o antigo iconoclasta grego Diógenes, quando lhe perguntaram de que país vinha, respondeu: "Sou um cidadão do mundo."[2] No final do século XX, John Lennon cantou que não é difícil imaginar "que não há países... todas as pessoas/partilhando todo o mundo"[3]. Até recentemente, esses pensamentos eram sonhos de idealistas e não tinham nenhum efeito prático sobre a dura realidade de um mundo de Estados nacionais. Porém agora começamos a viver numa comunidade global. Quase todos os países do mundo chegaram a um acordo sobre suas

▼

1. Citado de W-T. Chan, *A Source Book in Chinese Philosophy*, Princeton University Press, Princeton, N.J., 1963, p. 213. Devo essa referência a Hyun Hochsmann.
2. Atribuído a Diógenes por Diógenes Laércio, *Vida de Diógenes de Sinopo, o cínico*. Essa mesma observação é atribuída a Sócrates por Plutarco, em *Do Ostracismo*.
3. John Lennon, *Imagine*, copyright © 1971 Lenono Music.

emissões de gases do efeito estufa. A economia global fez surgir a Organização Mundial do Comércio, o Banco Mundial e o Fundo Monetário Internacional, instituições que assumem, embora imperfeitamente, algumas funções do governo econômico global. Um tribunal criminal internacional está começando a funcionar. As novas idéias acerca da intervenção militar com propósitos humanitários mostram que estamos no processo de desenvolvimento de uma comunidade global preparada para aceitar sua responsabilidade de proteger os cidadãos dos Estados que não podem ou não querem protegê-los do massacre e do genocídio. Em declarações e resoluções retumbantes, mais recentemente na Cúpula do Milênio da Organização das Nações Unidas, os líderes mundiais reconheceram que aliviar o sofrimento das nações mais pobres do mundo é uma responsabilidade global – apesar de suas ações ainda não corresponderem a suas palavras.

Quando o contato entre países era menor, era mais compreensível – mas mesmo assim bastante errado – que as pessoas de um país pensassem que não tinham obrigações, além da não-interferência, para com os membros de outros Estados. Essa época, no entanto, há muito acabou. Hoje, como vimos, as emissões de gases do efeito estufa alteram o clima em que vivem todas as pessoas do mundo. A compra de petróleo, de diamantes e de madeira permite que ditadores comprem mais armas e fortaleçam seu domínio sobre os povos que tiranizam. A comunicação instantânea nos mostra como vivem os outros, e estes por sua vez aprendem sobre nós e aspiram ao nosso modo de vida. Os modernos transportes podem fazer pessoas relativamente pobres percorrer milhares de quilômetros, e as fronteiras nacionais se mostram permeáveis quando as pessoas estão desesperadas para melhorar sua situação. Como disse Branko Milanovic: "Não há realismo na idéia de que as enormes diferenças de renda entre as margens norte e sul do Mediterrâneo, ou entre o México e os Estados Unidos, ou então entre a Indonésia e a Malásia, possam continuar a existir sem gerar maiores pressões migratórias."[4]

A era que se seguiu ao Tratado de Vestefália (firmado em 1648) foi a da preponderância do Estado soberano independente. Por trás da suposta inviolabilidade das fronteiras nacionais, instituições democráticas liberais assumiram o poder em alguns países, ao passo que em outros os dirigentes levaram a efeito o genocídio contra seus próprios cidadãos. A intervalos, irrompiam sangrentas guerras entre os Estados nacionais. Talvez nos lembremos dessa época com alguma nostalgia, mas não devemos lamentar que ela tenha passado. Muito pelo contrário, temos de desenvolver os fundamentos éticos da era por vir, a de uma única comunidade mundial.

Há um grande obstáculo à promoção do progresso nessa direção. É preciso dizer, em linguagem ponderada mas clara, que, em anos recentes, o esforço internacional de construção de uma comunidade global tem sido prejudicado pela reiterada recusa dos Estados Unidos em cumprir o seu papel. Embora seja o maior poluidor da atmosfera do mundo e, segundo um cálculo *per capita*, o mais dissipador dentre as grandes nações, os Estados Unidos se recusaram a unir-se aos 178 Estados que aceitaram o Protocolo de Quioto. Ao lado da Líbia e da China, o país votou contra o estabelecimento do Tribunal Criminal Internacional, destinado a julgar pessoas acusadas de ge-

▼

4. Branko Milanovic, *Worlds Apart: The Twentieth Century Promise That Failed*, trabalho em andamento, disponível em: www.worldbank.org/research/inequality.

nocídio e de crimes contra a humanidade. Agora que parece provável que o tribunal se consolide, o governo norte-americano disse que não tem a intenção de participar. Os Estados Unidos há muito tempo não pagam suas contribuições à Organização das Nações Unidas, e, em novembro de 2001, mesmo depois de pagar uma parcela de sua dívida na esteira dos ataques de 11 de setembro, ainda deviam a essa instituição 1,07 bilhão de dólares. Embora seja um dos países mais abastados do mundo, com a economia mais firme, os Estados Unidos dão muito menos ajuda externa – em relação ao seu Produto Interno Bruto – do que qualquer outro país desenvolvido. Numa situação em que o Estado mais poderoso do mundo se esconde por trás daquilo que considerava – até 11 de setembro de 2001 – a segurança do seu poderio militar, recusando-se arrogantemente a renunciar a quaisquer de seus direitos e privilégios em favor do bem comum – mesmo quando outras nações renunciam a seus direitos e privilégios –, a perspectiva de se encontrar soluções para os problemas globais se vê obscurecida. Pode-se apenas esperar que, à medida que o resto do mundo for seguindo mesmo assim o caminho certo, como fez ao resolver dar continuidade ao Protocolo de Quioto e como faz agora com o Tribunal Criminal Internacional, chegue um momento em que os Estados Unidos se envergonhem e se unam a ele. Se não o fizerem, os Estados Unidos correrão o risco de se ver numa situação na qual serão universalmente considerados por todos, com exceção de seus cidadãos autocompletos, como a "superpotência delinqüente". Mesmo a partir de um ponto de vista rigorosamente egoísta, se querem a cooperação de outras nações em assuntos que são primordialmente interesse seu – como a luta pela eliminação do terrorismo –, os Estados Unidos não podem se dar ao luxo de ser vistos assim.

Afirmei que à medida que um número cada vez maior de problemas exigem soluções globais, vai-se reduzindo a medida em que os Estados individuais podem determinar de modo independente seu próprio futuro. Precisamos, pois, fortalecer as instituições de decisão global e torná-las mais responsáveis perante as pessoas a quem afetam. Essa linha de pensamento leva na direção de uma comunidade mundial com seu próprio parlamento eleito diretamente, talvez evoluindo lentamente na trilha da União Européia. No momento, essas idéias têm pouco apoio político. Afora a ameaça que isso representa para os interesses pessoais dos cidadãos dos países ricos, muitos diriam que se arrisca demais em favor de ganhos demasiado incertos. Alimenta-se amplamente a crença de que um governo mundial seria na melhor das hipóteses um monstrengo burocrático incontrolável, que faria a burocracia da União Européia parecer uma máquina azeitada e eficaz. E que, na pior das hipóteses, tornar-se-ia uma tirania global, descontrolada e imbatível.

Essas reflexões têm de ser levadas a sério. Evitar que os organismos globais venham a ser perigosas tiranias ou burocracias em busca do auto-engrandecimento, tornando-as em vez disso instituições eficazes e sensíveis às pessoas cuja vida afetam – eis algo que ainda precisamos aprender. Trata-se de um desafio que não deve estar fora do alcance das melhores mentes nos campos da ciência política e da administração pública, uma vez que se adaptem à nova realidade da comunidade global e voltem a atenção para questões de governabilidade que ultrapassem as fronteiras nacionais. Precisamos aprender com a experiência de outras organizações multinacionais. A União Européia é um organismo federativo que adotou o princípio segundo o qual as decisões sempre devem ser tomadas no nível mais baixo capaz de lidar com o problema. A aplicação desse princípio, conhecido como princípio de subsidiaridade, ainda está sendo testada. Mas, se funcionar para a Europa, não é impossível que possa funcionar para o mundo[5].

Apressar-se a instituir o federalismo mundial seria demasiado arriscado; podemos no entanto aceitar a redução da importância das fronteiras nacionais e seguir uma abordagem pragmática e gradual para uma maior governabilidade global. Nos capítulos precedentes, apresentei bons argumentos em favor da criação de padrões trabalhistas e ambientais globais. A Organização Mundial do Comércio indicou seu apoio à Organização Internacional do Trabalho no tocante ao desenvolvimento dos padrões essenciais de trabalho. Se forem desenvolvidos e aceitos, esses padrões não terão muita utilidade sem um organismo global que verifique sua implementação e permita que outros países imponham sanções comerciais a bens não produzidos em conformidade com esses padrões. Como a OMC parece ávida por passar essa tarefa à OIT, podemos vislumbrar um fortalecimento significativo desta última organização. Algo semelhante poderia acontecer com os padrões ambientais. É até possível imaginar um Conselho Econômico e de Seguridade Social da Organização das Nações Unidas que se encarregasse da tarefa de eliminar a pobreza global e fosse dotado dos recursos para isso[6]. Essas e outras

▼

5. Sobre esta e outras idéias acerca da natureza das instituições globais, ver Daniel Weinstock, "Prospects for Global Citizenship", comunicação lida por ocasião da Global Justice Conference, Center for Law and Philosophy, Columbia Law School, Nova York, 31 de março-1º. de abril de 2001. Weinstock apresenta argumentos persuasivos contra algumas objeções comuns à idéia de cidadania global.
6. Para um modelo, ver Sam Daws e Frances Stewan, *Global Challenges: An Economic and Social Security Council at the United Nations*. Relatório patrocinado pela Christian Aid, Londres, 2000, disponível em: www.christian-aid.org.uk/indepth/0006unec/unecon1.htm.

propostas específicas em favor de instituições globais mais sólidas e voltadas para realizar uma tarefa particular devem ter seus méritos examinados.

Os séculos XV e XVI são celebrados pelas viagens de descobrimento que provaram que o mundo é redondo. O século XVIII presenciou as primeiras proclamações dos direitos humanos universais. A conquista do espaço no século XX permitiu que um ser humano contemplasse nosso planeta de fora e o visse, literalmente, como um só mundo. Neste momento, o século XXI tem diante de si a tarefa de desenvolver uma forma adequada de governo para esse mundo único. Trata-se de um desafio moral e intelectual de porte monumental, mas não podemos nos recusar a aceitá-lo. O futuro do mundo depende da eficácia com que o enfrentarmos.

ÍNDICE REMISSIVO

Abacha, Sani (ditador nigeriano), 136
Acordo Geral de Tarifas e Comércio (Gatt): artigo XX do, 86-91, 98-100, 117; origem da OMC e o, 73-5; reforma da OMC e, 123-5
África, 134. *Ver também* África do Sul
África do Sul, 93-5
AIDS, medicamentos contra a, 92-5
"ajuda aos destituídos", princípio de, 47-53
ajuda externa, 231-8; contribuições norte-americanas para a, 231-4, 245, 249, 253; contribuições pessoais e, 232-3, 238-50; eficácia da, 242-3; percepções errôneas dos norte-americanos, 235-6
Alemanha, 214-6
Alesina, Alberto, 245
amigos, parcialidade com relação aos, 208, 211-4
amor, e parcialidade, 206-9, 211-4
anarquia, 178
animais: aquecimento global e, 25; maltratar os, 78-81, 82-5, 86
Anistia Internacional, 148

Annan, Kofi (secretário-geral da ONU), 6, 150, 161, 163, 165-7, 169
antraz, medicamentos contra, 93-5
aquecimento global: como problema, 19-23; conseqüências humanas do, 23-5; crescimento econômico e, 50-3; eqüidade e (*ver também* eqüidade, princípios de), 35-56; Protocolo de Quioto e, 29-35. *Ver também* efeito estufa: emissões de gases; Protocolo de Quioto
Aquino, Tomás de, 239-40
Aristide, Jean-Bertrand, 170
Ash, Timothy Garton, 4, 5, 146
atmosfera terrestre. *Ver* aquecimento global
atribuições nacionais *per capita* de emissões, 46-7, 57-63
Austrália, 25, 30, 52, 216
austro-húngaro, ultimato (1914), 6-7
auto-estima, e desigualdade, 109-11

Banco Mundial, 237-44, 251
Bangladesh, 24, 61
Beitz, Charles, 229

Bélgica, 150, 153
Bello, Wanden, 100-2
bem-estar, e pobreza, 102, 110-7
bengaleses, refugiados, 201-2
Bevin, Ernest, 189
bin Laden, Osama, 8
biodiversidade, 25
Bismarck, Otto von, 3
Blair, Tony (primeiro-ministro britânico), 71
Bósnia, 176, 232
Browne-Wilkinson, Lorde, 151
burocracia, e governabilidade global, 254-7
Bush, George H. (presidente dos EUA), 2
Bush, George W. (presidente dos EUA): ajuda externa e, 233, 250; cortes internacionais e, 155; declaração "Em primeiro lugar", 2, 3, 4, 227; livre comércio e, 100, 133; política de aquecimento global, 35, 50-3, 64; terrorismo e, 8-9. *Ver também* Estados Unidos

Callan, Eammon, 216
"Camisa-de-Força de Ouro", 14-5, 92
Campbell, Lewis, 70
Canadá, 56, 61
CFCs. *Ver* clorofluorocarbonetos (CFCs)
Chile, 148-54
China, 59, 253
"chocar a consciência", critério de, 158-62
Clarke, Tony, 67
climáticas, mudanças. *Ver* aquecimento global
Clinton, Bill (presidente dos EUA), 3, 71, 94
clorofluorocarbonetos (CFCs), 19-20
comércio de emissões, 29-30, 31, 60-3

Comissão de Direito Internacional, 147
Comissão Internacional de Juristas, 150
Comissão Internacional sobre a Intervenção e a Soberania dos Estados, 164, 173, 191
Compassion in World Farming, 69
compatriotas. *Ver* Estado nacional
Comunidade de Democracia, *Declaração de Varsóvia*, 135
Comunidade global: atendimento de necessidades e, 193-7; governabilidade e, 251-2, 253-7; ideal da ética imparcial e, 198-206; justiça no interior dos/entre os Estados, 221-5; obstáculos à, 253-4; preferências parciais e, 206-31; realidade da, 251-2; significação do Estado nacional e, 214-31. *Ver também* ajuda externa; imparcialidade; justiça; pobreza
comunismo, colapso do, 116
consensual, tomada de decisões, 97-100
conseqüencialista, ética, e direito internacional, 171
Convenção contra a Tortura (1984), 147
corrupção, 63
Corte Internacional de Justiça, 154
cosméticos, testes de, 79-80
Crianças: oportunidades de salvar, 240-3; parcialidade dos pais e, 206-8; relatório do UNICEF sobre as, 194-5. *Ver também* pobreza
crimes contra a humanidade: definição de, 162-3; direito internacional e, 146-7. *Ver também* genocídio
crimes contra a paz, 147, 151
Cruz Vermelha Norte-Americana, 194
Cúpula das Américas (abril de 2001), 133

Cúpula da Terra, Rio de Janeiro, 1992, 2, 28-9
custos: da eliminação da pobreza, 247-8; Protoloco de Quioto e, 30-5

Daly, Herman, 122
"Declaração de uma Ética Global", 183-4
Declaração Universal dos Direitos Humanos, 130-2
democracia: como guardiã da paz, 171-3; como proteção contra o genocídio, 175-7; legitimidade do Estado e; 128-34, 184-5; OMC e, 96, 97-100, 117; padrões éticos universais e, 185-6
desenvolvimento econômico. *Ver* países em desenvolvimento; países ricos *vs.* países pobres
desigualdade: aquecimento global e, 22-4; crimes de violência e, 140-2; dados sobre a, 109, 105-11; justiça nos/entre os Estados, 221-5. *Ver também* justiça; países ricos *vs.* países pobres; pobreza
10 Idéias errôneas comuns sobre a OMC (*10 Common Misunderstandings about the WTO*, publicação da OMC), 81-3, 97, 98
Dinamarca, 231
Diógenes (filósofo grego), 251
direito internacional: autoridade da ONU e, 165-75; cortes/tribunais internacionais e, 152-6, 253; critérios para intervenção e, 156-66; jurisdição universal e, 147-56, 172; limites da soberania do Estado, 191-2; posição dos EUA e, 253; questões ambientais e, 27-9, 64-6; questões criminais e, 147-56. *Ver também* genocídio; intervenção humanitária; Organização das Nações Unidas
direitos humanos, violação dos, 168-72. *Ver também* direito internacional; genocídio; intervenção humanitária; justiça
"Disputa do Atum e dos Golfinhos", 77-8, 83, 87
"dividendo da paz", 234
doença, 24
Dollar, David, 245
Doyle, Michael, 178

economia global. *Ver* globalização econômica
efeito estufa: comércio de emissões e, 29-32, 60-3; contribuições para, por países ricos *vs.* pobres, 42-6; emissões de gases: como causa de mudanças climáticas, 21; metas de redução de Quioto, 29; posição dos EUA, 1-5, 31, 253; Produto Interno Bruto (PIB) e, 50-3. *Ver também* aquecimento global; eqüidade, princípios de; padrões ambientais; Protocolo de Quioto
Egito, 232
Eichmann, Adolf, 148
El Niño, efeito, 21
eqüidade: ajuda aos destituídos e, 48-52, 55; alegações de dificuldades e, 55-6; atribuições nacionais *per capita* e, 46-7, 54, 56-63; "parcela de tempo", princípios de, 45-54; "poluidor deve pagar", princípio do, 35, 36-44, 54, 57-8; princípios de, 35-57; tipos de, 36, 54-6; utilitarismo e, 53-6
Estado nacional: como comunidade de reciprocidade, 216-8; como comunidade imaginada, 218-20; justiça e, 221-5; eficiência e, 220-1;

sentido de parentesco e, 193-4, 214-6. *Ver também* soberania do Estado
Estados Unidos: ajuda externa e, 231-4, 245, 249-50, 253; como obstáculo à comunidade global, 58, 253-6; democracia nos, 131-2; direito internacional e, 253; efeito estufa: emissões de gases pelo, 42-4, 50-3, 57-9, 60, 64-6; efeitos da OMC e, 80-2, 87-9, 93-5; política ambiental e, 1-5, 31, 50-3, 57-9, 253; tribunais internacionais e, 155-7, 253. *Ver também* Bush, George W.
Europa oriental, 116, 134, 179
Evans, Gareth, 164
extraterritorialidade, 82-4

família, e parcialidade, 206-9, 211-4
Feinberg, Walter, 217
Fénelon, Arcebispo, 200-1
FIG (IFG). *Ver* Fórum Internacional sobre a Globalização (FIG)
filósofas feministas, 204-5
Fórum Econômico Mundial, reunião do (Davos, 1999), 70-2
Fórum Internacional sobre a Globalização (IFG), 68, 71, 100
França, 245
Francisco Ferdinando (príncipe herdeiro austríaco), 6
Friedman, Thomas, 13, 15, 68, 92
Fundo Monetário Internacional (FMI), 251
Futuro do Comércio, O (*Trading into the Future*, publicação da OMC), 77-8, 81

Gatt, artigo XX, 86-91, 98-100, 117
genocídio: como fenômeno bíblico, 139-40; definição de, 161-3; democracia como proteção contra o, 175-7; exemplos modernos de, 144-5; soberania do Estado e, 169-75; vantagem genética e, 143-4. *Ver também* crimes contra a humanidade; direito internacional; intervenção humanitária
Gillon, Carmi, 153
globalização econômica: reforma da OMC e, 118-25; tecnologia e, 13-4, 15-6, 116; vínculo entre pobreza e, 113-7. *Ver também* Organização Mundial do Comércio (OMC)
globalização *vs.* internacionalização, 10, 11-7
Godwin, William, 199-205
Goodal, Jane, 144
Goodin, Robert, 220-1
Gore, Al (vice-presidente dos EUA), 2
governabilidade global, 251-2, 253-7; democracia e, 96, 97-100, 117, 128-31. *Ver também* Organização das Nações Unidas; Organização Mundial do Comércio
gratidão, princípio de, 211-4
Grey, Sir Edward, 7
guerra, crimes de, 147-52

Habré, Hissène (ditador do Chad), 150
Haiti, 170-1
Hare, R. M., 198, 209-10
Himmler, Heinrich, 198, 209-10
Holanda, 231
hormônios do crescimento, 80

Igreja Católica, 238-9
Igualitarismo, princípio do. *Ver* atribuições nacionais *per capita* de emissões
imparcialidade: debate sobre a, 198-206; preferências parciais e,

206-31. *Ver também* justiça; preferências parciais
imperialismo cultural, 180-6
importações, bloqueio de, 81-3, 122-5
imunidade diplomática, 151-2
Índia, 232; aquecimento global e, 42, 60; comunidade e, 214; livre comércio e, 100-2
intervenção humanitária: autoridade da Organização das Nações Unidas e, 165-75; critérios para a, 157-66; desenvolvimento do direito internacional e, 147-56; imperialismo cultural e, 180-6; justificação ética *vs.* legal para a, 178-80; necessidade de, 139-47
intervenção, princípios universais para a, 6
IPCC. *Ver* Painel Intergovernamental sobre Mudanças Climáticas (IPCC)
Iraque, 170-1
Israel, 149, 152-3, 232
Iugoslávia, 154, 176

Japão, 231, 232, 245
Jefferson, Thomas, 128
Jenkins, Leesteffy, 90
jurisdição universal, 147-56. *Ver também* direito internacional
Just and Unjust Wars (Walzer), 159-62
Justiça: Estado nacional como unidade da, 11; extremos de riqueza e pobreza e, 10-1; no interior dos/entre os Estados, 221-5; Rawls e, 225-31. *Ver também* desigualdade

Kant, Immanuel, 157
Keeley, Lawrence, 142
Khor, Martin, 69-71
Kiribati (país insular), 24, 27-8
Kosovo, 166-7, 176, 179

Küng, Hans, 183

Law of Peoples, The (Rawls), 11, 225-31
Legitimidade, conceito de, 125-38, 173-5, 176, 184-6
Lei norte-americana de Proteção aos Mamíferos Marinhos, 77-8
Lennon, John, 251
Líbia, 253
"licenciamento compulsório", 93
líderes políticos, prioridades éticas dos, 1-5
Lindert, Peter, 115
Living High and Letting Die (Unger), 239-43
livre comércio. *Ver* Organização Mundial do Comércio (OMC)
Livro dos Números, 139-44
Locke, John, 37, 41
Lomborg, Bjorn, 31-5, 61
Lundberg, Mattias, 116

madianitas, 139-44
maior felicidade, princípio de, 53-6
"mão invisível", 41-2
Mão Negra (organização terrorista sérvia), 6
Marx, Karl, 12-6, 119, 173
Melchior, Arne, 107-13, 116
Menotti, Victor, 69
Milanovic, Branko, 108-9, 253
Mill, John Stuart, 158
Milosevic, Slobodan, 154, 176
minerais, dependência de, 136-7
Mobutu (ditador do Zaire), 244
moralidade pública, e artigo XX do Gatt, 86-91, 98-100
Mozi (filósofo chinês), 251

National Bureau of Economic Research (EUA), 115

nazistas, julgamentos de crimes de guerra, 146-9, 153, 177
Nigéria, 126, 136-7
Noddings, Nel, 204
nórdicos, países, e ajuda externa, 245
norte-americanos, interesses específicos, 1-5, 193-7, 226
Noruega, 27, 231
Nozick, Robert, 36
Nuremberg, Tribunal de, 189-90, 198, 226-7

OCDE. *Ver* Organização para a Cooperação e o Desenvolvimento Econômico (OCDE)
OIT. *Ver* Organização Internacional do Trabalho
OMC. *Ver* Organização Mundial de Comércio (OMC)
11 de setembro, ataques de, 1, 6; direito internacional e, 155-6; padrões éticos e os, 183-4; reações a, 8-9, 193-5, 217. *Ver também* terrorismo
Oppenheim, Lassa, 128, 158
Organização das Nações Unidas: ajuda externa, alvos da e a, 231-2, 245-50; atrasos das contribuições dos EUA à, 10, 254; autoridade da, 165-76; Conselho de Segurança da, 8, 170-1, 186-9; Cúpula do Milênio, 236, 246-7, 250, 253; "Declaração sobre Princípios do Direito Internacional..." (1970), 168-9; Declaração Universal dos Direitos Humanos e a, 130-1; democracia e, 186-91; direito internacional e a, 147, 159, 160; questões ambientais e, 30-2, 65; reforma da, 186-91; soberania do Estado e, 59, 128, 129-31, 167-75; terrorismo e a, 7-10; Unicef, relatório (2002), 194-5;
Organização da Unidade Africana, 135
Organização Internacional do Trabalho (OIT), 256
Organização Mundial do Comércio (OMC), 13, 133, 251; avaliação de acusações contra a, 117-9; democracia e a, 96, 97-100, 117, 128-31; desigualdade e a, 99-117; fixação de padrões e a, 122-5, 256; origem da, 73-5; Painéis de Disputas, 74-5, 82, 98-100; proteção ambiental e a, 75-91; resumo de acusações contra a, 73-6; reunião de Seattle (1999), 67-70, 88; reunião ministerial de Doha (2001), 76, 83, 90, 91, 95, 118; soberania nacional e a, 91-7, 117
Organização para a Cooperação e o Desenvolvimento Econômico (OCDE), 113-5
Organizações Não-Governamentais, 245
Oxfam International, 246

Pacto Internacional sobre Direitos Civis e Políticos, 129-31
Pacífico, nações das ilhas do, 24
padrões ambientais, 55-6, 256. *Ver também* Protocolo de Quioto
padrões éticos: aceitação universal e, 182-5, 212; intervenção e, 178-80; legitimidade e, 125-37, 184-6
padrões globais: legitimidade e, 125-38, 173-5, 184-6; países ricos *vs.* países pobres, 121-3. *Ver também* padrões ambientais
Painel Intergovernamental sobre Mudanças Climáticas (IPCC), 20-6, 27, 45

pais, e parcialidade, 206-9, 212-4
países em desenvolvimento: ajuda
  externa a, 231-9, 253; efeito estufa:
  emissões de gases, 50; metas de
  desenvolvimento da ONU, 247-8;
  OMC e, 97-8; transnacionais,
  empresas, 125. *Ver também* países
  ricos *vs.* países pobres; pobreza
países ricos *vs.* países pobres: consumo
  de recursos e, 40-1, 55-6; justiça
  no interior dos/entre os Estados,
  220-5; OIT e, 97-8, 99-117, 121-3;
  padrões globais e, 121-3. *Ver
  também* desigualdade; eqüidade,
  princípios de; países em
  desenvolvimento; pobreza
"parcela de tempo", princípios de,
  45-54
parcelas eqüitativas, princípio, 46-7,
  56-63
parentesco: compatriotas e, 214-6;
  parcialidade e, 206-9, 213-4
Pareto, eficiência segundo, 120-1
"paridade de poder de compra" (PPP),
  103
Parr, Samuel, 203
Paz Perpétua, À (Kant), 157
petróleo, exportações, 136-7
Phillips of Worth Matravers, Lorde,
  149-50, 151
Pinochet, Augusto, 148-50
PIPA. *Ver* Universidade de Maryland,
  Program on International Policy
  Attitudes (PIPA)
pluviométricos, padrões, e
  aquecimento global, 24-5
pobreza: ajuda externa e, 243-50;
  atitudes dos EUA e, 195, 197-8;
  aumento da desigualdade e, 102,
  105-11; bem-estar e, 102, 110-7;
  dados sobre a, 103-4; ética pessoal
  e, 238-50; globalização econômica

e, 113-7, 136; justiça no interior
  dos/entre os Estados e, 224-5;
  política de eliminação da, 245-50.
  Ver também desigualdade; países
  ricos *vs.* países pobres
pobreza absoluta, 105, 224
Pogge, Thomas, 229
Political Justice (Godwin), 199-200
"poluidor deve pagar", princípio do,
  35, 35-44, 54, 57-9
Powell, Colin, 3
preferências parciais: avaliação das,
  205-14, 231; ideal ético imparcial
  e, 199-206; reações dos norte-
  americanos às necessidades e,
  193-7. *Ver também* imparcialidade;
  justiça
preocupações culturais, e a OMC, 91
primatas, e genocídio, 143-4
"Princípio de Princeton sobre a
  Jurisdição Universal", 150-3
privilégios internacionais de
  empréstimos, 125-7
processo e produto, distinção entre,
  abuso, 78-85, 117
Prodi, Romano, 4
Produto Interno Bruto (PIB), e
  emissões, 51-3
propriedade privada, 36-41
protecionismo, 81-3, 122-5
Protocolo de Kyoto (2001), 29-36,
  46, 57-9. *Ver também* efeito estufa:
  emissões de gases
Protocolo de Montreal (1985), 19, 20,
  59

Quebec, acordo de (Cúpula das
  Américas), 133
questões ambientais: direito
  internacional e, 27-8, 64-5; OMC
  e, 75-91; Organização das Nações
  Unidas e, 8-9, 31, 64; política dos

EUA e, 1-4, 31, 50-1, 56-8, 253. *Ver também* Protocolo de Quioto

raciais, preferências, 209, 215
Rawls, John: ajuda aos destituídos e, 48-52, 55-6; *A Theory of Justice*, 10-1, 225-7, 228; *The Law of Peoples*, 9-10, 225-31
reciprocidade, 182, 212-4, 216-8
Regra de Ouro, 183
Reino Unido, 148-51
relativismo moral, 180-1
Relatório sobre o Desenvolvimento Humano, 105-9, 111
República Democrática do Congo, 244
responsabilidade, e governabilidade global, 254-5
reunião ministerial de Doha (OMC, 2001), 76, 82, 90-1, 95, 119
Ross, Michael, 136
Roth, Brad, 128, 168
Ruanda, 5-6, 166-7, 176
Rússia, 60, 232

Sachs, Jeffrey, 137
Sahnoun, Mohamed, 164
Seattle, reunião da OMC em, 67-71, 88-9
"seguir a multidão", ética de, 241
Sellafield, usina nuclear de, 27
Sérvia, 6-7, 176, 179. *Ver também* Iugoslávia
Sharon, Ariel, 152-3
Shell Oil Company, 136
Shiva, Vandana, 69, 100-1, 122
Sidgwick, Henry, 197, 206, 209, 210, 225-47
Situação Mundial da Infância (relatório da Unicef), 195-6
Smith, Adam, 40-1
soberania do Estado: conceito de legitimidade e, 125-38, 173-5, 184-6; desaparecimento da, 252-3; ética global e, 191-2; globalização econômica e, 12-3, 82-5, 92, 125-38; idéia absoluta da, 4-12; OMC e, 91-8, 117; Organização das Nações Unidas e, 5-6, 128, 129-31, 167-75; questões ambientais e, 59-60; questões criminais e, 146-56; sentido de comunidade e, 193-4, 214-31
soberania nacional. *Ver* soberania do Estado
Somália, 170, 171
Soros, George, 250
Squire, Lyn, 116
Stiglitz, Joseph, 245-6
Stumberg, Robert, 90
Stálin, Joseph, 145
subsidiaridade, princípio de, 255-6
Suécia, 231
"superpotência delinqüente", 254
Sweeney, John, 71
Swidler, Leonard, 183

tartaruga marinha, caso da, 87-9
tecnologia, 12-3, 15-7, 116
Telêmaco (Fénelon), 200
Telle, Kjetil, 107-13, 116
Teoria da justiça, Uma (Rawls), 10-1, 225-7, 228
Terceiro relatório de avaliação (*Third Assessment Report*, 2001 – IPCC), 20-6
terrorismo, 1, 6-10, 155. *Ver também* 11 de setembro, ataques de
Todorov, Tzvetan, 179
"tragédia dos [bens] comuns", 38-9, 121
transnacionais, empresas, 125-6, 136
Tratado de Vestefália (1648), 253
tribunais militares, 155-6
tribunais. *Ver* direito internacional; tribunais militares

Tribunal Criminal Internacional, 153-6, 253; estatuto de Roma do, 161-3, 165

Unger, Peter, 239-43, 246
União Européia: democracia e, 133-5, 189; efeitos da OMC e, 78-9, 89-90; princípio de subsidiaridade e, 254-5
Universidade de Maryland, Program on International Policy Attitudes [Programa sobre Atitudes de Políticas Internacionais] (PIPA), 234-8
"utilidade marginal decrescente", 55
utilitários esportivos, veículos, 1-2
utilitarismo: de dois níveis, 209-10, 212; imparcialidade e, 208-10; intervenção humanitária e, 157; princípios de eqüidade e, 53-6

Varsóvia, Declaração de, 135

Walzer, Michael, 158-61, 163, 214
Warner, Andrew, 137
Washington Post, pesquisa sobre ajuda externa do, 235
Wellman, Christopher, 221-5
Wenar, Leif, 230
Wiig, Henrik, 107-12, 116
Williams, Bernard, 209-11
Williamson, Jeffrey, 115
Wolfensohn, James D., 250
Wollstonecroft, Mary, 204

Zaire, 244
Zedillo, Ernesto, 70
zona global de livre-comércio, 133

IMPRESSÃO E ACABAMENTO:
YANGRAF Fone/Fax: 6198.1788